Rainer Strätz, Helga Demandewitz

Beobachten und Dokumentieren in Tageseinrichtungen für Kinder

5., vollständig überarbeitete und aktualisierte Auflage

Cornelsen
SCRIPTOR

Ihre Wünsche, Kritiken und Fragen richten Sie bitte an:
Cornelsen Verlag Scriptor, Redaktion Frühe Kindheit,
Willy-Brandt-Platz 6, 68161 Mannheim

ISBN 978-3-589-25383-8

5., vollständig überarbeitete und aktualisierte Auflage 2005

07 08 09 5 4 3 2

Redaktionsleiterin: Ulrike Bazlen, Mannheim
Herstellung: Anja Kuhne, Leipzig; Sandra Bennua, Mannheim
Satz: Markus Schmitz, Büro für typographische Dienstleistungen, Münster
Druck und Bindung: Druck Partner Rübelmann GmbH, Hemsbach
Umschlaggestaltung: Claudia Adam Graphik-Design, Darmstadt
Titelfotografie: Getty Images/Stone/Andie Sacks
Illustrationen: Anja Renz, Weinheim (S. 14, 15, 18, 84, 114, 138);
Katja Wehner, Leipzig (S. 84, 85)
Fotos: Rainer Strätz, Erftstadt

Printed in Germany

Weitere Informationen finden Sie im Internet unter
www.cornelsen.de

Inhalt

Vorwort

Beobachten und Dokumentieren sind für den Bereich der Tageseinrichtungen für Kinder neue und alte Themen zugleich. Neu ist, dass beide Aufgaben in den *Bildungsplänen* bzw. -empfehlungen, die fast alle Bundesländer in der letzten Zeit entwickelt haben, als Pflichtaufgaben der sozialpädagogischen Fachkräfte festgeschrieben werden. Auf der anderen Seite haben Erzieherinnen und Erzieher in ihrer Ausbildung die Durchführung wie auch die Auswertung von Beobachtungen schon immer gelernt und viele von ihnen praktizieren dies im Alltag ihrer Einrichtungen. Vielleicht muss hier und da die Haltung reflektiert werden, aus der heraus beobachtet werden soll: Es kann nicht um Kontrolle und Klassifizierung gehen, sondern um Beachtung, um fachliches und persönliches Interesse der Erzieherin an dem, was das Kind tut, und daran, wie es das tut. Gemeint ist eine Haltung, die das Kind seinerseits als „anerkennende Resonanz" (Gerd E. Schäfer) erlebt.

In verschiedenen pädagogischen Konzepten sind zudem schon vor längerer Zeit ausgefeilte Formen der Dokumentation entwickelt worden, denken wir nur an die *Reggio-Pädagogik*. Aber auch im Kleinen verfügen viele Einrichtungen über informative und zugleich zeitlich möglichst unaufwendige Formen der Dokumentation, z. B. in Form von Informationsbriefen oder Aushängen für Eltern. Der Schwerpunkt liegt dabei zwar vielfach auf der Dokumentation von Projekten oder von Alltagsereignissen, aber dabei stellen sich prinzipiell die gleichen Probleme wie bei einer Dokumentation, die sich auf die Bildungsgeschichte eines Kindes bezieht. Die Intensität der praktizierten Dokumentationsarbeit mag in den Einrichtungen unterschiedlich sein, aber nochmals: Erzieherinnen und Erzieher fangen nicht bei null an.

Auch in der Fachliteratur ist das Thema „Beobachten" schon vor Jahrzehnten intensiv behandelt worden. In den 30er und 40er Jahren des vergangenen Jahrhunderts wurden die Möglichkeiten und die Chancen von frei formulierten, auf Beobachtung gestützten Schilderungen nicht nur im deutschsprachigen, sondern auch im angelsächsischen Raum breit dargestellt und diskutiert. Gleiches gilt für manche Bücher und Aufsätze aus den 80er Jahren. Wenn wir im vorliegenden Buch auch heute noch aus dieser Literatur zitieren, dann deshalb, weil so detaillierte Beschreibungen ein wenig aus der Mode gekommen zu sein scheinen. Das Prinzip, Schilderungen möglichst frei zu formulieren, liegt zurzeit nicht unbedingt im Trend; schematische Beobachtungsraster werden als Arbeitsgrundlage für die erzieherische Arbeit – jedenfalls in der Literatur – bevorzugt.

Auch wir sind der Meinung: Ein „Geländer" kann helfen, insbesondere auf wenig bekanntem Terrain. Deshalb reden wir selbstverständlich auch über Checklisten und andere Hilfen. Aber wir sind nach wie vor der Auffassung, dass dies nicht der Endpunkt sein kann, weil Material „von der Stange" im konkreten Einzelfall nur ein Stück weiterführt. Intensive Gespräche mit Fachkräften im Rahmen von Fortbildungsveranstaltungen bestärken uns in diesem Standpunkt.

Ein zweiter Grund ist uns mindestens ebenso wichtig: Beobachten und Dokumentieren sollten nicht als lästige Pflichtaufgabe missverstanden werden. Wir haben genügend Beispiele dafür gehört und miterlebt, dass die Auswertung von Beobachtungen und die Umsetzung der Ergebnisse in erzieherisches Handeln positive Impulse ausgelöst haben: „Übliches" wurde plötzlich wieder fachlich interessant, weil neue, spannende Aspekte auftauchten, die tägliche Arbeit wurde mit neuem Schwung angegangen, weil die Beteiligten gespannt waren auf das, was sich entwickeln würde. Wir wären froh, wenn dieses Buch ein wenig von dieser Begeisterung vermitteln könnte, die wir miterleben konnten.

Die erste Auflage des Buches ist im Jahr 1987 erschienen. Damals hat Erna Moskal die Fragestellung angeregt, Susanne Stahns, Annelie Thömmes und Hildegard Bloemer-Rondé haben Hospitationen ermöglicht, die den Grundstock an Beobachtungsmaterial geliefert haben. Bei den zwischenzeitlichen Auflagen haben besonders Karl Haucke und Susanne Bourgeois Hinweise auf notwendige Überarbeitungen und Ergänzungen gegeben. Bei der jetzigen Neuauflage sind wir besonders Vera Gloth für ihre wertvollen Hinweise und Anregungen zum Text dankbar sowie Astrid Normann für die Erlaubnis, Fotos aus ihrer Einrichtung zu verwenden.

Kursiv stehende Begriffe und Namen, ausgenommen vollständige Sätze, werden in einem Glossar erläutert.

1. Beobachtung als Alltagsphänomen

Inhalt

Das folgende Beispiel einer zufälligen Beobachtung macht deutlich, dass die Erzieherin immer auch Beobachterin ist: bei der morgendlichen Begrüßung, beim Erzählen einer Geschichte, bei gemeinsamen Aktivitäten, stets wird sie neben der eigentlichen Spiel-Handlung Verhaltensweisen, sprachliche Äußerungen, Mimik und Gestik der Kinder registrieren. Ihre alltäglichen Beobachtungen bringt sie – bewusst oder unbewusst – mit fachlichen Ansprüchen und Fragestellungen und mit ihrem Vorwissen zum Kind in Verbindung und gewinnt so einen ersten Eindruck von den Eigenarten, Interessen, Bedürfnissen und Fähigkeiten jedes einzelnen Kindes.

Das Fußballtrikot

Es ist früher Montagmorgen, die Erzieherin befindet sich mit den ersten Kindern im Gruppenraum. Die Gruppenraumtür steht offen. Die Erzieherin sieht Marko, 5 Jahre alt, wie er an der Hand seiner Großmutter den Flur entlang kommt. Ihr Blick bleibt auf Marko haften, denn etwas ist heute anders als sonst. Es ist die Art, wie er sich bewegt. Nicht zögerlich, schleppend und im „Windschatten" der Großmutter, sondern einen halben Schritt voraus, fast hüpfend. An der Gruppenraumtür sucht er ihren Blickkontakt – auch das ist ungewöhnlich – und kommt dann schnurstracks auf sie zu, baut sich erwartungsvoll vor ihr auf. „Hallo Marko, guten Morgen!" Dann lüftet er sein Geheimnis: Unterm Anorak über seinem dicken Pullover trägt er ein nagelneues Fußballtrikot, glänzend rot-blau. Die Erzieherin ruft die anderen Kinder dazu, alle bewundern das schöne Trikot. Die Großmutter berichtet, dass Marko jetzt bei den Minis im Fußballverein mitmachen darf und letzten Freitag beim Training war. „Ich hab schon ein Tor geschossen", ergänzt Marko mit glänzenden Augen und nickt bekräftigend dazu. Die Kinder klatschen Beifall. Für die Erzieherin ist es beeindruckend, zu beobachten, welchen Einfluss dieses Ereignis auf Markos Art sich zu bewegen und auf seine Ausstrahlung hat. Die Bewegungen sind kraftvoller und zielgerichteter, er trägt den Kopf hoch und die Nase vorn. Er findet schnell in ein lebendiges Spiel mit den anderen Kindern.

Das Kirschbaumspiel

Marina sitzt im Gruppenraum auf einem kleinen Teppich. Sie hat sich ein Würfelspiel geholt, bei dem die Teilnehmer reihum so viele Holzkirschen auf einen Baum legen dürfen, wie sie Augen gewürfelt haben. Jens setzt sich zu Marina. Diese beginnt, Kirschen aus der Schachtel zu nehmen und auf den Teppich zu legen. In diesem Augenblick betritt Martin, der sich im Nebenraum mit Legosteinen beschäftigt hat, den Gruppenraum. Die Erzieherin fragt ihn, ob er zusammen mit Marina und Jens das Kirschenspiel spielen würde. Martin ist einverstanden, ebenso die beiden jüngeren Kinder. Nach zehn Minuten ist das Spiel beendet, die Kinder räumen auf. Die Erzieherin lädt Marina und Jens an den Tisch ein, an dem sie mit anderen Kindern faltet und klebt, Martin verschwindet wieder im Nebenraum.

Alltagsgeschehen, Kleinkram, nichts Bemerkenswertes, oder?

Aus den Augenwinkeln hatte die Erzieherin, die bei anderen Kindern am Tisch saß, registriert, was bei Marina und Jens vor sich ging. Sie wusste, dass besonders Marina das Kirschenspiel gern hatte, aber sie konnte sich des Eindrucks nicht erwehren, dass es jetzt zu keinem Spiel kommen würde. Lediglich die Kirschen würden wahrscheinlich auf dem Boden verstreut werden.

In diesem Moment tauchte Martin auf, ein meist ruhiger, umgänglicher Junge, der sich häufig – in den Augen der Erzieherin manchmal zu häufig – allein beschäftigte. Als die Erzieherin diese Gelegenheit beim Schopf ergriff, wusste sie, was geschehen würde: Martin würde ihre Bitte ebenso wenig abschlagen wie die beiden jüngeren Kinder. Er würde Geduld mit ihnen haben und das gemeinsame Spiel anleiten und beenden. Er würde sich nicht von anderen Kindern ablenken und aus dem Spiel herausholen lassen wie vielleicht Thomas. Marina und Jens würden es ihrerseits Martin nicht allzu schwer machen. Sie würden sich an die Regeln halten, anders als etwa Georg, bei dem ein solcher Versuch wahrscheinlich schief gehen würde. Natürlich wusste die Erzieherin, dass sie die *Situation* nicht überstrapazieren durfte, und löste deshalb nach zehn Minuten die Dreiergruppe wieder auf.

Nichts Spektakuläres wird geschildert, kein Großprojekt. Einer Erzieherin war ‚nur' eine *Situation* aufgefallen, bevor sie wirklich auffällig wurde. Sie hatte ‚nur' im Lauf der Zeit so viel Wissen über die Kinder erworben, dass sie die *Situation* konstruktiv gestalten konnte. Beides ist mit dem Begriff ‚Beobachten' gemeint: Eine Erzieherin registriert nicht nur aufmerksam, was geschieht. Sie setzt zudem ihre aktuellen Eindrücke fortlaufend zu ihren bisherigen Wahrnehmungen wie auch zu ihren pädagogischen Zielen in Beziehung und fragt sich dabei nach möglichen Einseitigkeiten und Unschärfen in ihrer Wahrnehmung. Dadurch wird ihr dann auch deutlich, was ihr noch unklar ist und worauf sie deshalb bei der nächsten Gelegenheit verstärkt achten sollte.

Beobachten ist keine besondere Maßnahme für vereinzelte Problemsituationen, sondern Bestandteil des erzieherischen Alltags. Wie ein stetiges Sammeln, Ordnen und Prüfen von Wahrnehmungen und Eindrücken aussehen kann, welche Chancen und welche möglichen Probleme damit verbunden sind, soll in den folgenden Kapiteln näher beleuchtet werden.

2. Beobachtung – von verschiedenen Seiten betrachtet

Inhalt

Dieses Kapitel will dazu ermutigen, Beobachtung als Chance und als selbstverständliches Element der pädagogischen Arbeit zu betrachten. Es wird noch nicht auf methodische Details eingehen, sondern die drei folgenden grundsätzlichen Sachverhalte behandeln:

- **Perspektive.** Beobachtungen werden immer aus einem bestimmten Blickwinkel gemacht, sie sind subjektiv. Dieser Effekt kann kontrolliert und positiv genutzt werden.
- **Reflexion.** Durch Reflexion kontrollierte Beobachtungen sind ein außerordentlich wichtiges Element professionellen pädagogischen Handelns, indem sie Handlungsmöglichkeiten eröffnen und vor erzieherischen Kurzschlüssen bewahren.
- **Ethik.** Aus der Bedeutung der Beobachtungen für das pädagogische Handeln wiederum ergibt sich eine Begründung dafür, unter welchen Umständen und in welcher Weise eine Erzieherin Kinder beobachten darf, ohne deren *Persönlichkeitsrechte* zu verletzen. Das ethische Fundament der Beobachtung besteht aus der Achtung der Menschenwürde und des Respekts vor dem Kind sowie der *Ressourcen*orientierung, d. h. der Annahme des Kindes mit all seinen Potenzialen.

2.1 Die Bedeutung der Perspektive

Wer beobachten will, was geschieht, muss dazu häufig erst einmal den richtigen Standort finden, näher herangehen oder zur Seite treten, wenn die Sicht versperrt ist. Beobachten kann man nur von einem bestimmten Standort aus und damit aus einem bestimmten Blickwinkel. Aus einem anderen Blickwinkel – einer anderen Perspektive – sehen die Dinge oft ganz anders aus, als es zunächst den Anschein hatte. Wer sich Fernsehübertragungen von Fußballspielen ansieht, weiß den Wert von eingespielten Wiederholungen zu schätzen, die kritische Spielsituationen nacheinander aus verschiedenen Blickwinkeln zeigen. Das macht eine angemessene Beurteilung der *Situation* oft erst möglich.

> Niemand kann die Dinge so beobachten, wie sie sind, sondern nur so, wie sie aus einer bestimmten Perspektive erscheinen. Diese Perspektive gibt niemals den Blick auf das Ganze frei, sondern immer nur auf einen bestimmten Ausschnitt. Die Bestimmung der eigenen Position, das Bewusstmachen der eigenen Perspektive steht vor dem Beobachten.

Die Anerkennung der Tatsache, dass Beobachtungen immer perspektivisch sind, bedeutet auch, sich die Rolle der Beobachterin bewusst zu machen. Die Perspektive der Erzieherin unterscheidet sich von der des Kindes oder der der Eltern. Die Beobachtungen, die Erzieherin, Kind oder Eltern machen, können also nicht deckungsgleich sein. Diese unterschiedlichen Perspektiven gilt es bewusst zu berücksichtigen. Dabei sind folgende Fragen von Belang:

- Wie kann die Erzieherin bewusst die **Perspektive wechseln**, um zu einer möglichst ausgewogenen Sichtweise zu kommen?
- Wie kann die Erzieherin die Blickwinkel von **Kindern** erfassen?
- Wie kann die Erzieherin die Perspektive von **Eltern** kennen lernen?

Ein vierter Aspekt – die unterschiedlichen Blickwinkel von Kolleginnen – stellt bei einer guten Zusammenarbeit im Team eine große Hilfe dar und wird im sechsten Kapitel unter dem Stichwort „Beobachten als Teamarbeit“ (➛ Kap. 6.1) behandelt.

2.1.1 Die Perspektive der Erzieherin

Ein umfassender Eindruck eines Gebäudes oder eines Ausflugs entsteht nicht durch ein einziges Foto, Ansichten aus verschiedenen Perspektiven müssen zusammen kommen. Umgekehrt nützen noch so viele Bilder nichts, wenn sie aus derselben Perspektive und zu ungefähr derselben Zeit aufgenommen wurden. Um z.B. beurteilen zu können, wie Kinder das Außengelände nutzen, müssen daher Beobachtungen an mehreren Tagen, zu verschiedenen Tages- und Jahreszeiten und bei unterschiedlichen Wetterbedingungen durchgeführt und miteinander verglichen werden. Um die Interessen eines Kindes kennen zu lernen, muss es bei verschiedenen Tätigkeiten, an unterschiedlichen Orten, allein wie auch zusammen mit verschiedenen anderen Kindern beobachtet werden. Dass dabei besteht die Gefahr besteht, sich zu früh mit den gewonnenen Eindrücken zufrieden zu geben, liegt

Abb. 2.1 und 2.2 Eine Einkaufsstraße aus der Perspektive eines Erwachsenen (li.). Eine Einkaufsstraße aus der Perspektive eines Kindes (re.)

auf der Hand. Auch das Problem, dass bei den folgenden Beobachtungen eher auf Bestätigungen des bisherigen Eindrucks als auf neue Aspekte geachtet wird, ist unübersehbar. Bewusst die Perspektive zu wechseln bedeutet also vor allem, gezielt nach dem Ausschau zu halten, was bisher nicht beobachtet werden konnte. Dieses „bewusste Umkehren der Fragerichtung“ wird ausführlicher im siebten Kapitel („Beobachtung als Prozess“) beschrieben.

Den Effekt, dass erst nach und nach ein ausgewogenes Bild entsteht, kennt jede Erzieherin aus den Gesprächen mit Kindern nach einem Streit. Auf ihre Frage: „Was ist passiert?“ wird sie eine Reihe von Aussagen hören, die jeweils für sich zutreffend sein mögen, aber meistens nur einen bestimmten Ausschnitt des Geschehens schildern. Zusammen genommen ergeben sie jedoch in den meisten Fällen eine relativ vollständige und auch zutreffende Beschreibung des Verlaufs.

Die Erzieherin erlebt das Kind innerhalb der Kindergruppe in der Tageseinrichtung, also in einem Umfeld, das sich deutlich von dem der (Klein-)Familie unterscheidet. Sie verfügt zudem über ein fundiertes pädagogisches Fachwissen und Erfahrungen mit vielen Kindern. Mit diesen Kenntnissen kann sie dem Kind bewusst und zielgerichtet Entwicklungsanreize bieten und Entwicklungsprozesse fördern. Die Erzieherin beobachtet Kinder*situationen* mit Hilfe professioneller Methoden. Sie hat dabei nicht nur das einzelne Kind im Blick, sondern bedenkt auch das gesamte Gruppengeschehen mit.

Abb. 2.3 und 2.4 Die Kniebeuge ist das wichtigste Hilfsmittel, um sich die Bedeutung und die Konsequenzen des Perspektivenwechsels vor Augen zu führen. Nur so können die Erwachsenen einen Eindruck davon gewinnen, was für ein Kind im Kindergartenalter ein großer Hügel ist (li.). Schon einen Abhang von 60 Zentimetern herunterzufahren bedeutet eine Herausforderung (re.)

2.1.2 Die Perspektive der Kinder

Kinder sehen anders als Erwachsene. Das ist zunächst wörtlich zu nehmen: Kinder sehen aus einer anderen Perspektive, weil sie kleiner sind. Erwachsene sehen z.B. über parkende Autos hinweg auf den fließenden Verkehr und achten auf Fahrzeuge, die sich nähern; Kinder können das nicht. Erwachsene sehen in der Fußgängerzone in der Ferne das Geschäft, in dem sie einkaufen wollen. Kinder, die nebenher laufen, sehen andere Dinge: Die Früchte, die am Obststand in ihrer Augenhöhe ausliegen, bedrohlich vor ihrem Gesicht geschwenkte Einkaufstüten oder Regenschirme, Dinge, die auf dem Boden liegen, und nicht zuletzt andere Kinder.

Aufschlussreiche Fotoserien entstehen, wenn eine Erzieherin verschiedene Orte in ihrer Einrichtung sowohl aus ihrer Augenhöhe als auch aus der Augenhöhe von Kindern (etwa 1,05 Meter bei Vierjährigen) fotografiert, um die Perspektiven miteinander vergleichen zu können. Noch eindrucksvoller sind oft Bilder aus dem Blickwinkel eines krabbelnden Kleinstkindes.

Auch im übertragenen Sinn haben Kinder häufig eine andere Perspektive als Erwachsene. Viele Dinge haben für sie eine andere Bedeutung, schon deshalb, weil vieles, was Erwachsenen altbekannt ist, für sie neu und aufregend ist. Daher besteht eine ständige erzieherische Aufgabe darin, herauszufinden, was für ein Kind bedeutsam ist und was nicht.

Ein Beispiel: Eltern gehen mit ihrem gerade 3-jährigen Sohn in den Zoo. Sie haben sich gut vorbereitet und sind bereit, alle Fragen des Kindes zu den verschiedenen Tieren zu beantworten. Der Junge ist auch sehr interessiert – an den Papierkörben. Die sind nämlich aus Drahtgeflecht, so dass er sich genau ansehen kann, was die Leute so alles wegwerfen. Die Hinweise seiner Eltern auf „besonders interessante" Tiere nimmt er bei seiner systematischen Inspektionsreise von Papierkorb zu Papierkorb gelassen in Kauf.

Die Perspektive der Kinder, die sich aus ihrer Lebenswelt ergibt, zum Ausgangspunkt der pädagogischen Planung zu machen, ist Eckpfeiler verschiedener pädagogischer Ansätze, z. B. des *Situationsansatzes des Deutschen Jugendinstituts*, des *Situationsbezogenen Ansatzes in Nordrhein-Westfalen* oder der *Reggio-Pädagogik*. Für Erzieherinnen, die nach diesen Ansätzen arbeiten (oder sich daran orientieren), ist die Erfassung der kindlichen Perspektive von besonders großer Bedeutung.

Unterschiedliche Blickwinkel von Kindern und Erwachsenen werden auch im „didaktischen Dreieck" (➤ Abb. 2.6) betont, das in der schulpädagogischen Literatur weit verbreitet ist. Dieses Dreieck hebt zum einen die Bedeutung der Beziehung zwischen Kind und Erziehenden heraus. Zum anderen geht es um die Sache – wobei die Erzieherin bzw. die Lehrkraft sich immer wieder klarmachen muss, dass die Sache für die Kinder eine andere Bedeutung hat (zumindest haben kann) als für sie selbst. Ute Andresen, eine Grundschullehrerin und Autorin, erläutert dies am Beispiel der Katze (vgl. Andresen 2000, S. 141 ff.): Für eine Lehrerin ist eine Katze vielleicht ein kleines vierbeiniges Säugetier mit bestimmten anatomischen Eigenschaften und einer bestimmten Ernährungsweise. Das ist dann gleichzeitig das, was sie den Kindern nahe bringen möchte. Für ein Kind aber ist eine Katze vielleicht das, was es sich seit Monaten sehnlich wünscht, aber nicht bekommt. Für ein anderes Kind ist eine Katze vielleicht das, was es am vorhergehenden Tag überfah-

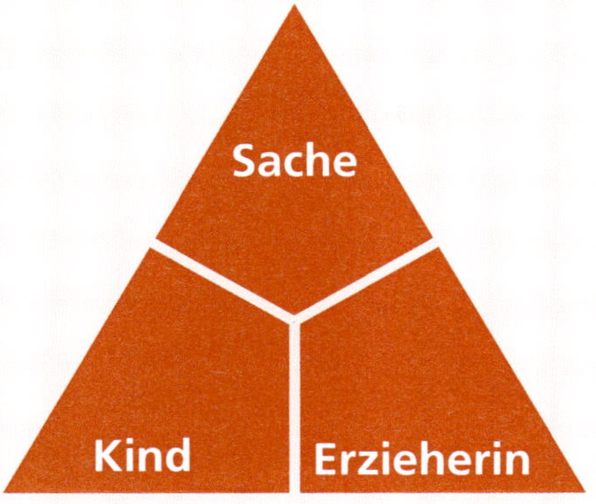

Abb. 2.6 Das didaktische Dreieck

ren auf der Straße hat liegen sehen. Ute Andresen ist sicher, dass ein Unterricht nur gelingen kann, wenn die Lehrerin die Sichtweise der Kinder nicht nur akzeptiert, sondern sie zunächst aufgreift und daran anknüpft und erst dann versucht, auch ihre eigene Sichtweise zum Thema zu machen.

Auf dieser allgemeinen Ebene gilt das Modell wohl gleichermaßen für die Elementar- und die Grundschulpädagogik und stellt eine der zahlreichen Gemeinsamkeiten zwischen beiden dar. Interessant und kontrovers wird es jedoch bei den beiden folgenden Fragen: Welches Gewicht soll die Sicht des Kindes gegenüber der Sicht der Erwachsenen haben? Und: Wer bestimmt, um welche Sache es gerade gehen soll? In den Antworten auf diese beiden Fragen unterscheiden sich Elementar- und Grundschulpädagogik nach wie vor.

2.1.3 Die Perspektive der Eltern

Die Zusammenarbeit mit Eltern ist nicht immer ganz unproblematisch. Sie wird einfacher und gewinnbringender sein, wenn sich die Erzieherin vor Augen führt, dass Eltern notwendigerweise einen anderen Blickwinkel haben müssen als die Erzieherin. Der Satz: „Frau Müller denkt immer nur an ihr eigenes Kind!" ruft bei Gesprächen unter Erzieherinnen oft beifälliges Nicken hervor. Ist es aber nicht selbstverständlich, dass eine Mutter sich zunächst einmal fragt, was ein bestimmter Vorschlag, ein Ereignis in der Gruppe oder eine bestimmte Regel für ihr eigenes Kind bedeuten, dass sie die Dinge besprechen will, die ihr Kind betreffen?

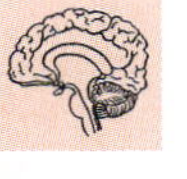

Eltern sind Experten für ihr eigenes Kind, für sein Aufwachsen in der Familie, für die familiären Lebensbedingungen. Das Fachwissen einer Erzieherin kann bei ihnen nicht vorausgesetzt werden. Eltern sind mit ihrem Kind auf eine besondere Weise emotional verbunden, sie sind diejenigen, die das Kind am längsten kennen. Und schließlich haben sie zu Hause auch keine Kindergruppe zu erziehen, sondern ein einziges Kind oder eine kleine Anzahl von Kindern.

Eltern haben immer eine andere Perspektive als die Erzieherin, auch die Blickwinkel verschiedener Eltern müssen sich voneinander unterscheiden. Die Kunst wird also darin bestehen, zunächst die unterschiedlichen Perspektiven wertschätzend deutlich zu machen, bevor eine Lösung gesucht wird, mit der sich alle Beteiligten einverstanden erklären können.

2.2 Die Bedeutung von Beobachtungen für pädagogisches Handeln

Erzieherisches Handeln wird in der Didaktik (vgl. Martin 1994, Pausewang 1994) zumeist als Kreis- oder *Spiralprozess* mit bestimmten, aufeinander folgenden Schritten beschrieben (➛ Abb. 2.7).

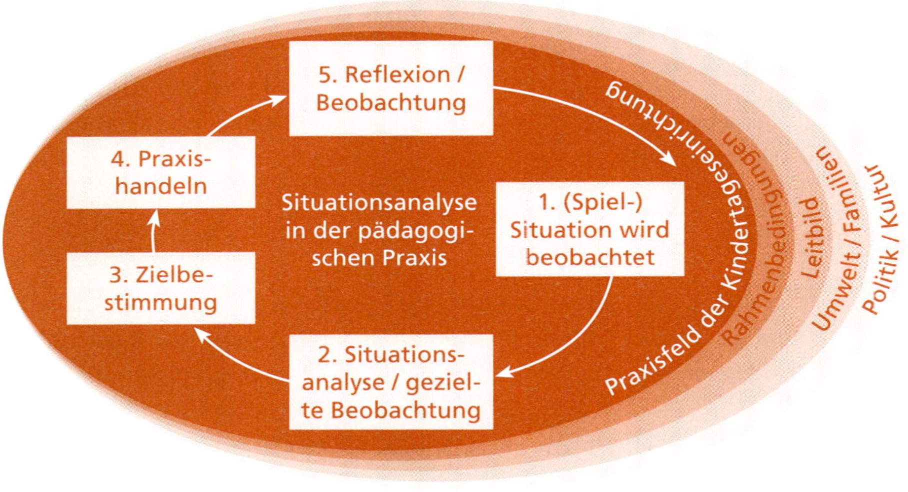

Abb. 2.7 Verlaufsmodell des pädagogischen Handelns

2.2.1 Übergreifende Gesichtspunkte

In seinem *Leitbild* beschreibt der Träger einer Einrichtung seine allgemeinen Orientierungen. Damit sie handlungsleitend werden können, müssen zusätzlich die Bedingungen analysiert werden, unter denen die Kinder und Familien einerseits und die Erzieherinnen andererseits leben und handeln. Das macht es erforderlich, die Lebenssituation und die Umfeldbedingungen beobachtend in den Blick zu nehmen sowie die *Rahmenbedingungen* zu berücksichtigen, unter denen die

Einrichtung arbeitet. Hierzu gehören z.B. personelle, räumliche und finanzielle Ressourcen.

2.2.2 Pädagogisches Handeln

Vor dem Hintergrund des *Leitbildes* und der allgemeinen Analyse der Lebenssituation der Kinder und Familien und der Umfeldbedingungen sammelt die Erzieherin Informationen über das aktuelle pädagogische Geschehen – über Spielsituationen, *Ressourcen* und Probleme einzelner Kinder, soziale Beziehungen in der Gruppe etc. Diese Informationen stellen das Ausgangsmaterial für die *Situationsanalyse* dar, in deren Verlauf die in Frage stehende *Situation* näher beleuchtet wird. Erst dann leitet die Erzieherin Ziele für die pädagogische Arbeit ab, plant Handlungsschritte und führt sie durch. Schließlich wertet die Erzieherin den pädagogischen Prozess aus. Sie überprüft, ob die erwünschten Ergebnisse ihres Handelns eingetreten sind, sucht nach Gründen, wenn dies nicht der Fall ist und verändert ihre Planung auf Grund neu gewonnener Erkenntnisse und Informationen. Dabei sind Korrekturen nicht „ehrenrührig“, sondern selbstverständlicher Teil der pädagogischen Arbeit (vgl. Beywl & Schepp-Winter 1999, S. 9).

In der Auswertung können sich außerdem – je nach Ergebnissen – Rückwirkungen auf alle vorausgegangenen Schritte ergeben, wenn sich die Erzieherin fragt nach

- Wirkungsvolleren Prozessen („Auf welche Weise hätte ich meine Ziele vielleicht besser erreichen können?“)
- Angemesseneren Zielsetzungen („Waren diese Ziele – im Augenblick oder auf Dauer – wirklich realistisch?“)
- Änderungsnotwendigkeiten bei den *Rahmenbedingungen* („Was hätte vorhanden sein müssen, um die Ziele besser – oder überhaupt – zu erreichen?“)
- Notwendigen Anpassungen des *Leitbildes* (z.B. „Stimmt unsere Sicht von Kindern und ihren Entwicklungsaufgaben oder von Familien und ihren Lebensbedingungen und Bedürfnissen noch?“).

In dem hier beschriebenen Prozess pädagogischen Handelns stellt die Beobachtung eine unverzichtbare Methode dar, die an folgenden Punkten zum Tragen kommt:

- Die Erzieherin beobachtet (zufällig) eine Situation, auf die sie mit pädagogischem Handeln reagieren möchte.
- Im Rahmen der Situationsanalyse beleuchtet sie die Situation von verschiedenen Seiten, z.B. in Gesprächen mit dem Kind, mithilfe eines *Situations-Analyse-Schemas* und mit gezielter Beobachtung.

- Erst wenn diese Analyse ihre spontanen Vermutungen bestätigt, wird sie eine pädagogische Zielbestimmung formulieren und
- Pädagogisch handeln.

Die Reflexion über Erfolg oder Misserfolg dieses Handelns erfolgt wiederum auf dem Hintergrund gezielter Beobachtung.

Die Beobachtung ist ein bedeutsames Element der Situationsanalyse. Sie liefert die Informationen, die es der Erzieherin möglich machen, an die Selbstbildungspotenziale (vgl. Schäfer 2005, S. 180 f.) der Kinder anzuknüpfen, ihre Fähigkeiten, Bedürfnisse und Interessen zu erkennen und entwicklungsfördernd darauf zu reagieren.

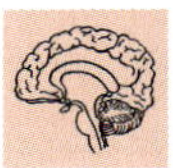

Die *Situationsanalyse* dient dazu, unterschiedliche Perspektiven einer Situation zu erkennen und zu verstehen, vor allem auch in ihrer Bedeutung für die Kinder. Sie führt zu einem tieferen Verständnis von Kindersituationen, indem sie die spontane Wahrnehmung der Erwachsenen erweitert oder auch relativiert. Sie verhindert voreilige, nur aus dem Blickwinkel des Erziehenden getroffene Entscheidungen und führt zu differenzierten pädagogischen Handlungskonzepten. Auf diese Weise werden kindliche Aktivitäten nicht isoliert betrachtet, sondern im Zusammenhang der aktuellen sozialen und materiellen Gegebenheiten der Tageseinrichtung und des Umfeldes (vgl. Militzer; Demandewitz & Solbach 2000, S. 114 ff.).

Ein charakteristisches Merkmal der *Situationsanalyse* ist es, die Sinndeutung der Kinder in die Analyse einzubeziehen. Somit kommt ihr eine Brückenfunktion zu: Sie vermittelt zwischen dem Erleben der Kinder und den pädagogischen Vorstellungen und Ansprüchen der Erziehenden. Die *Situationsanalyse* geht von einer Haltung des Suchens und Fragens aus und nicht von einer Haltung der Gewissheit. Sie ist ein Ort des Innehaltens und der Reflexion. Mit ihrer Hilfe können Situationen differenzierter, vielschichtiger betrachtet werden, als dies im pädagogischen Alltag „auf den ersten Blick" möglich ist.

2.2.3 Beispiele für Beobachtungen

Beobachtung eines Kindes: Was beschäftigt Thomas zur Zeit?

Ein Detail aus den Beobachtungen zu Thomas (ausführlich Kap. 7.1): Bei einer Bilderbuchbetrachtung ist Thomas das erste Kind, das nach vorn rutscht und damit anderen Kindern die Sicht nimmt. Er ist das einzige Kind, das trotz Ermahnungen mehrmals nach vorn rutscht. Spontan könnte die Erzieherin zu der Einschätzung gelangen: Thomas verhält sich rücksichtslos. Vielleicht ist es in letzter Zeit häufiger zu ähnlichen Situationen gekommen, zumindest hat sie es so wahrgenommen. Im Rahmen einer *Situationsanalyse* rücken jedoch neben dieser spontanen Einschätzung noch weitere Vermutungen (*Hypothesen*) ins Blickfeld, die jeweils unterschiedliche pädagogische Entscheidungen nach sich ziehen würden:

- Ist das Thema der Bilderbuchgeschichte für Thomas zurzeit besonders interessant (er will unbedingt alles mitkriegen) oder aber – im Gegenteil – altbekannt und langweilig (er stört)?
- Steckt er in einer schwierigen familiären Situation, die ihm Kopfzerbrechen bereitet, so dass er nicht so gut zuhören kann (er braucht jemanden, der ihm zuhört)?
- Was war in der zweiten Reihe los? Gab es hier Gedrängel und Streitereien, denen Thomas ausweichen wollte oder musste?
- War für Thomas eher Bewegung als Stillsitzen angesagt? Wie aber ist er dann in die Bilderbuchgruppe hineingeraten?

Die *Situationsanalyse* bietet unterschiedliche Möglichkeiten, den verschiedenen Pfaden zu folgen, um sie auf ihre Bedeutung hin abzuklopfen. Ein Gespräch mit den Eltern und/oder mit Kolleginnen kann wichtige Informationen liefern: Wie nehmen diese ihn zurzeit wahr, haben sie den Eindruck, dass es ihm gut geht oder dass ihm etwas fehlt? Auch ein Blick ins Logbuch (➛ Kap. 6.3) kann hilfreich sein: Wo und in welchen Situationen taucht Thomas dort auf und – taucht er überhaupt auf? Darüber hinaus können Fragen zur (Selbst-)Reflexion, wie sie z. B. im *Situations-Analyse-Schema* angeführt werden, hilfreich sein: Was genau beschäftigt mich an dieser Situation? Was glaube ich, wie hat Thomas die Situation erlebt? Was möchte ich verändern?

Hier sollen vor allem die Beobachtungsanlässe in den Blick genommen werden, die in den oben angeführten Vermutungen stecken: Ausgehend von der spontanen Einschätzung „Thomas verhält sich rücksichtslos“ stellt die Erzieherin ihre Beobachtung unter die Fragestellung: Gibt es Ausnahmen? Wann verhält Thomas sich umsichtig und rücksichtsvoll, was kennzeichnet diese Situationen? Was kann ich daraus für mein pädagogisches Handeln ableiten?

Die Überlegung, dass Thomas an dem Bilderbuchthema besonders interessiert ist und aus diesem Grund alles andere um sich herum vergisst, auch die „guten Manieren“, führt zu einer Beobachtung unter dem Gesichtspunkt: Was beschäftigt ihn zur Zeit – weiß ich das eigentlich? Was fesselt und fasziniert ihn, wie kann ich das unterstützen und weiterführen, vielleicht auch für andere Kinder nutzbar machen?

Die Frage, was wohl in der zweiten Reihe los war, erweitert den Beobachtungsraum auf das Zusammenspiel einer Gruppe von Kindern: Gibt es bestimmte Konstellationen, die problematisch sind, immer wieder zu kleineren Streitereien oder Konflikten führen? Kommen die Kinder alleine damit zurecht oder brauchen sie Unterstützung?

Schließlich kann die Überlegung, ob die Bilderbuchgruppe für Thomas in dieser Situation das Richtige war, zu einer Beobachtung unter folgender Fragestellung führen: Auf welche Weise entscheidet sich Thomas für eine Aktivität? Ist er da, wo seine Freunde sind? Lässt er sich gerne zu etwas ermuntern und anregen oder sucht er sich zielstrebig, was er braucht und findet es nur nicht immer? Was bedeutet dies für die pädagogische Arbeit?

Es wird deutlich, dass Beobachtung ihre *Legitimation* aus der *Situationsanalyse* gewinnt und diese zugleich befördert, indem sie neue Erkenntnisse hervorbringt. Beobachtung, wie sie hier verstanden wird, bedeutet, dem Kind – manchmal unter einer bestimmten Fragestellung – Aufmerksamkeit zu schenken. Dazu gehört selbstverständlich auch, mit dem Kind auf kindgerechte Weise ins Gespräch zu kommen, um etwas über seine Gedanken und Überlegungen, seine „Pfade“ zu erfahren.

Beobachtung im Umfeld: Welche Spielmöglichkeiten gibt es?

Eine Einrichtung liegt in einer Neubausiedlung mit mehrstöckigen Wohnhäusern. Zwischen den Häusern sind großzügige Grünflächen mit Wiesen, Sträuchern und einigen Spielgeräten angelegt. Auf den ersten Blick sieht es so aus, als stünde den Kindern hier ein ausreichender Bewegungsraum zur Verfügung. Im Rahmen einer *Umfeldanalyse* finden die Erzieherinnen jedoch heraus, dass die Freiflächen seitens des Mietervereins mit einem solch komplizierten formellen und informellen Regelwerk belegt sind (Fußballspiel nur mit Softbällen und nicht als Mannschaft, keine Kreide-Graffitti auf den Gehwegen, keinen Sand aus der Sandkiste auf die Wiese schippen etc.), dass es für die Kinder nahezu unmöglich ist, sich dort frei und ungezwungen zu bewegen.

Urie Bronfenbrenner (1981) wies im Rahmen seiner Forschungen nach, auf welch intensive Weise das Wohl des Kindes mit dem Wohl der Familien und den Lebensbedingungen vor Ort verbunden ist. Für die *Situationsanalyse* hat dies zur Folge, dass sich der Beobachtungsraum erweitert. Er geht über die Einrichtung hinaus und bezieht das Lebensumfeld der Kinder mit ein.

Beobachtungen im Rahmen einer *Umfeldanalyse* können der Erzieherin ein realistisches Bild von der Situation im Stadtteil, in der Gemeinde vermitteln: Straßen, Häuser, Verkehr, Grünflächen, Nachbarschaften, Vereinswesen etc. sagen viel darüber aus, welche Möglichkeiten der Entfaltung sich Kindern und Familien bieten oder welchen Einschränkungen sie durch Lärm, Schmutz, Verkehr, beengte Wohnverhältnisse ausgesetzt sind. Die Erzieherin wird vielleicht auch mit Verwunderung feststellen, dass dies bei kleinräumiger Betrachtung – also von Straße zu Straße – höchst unterschiedlich aussehen kann.

Die Beobachtungen im Umfeld können im Sinne einer umfassenden Bestandsaufnahme durchgeführt werden oder aber gezielt zu bestimmten Fragestellungen erfolgen, auch unter Beteiligung der Kinder und Eltern. Im Rahmen einer Ortsbegehung lassen sich über Eigen- und Fremdwahrnehmung aufschlussreiche Informationen gewinnen: Was höre, sehe, empfinde ich, was fällt mir auf; was fällt Kindern und anderen Erwachsenen auf?

Das Umfeld bietet eine Fülle von Hinweisen darauf, wie es den Kindern geht, was sie brauchen, was sie vermissen. Erzieherinnen können vor diesem Hintergrund fragen: Passt das, was die Kinder an Lern- und Erfahrungsmöglichkeiten in unserer Einrichtung vorfinden, zu dem, was unsere Gemeinde ihnen bietet bzw. vorenthält; ergänzen sich „innen“ und „außen“ in sinnvoller und entwicklungsfördernder Weise? Eine Erweiterung des Beobachtungsraumes „nach außen“ schärft daher auch den Blick für konzeptionelle Stärken und Schwächen innerhalb der Einrichtung und kann von daher wichtige Impulse und Anregungen für die Weiterentwicklung der pädagogischen Arbeit bereithalten.

Beobachtung von Kindersituationen: Wo verschwinden die kleinen Tiere?

Auslöser für die Einrichtung der Naturspielecken in einem Kindergarten waren zwei Dinge: Einerseits die Erfahrung der Leiterin, dass die Kinder in ihrem Wohngebiet kaum Gelegenheiten zu Begegnungen mit Tieren hatten, andererseits ihre Beobachtung, dass einige Kinder regelrecht Jagd auf Ameisen machten, die aus Ritzen zwischen Gehwegplatten hervorkamen. Dies waren übrigens dieselben Kinder, die so ergriffen den Geschichten von jungen Katzenbabys lauschten; es war also etwas falsch mit der Unterscheidung zwischen „niedlichen“ Tieren und „normalen“ oder „hässlichen“. Statt es nun mit einer Gardinenpredigt wegen der Ameisenjagd bewenden zu lassen, begann die Leiterin über Möglichkeiten nachzudenken, wie Kinder sich im Spiel in das Leben von „ganz normalen“ Tieren hineinversetzen und so vor deren Leben und Lebenswelt Achtung entwickeln könnten. In besonderen Naturspielecken wurden den Kindern Tierfiguren aus unterschiedlichem Material zusammen mit Ästen, Wurzeln, Moose, Gräsern, Wasserbehältern aus Stein oder Ton, Früchten, Blättern und anderen Naturmaterialien angeboten. Bald entstanden dort Behausungen, Höhlen und Wasserstellen, Tierfamilien verschiedener Gattungen lebten zusammen, Tierkinder wuchsen im Spiel auf. Die Voraussetzung dafür, dass sich solche Spiele entwickeln konnten, war allerdings, dass die Kinder vorher bei Waldspaziergängen erlebt hatten, wie versteckt und geheimnisvoll das Leben mancher Tiere ist. Kleine Tiere verschwanden plötzlich im Laub, es raschelte hinter den Kindern, obwohl nichts zu erkennen war. Mit der Zeit wurde den beteiligten Erzieherinnen immer deutlicher, dass die Kinder die Naturspielecken als besonderen Ort auffassten und dass sie sich dort im Spiel wirklich in der Natur befanden (vgl. Möcklinghoff-Vormweg & Strätz 1991, S. 29 ff.). Die veränderte Einstellung der Kinder zu Tieren hatte dann auch Konsequenzen für das, was im Außengelände der Einrichtung geschah. Auf schutzbedürftige Tiere nahmen die Kinder von sich aus Rücksicht, Plätze zum Spielen unterschieden sie streng von Orten, die sie nicht mehr betraten, um z. B. dort überwinternde Kleintiere nicht zu stören.

Diese Geschichte macht deutlich, dass es mit auslösenden und begleitenden Beobachtungen und einer einzelnen, isolierten Zielvorstellung nicht getan ist. Mehreres muss ineinander greifen und in seiner zeitlichen Aufeinanderfolge stimmen, damit Wirkungen eintreten können, die dann wiederum in ihren Konsequenzen für andere Räume und Zeiten bedacht werden müssen. Das Beispiel zeigt auch sehr anschaulich, dass im Zusammenhang mit einer Pädagogik, die das Spiel und die Phantasie der Kinder als unersetzliche Erfahrungsmöglichkeiten begreift und nutzt, nicht nur die „klassischen“ Bereiche wie die sprachliche Entwicklung oder das Sozialverhalten der Kinder, sondern auch andere Inhalte wie z. B. die Ökologie aufgegriffen und umgesetzt werden können.

Beobachtung „auf Probe“: Drinnen und draußen

In diesem und dem folgenden Beispiel wird deutlich, dass durch gezielte Experimente manche Beobachtungen erst ermöglicht werden, die dann für weitere Reflexionen genutzt werden.

Ein Kindergartenteam diskutierte, ob das Außengelände intensiver genutzt werden könne als bisher. Mehrere Wochen lang wurde probeweise alles, was irgendwie möglich war, in das Außengelände verlegt: Ein Frühstückstisch wurde ebenso eingerichtet wie ein Rollenspielbereich, Bilderbuchbetrachtungen fanden ebenso draußen statt wie das gemeinsame Singen. Die Erzieherinnen konnten beobachten, welche Aktivitäten auch im Außengelände möglich sind und welche nicht, sahen auch, wie sich bestimmte Spielformen draußen anders gestalten als drinnen. Bei Reflexionsgesprächen wurde anschließend eine neue Balance zwischen den Aktivitäten im Gebäude und im Außengelände gesucht.

Beobachtung „auf Probe“: Vier Pfähle

Die Leiterin einer anderen Einrichtung bat den Gärtner, vier Pfähle in den Rasen zu schlagen, um beobachten zu können bzw. um sich von dem überraschen zu lassen, was die Kinder daraus machten: Nicht nur Buden wurden gebaut, die Pfähle dienten auch als Masten eines Schiffs, als Bergstation einer Seilbahn, als Hindernisse eines Parcours für Dreiräder oder als Eingangstor zu einer Burg. Die Neugier der Erzieherinnen und ihre Bereitschaft, sich auf solche offenen Situationen einzulassen, machen das Leben in der Einrichtung lebendiger; für die Kinder wiederum ist es eine ungeheuer wichtige Erfahrung, dass ihre Ideen gewürdigt und aufgegriffen werden.

Abb. 2.8 Beobachtung „auf Probe": Vier Pfähle

2.3 Der Aspekt der Ethik

Das vorliegende Buch befasst sich eingehend mit Methoden der Beobachtung und beschreibt den Gewinn, den eine kontinuierliche Beobachtung für die erzieherische Praxis bereithält. Sie liefert wertvolle Impulse und nahezu unverzichtbare Informationen für die Gestaltung der pädagogischen Arbeit. Von daher mag es an dieser Stelle verwundern, wenn die Frage gestellt wird: „Ein Kind beobachten – darf ich das? Und unter welchen Umständen?“.

2.3.1 Persönlichkeitsrechte der Kinder

Situationen der Kinder sind oft von privatem und intimen Charakter, stellen kleine, in sich geschlossene Welten auf Zeit dar. Die Kinder selbst, auch die Jüngsten, haben dafür eine feine Antenne. So ruft Simon, 3 Jahre alt, entrüstet: „Nicht tucken unser Lager“, als die Erzieherin ohne „anzuklopfen“ einen kurzen Blick unter den mit Decken verhängten Tisch werfen will. Der beobachtende Blick tritt schnell zu nahe, überschreitet unsichtbare Grenzen. Es ist ein schmaler Grat, auf dem die Erzieherin sich hier bewegt und es geht dabei um die Wahrung der *Persönlichkeitsrechte* der Kinder.

Der folgende Beitrag möchte vor diesem Hintergrund zum Innehalten und zur kritischen Auseinandersetzung einladen. Dabei geht es vor allem um die Frage nach den Grenzen von Beobachtung, die nicht nur durch die Grenzen unserer Wahrnehmung gegeben sind, sondern auch durch ethische Überlegungen zum guten und richtigen Handeln geschützt werden müssen.

Ethisches Handeln orientiert sich an den Grundwerten einer Gesellschaft, wie sie z. B. im Grundgesetz niedergelegt sind. Dort heißt es in Artikel 1: Die Würde des Menschen ist unantastbar. Gilt das auch für die Kinder? Und was bedeutet das für Beobachtung unter pädagogischen Gesichtspunkten?

2.3.2 Das Kind als Subjekt der Beobachtung

Traditionell wurden (und werden) Kinder als unfertige Menschen angesehen, passive Geschöpfe, die auf die formende Einwirkung des Erziehenden angewiesen sind, um wirklich Mensch zu werden. Die Verletzung ihrer *Persönlichkeitsrechte* konnte legitimiert werden durch die Annahme, dass die Erwachsenen schon wissen, was das Beste für das Kind ist (vgl. Juul 1999, S. 45).

Es ist vor allem den großen Pädagogen des 20. Jahrhunderts zu verdanken, dass dieses Bild gründlich revidiert wurde. *Maria Montessori* und *Janusz Korczak* sollen hier stellvertretend genannt werden für eine pädagogische Haltung, die sich dem Kind offen und neugierig fragend nähert, um es in seinem Wesen, in seiner Eigenart besser zu verstehen. So berichtet *Maria Montessori*, dass sie nicht den üblichen Weg der wissenschaftlichen Forschung gegangen sei: „Meine Ausgangspunkte waren spontane Äußerungen des Kindes, durch die seelische Erscheinungen deutlich wurden, die man vorher noch nicht beobachtet hatte, und die äußerst überraschend waren" (Montessori 1931, S. 45). *Korczak* beschreibt das Kind als „ein Pergament, dicht beschrieben mit winzigen Hieroglyphen, die du nur zum Teil zu entziffern vermagst" (Korczak 1983, S. 5). Er legt Kinder nicht fest auf ein allgemeines Bild, sondern zeichnet konkrete Einzelbilder. Unterschiede und Besonderheiten sind ihm wichtiger als Aussagen, die für alle Kinder gelten. Dabei betont er die „unaufhebbare Spannung von Fremdheit und Vertrautheit im Umgang mit Kindern" (Göppel 1997, S. 373). Die Andersartigkeit des Kindes erschließt sich dem Erwachsenen nur bedingt. Dessen muss er sich bewusst sein.

Der Schweizer Entwicklungspsychologe *Jean Piaget* fügte diesem Bild einige Jahrzehnte später weitere Farben hinzu. Auf der Grundlage von Beobachtungen beschreibt er das Kind als ein aktives Wesen, das sich unermüdlich mit der Welt auseinandersetzt und auf diese Weise seine Entwicklung (mit-)gestaltet. Dies tut es von Geburt an, mit allen Sinnen und mit einem unerschöpflichen Erkundungsdrang. Es experimentiert, knüpft Zusammenhänge, macht neue Erfahrungen – allein und mit anderen, entwickelt *Hypothesen*, verwirft sie wieder und so fort. In diesem Prozess formt sich die unverwechselbare, individuelle Art des Kindes, seine Welt wahrzunehmen, sich mit den Erscheinungen seiner Umgebung auseinanderzusetzen und Probleme zu lösen.

Das Kind ist also kein Gefäß, sondern Gestalter seiner Entwicklung und Bildung. Sein Wesen ist nicht simpel, sondern hochkomplex, niemals ganz zu ergründen. Das Kind tritt uns entgegen als ein eigen-sinniger und gleichwertiger Mensch, mit allen daraus resultierenden Rechten auf Achtung seiner Person.

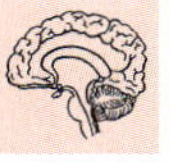

Für Beobachtung bedeutet dies: Ich darf und kann mir kein Bild machen im Sinne einer Aneignung, im Sinne der Überzeugung, alles über das Kind zu wissen. Es kann also nicht um ein „Erfassen" von Kindern gehen, sondern um das Bemühen, ihre aktuellen Fähigkeiten und Bedürfnisse zu verstehen. Nicht die hehre Losung, der großartige Zukunftsentwurf bilden die Folie, auf der Beobachtung stattfindet, sondern die Erfordernisse des heutigen Tages, „das Bemühen um die Erforschung dessen, was ihnen im Augenblick wichtig ist" (Schäfer 1999, S. 226).

2.3.3 Ressourcenorientierte Beobachtung

Diese Überlegungen führen zu einem Verständnis von Beobachtung, bei dem es nicht um den Abgleich von *Defiziten* geht, nicht um diagnostische oder leistungsprüfende Verfahren, sondern darum, dem Kind tiefe Aufmerksamkeit zu schenken. So erfährt die Erzieherin etwas über seine Vorstellungen, seine Art zu denken und Probleme zu lösen. Sie erhält wichtige Hinweise für die pädagogische Arbeit, z.B. im Hinblick auf die Unterstützung individueller kindlicher Bildungsprozesse. Darüber hinaus „ist dieses beobachtend unterstützte Wahrnehmen als Art und Weise der anerkennenden Resonanz auf das zu verstehen, was das Kind zu Stande bringt" (Schäfer 2005, S. 201).

Es geht bei der Suche nach positiven Handlungsmöglichkeiten darum, den Blick vorrangig auf das zu richten, was Kinder können. Bei manchen Kindern ist das einfach, sie verfügen über vielfältige und offensichtliche Kompetenzen. Bei anderen Kindern ist es schwieriger, wie bei Sebastian, 10 Jahre alt: Er „kam nicht an – Tendenz motzig und lustlos, nichts konnte ihn begeistern. Seine Verhaltensprobleme nahmen zu. Unsere Idee: sein Hobby zu Hause als Brücke in die Gruppe nutzen. Wir bestellen ein Mikroskop und sind uns klar darüber, dass wir ihm dann das Feld überlassen werden … Sebastian packt aus und erklärt das Mikroskop, seine Funktionsweise und die dazu erforderlichen Materialien. Die Kinder sind erstaunt! Sebastian weiß so viel über Mikroskope. Das ändert auch unser Bild von Sebastian. Wir entdecken (seine) starken Seiten" (Sächsisches Landesamt für Familie und Soziales 2001, S. 59 ff.).

Die Beteiligten am Modellprojekt in sächsischen Horten berichten aus ihrer Praxis, die auf die Stärken der Kinder setzt, die den Reichtum, der in ihren Interessen und Fähigkeiten liegt, produktiv für die Entwicklung der Kinder nutzen will: „Kinder brauchen Erzieherinnen, die ihnen Partner sind, die herausfinden wollen, was in jedem einzelnen Kind steckt, was es bewegt, was es erregt, wofür es sich beeilen würde … wie es wahrnimmt und sein Handeln organisiert“ (ebd., S. 17 f.). Eine *ressourcen*orientierte Beobachtungshaltung, wie sie hier praktiziert wird, vertraut und baut darauf, dass Kinder aus eigenem Antrieb lernen und kooperieren wollen.

Beobachtung, welche die *Persönlichkeitsrechte* des Kindes berücksichtigt, geht auf Augenhöhe. Sie achtet die kindliche Perspektive durch professionelle Selbst-Reflexion, vor allem aber durch unmittelbare Kommunikation mit dem Kind. Indem die Erzieherin mit ihm ins Gespräch kommt, sich ernsthaft für das interessiert, was es gerade macht, erschließt sich ihr seine Welt. Das Wissen um das Kind erwächst aus diesem Nahraum des aufmerksamen Gesprächs.

2.3.4 Beobachtung als wechselseitiger Prozess

Kinder bieten den Dialog an, sie sind selbst aufmerksame Beobachter und kompetente Deuter ihrer Situation, wie die folgenden Beispiele zeigen:

Verena und Maike betrachten aufmerksam die Erzieherin, die ihre Beobachtungen in ein vorbereitetes Schema einträgt. Verena sagt zu Maike: „Guck mal, wie schnell die schreibt!“ Später nehmen sich die Mädchen ein großes Blatt Papier und teilen es, so wie sie es bei der Erzieherin beobachtet haben, in drei Spalten ein, in die sie „ganz schnell“ etwas hinein „schreiben“.

Jens sitzt am Frühstückstisch und beobachtet den weinenden Guido: „Der hat Angst ohne Mama, der weiß noch nicht, dass die wiederkommt.“ Die beiden Tischgenossen – Sabrina und Martin – nicken ernst und verständnisvoll.

Erziehende sind aufgefordert, Kinder in ihrem Anders-Sein, in ihrer Eigenart zu verstehen, zu begleiten und zu fördern. Jedes Kind auf seine besondere Weise. Dies kann nur gelingen, wenn die Überzeugung aufgegeben wird, schon alles zu wissen über dieses Kind oder über alle Kinder. Es kann nur gelingen, wenn wir geduldig sind, wenn wir bereit sind zu warten und zu handeln, „ohne das gelobte Land zu betreten“ (Kirchner 1997, S. 50).

3. „Was habe ich davon?" – Der Nutzen von Beobachtungen

Beobachtungen durchzuführen und auszuwerten kostet Zeit und Mühe, gezielte Beobachtungsphasen müssen vorbereitet werden. Das geht zu Lasten der wenigen Minuten, in denen eine Erzieherin sich aus dem Gruppengeschehen zurückziehen und ‚Luft holen' könnte. Aber diese Zeit ist gut und nutzbringend angelegt, und zwar in vielen verschiedenen Hinsichten.

Inhalt

3.1 Individuelles Eingehen auf jedes Kind

Die Erzieherin kann auf jedes Kind individuell eingehen.

Kinder lassen sich nicht über einen Kamm scheren. Das eine braucht Ermutigung, wo das andere eher gebremst werden müsste, damit es sich nicht zu viel zumutet. In einer Spielgruppe wird sich das eine Kind mühelos behaupten, das andere bald an den Rand abgeschoben sein. Ein und dieselbe Verhaltensweise kann bei dem einen Kind einen Fortschritt, bei dem anderen einen Rückschritt darstellen. Deshalb wird eine Erzieherin, wenn sie ihr Vorgehen plant oder Rückschau hält, kaum einmal sagen: „Ich will bei allen Kindern ...". Stattdessen wird sie sagen: „Bei diesem Kind möchte ich ..., bei jenem dagegen ...". Dies kann sie tun, weil sie durch intensive und fortdauernde Beobachtungen die Eigenarten, Interessen, Fähigkeiten und Entwicklungsschritte jedes einzelnen Kindes kennen gelernt hat.

In Tageseinrichtungen für Kinder kann und soll eine Erzieherin Kinder individuell betreuen, erziehen und bilden. Das bedeutet nicht, dass ihre pädagogischen Ziele willkürlich oder beliebig wären; sie ergeben sich, indem sie feststellt, was das einzelne Kind braucht.

3.2 Veränderungen und Entwicklungen wahrnehmen

Die Erzieherin nimmt (auch kleine) Veränderungen und Entwicklungen bei den Kindern wahr.

Ein Beispiel dafür: Vier Kinder spielen am Sandkasten. Sie klettern nacheinander auf die Umrandung, laufen darauf ein paar Meter und springen dann hinunter in den Sand. Danach laufen sie zu der Stelle, an der man leicht wieder auf die Umrandung klettern kann. Die Erzieherin fragt einen Besucher, ob ihm am Verhalten von Ayshe etwas auffällt. Der kann nichts entdecken; Ayshe ordnet sich beim gemeinsamen Spiel ein, tut genau das, was die anderen Kinder auch tun, hat keine Sonderrolle. „Genau das ist es", sagt die Erzieherin. „Vor einem halben Jahr hat sie noch gedrängelt und geschubst, weil sie nicht abwarten konnte, bis sie dran war."

Die meisten Veränderungen vollziehen sich in kleinen, fast unscheinbaren Schritten (R. Bleckmann). Sie springen daher nicht ins Auge; nur wer genau hinsieht, nimmt sie wahr. Die Erzieherin, die ein Kind täglich sieht, hat es dabei paradoxerweise besonders schwer. In vergleichbarer Lage sind auch Eltern bei ihren Kindern, während der Großtante, die einmal im Jahr zu Besuch kommt, sofort auffällt: „Meine Güte, wie haben sich die Kinder verändert!"

3.3 Angebote den Interessen und Bedürfnissen anpassen

Die Erzieherin kann ihre Anregungen und Angebote den aktuellen Interessen und Bedürfnissen der Kinder anpassen.

Noch viel stärker als für Erwachsene gilt für Kinder: Was nicht von aktueller Bedeutung ist, geht zum einen Ohr hinein, zum anderen wieder heraus. Kinder lassen sich Aktivitäten und Vorschläge kaum aufdrängen. Wenn sie etwas interessiert, wenn sie etwas wissen, gestalten oder erleben möchten, dann lassen sie sich nur schwer vertrösten oder abwimmeln.

Ein Beispiel: Orkans Großmutter ist ins Krankenhaus eingeliefert worden. Er sagt der Erzieherin, dass er ein Bild malen möchte, um es ihr zu schicken. Sie freut sich nicht nur darüber, dass er seiner Omi eine Freude machen möchte. Sie hofft nicht nur, dass das Malen eine Hilfe für ihn ist, mit der belastenden Situation umzugehen. Sie weiß auch, dass andere Vorschläge und Aktivitäten heute bei ihm auf taube Ohren stoßen würden.

3.4 Bedeutungen von Ereignissen und Dingen erkennen

Die Erzieherin lernt täglich neu, dass Ereignisse und Dinge für die Kinder eine andere Bedeutung haben können als für sie.

Immer wieder sind Erwachsene überrascht, wenn Kinder nicht so auf einen Vorschlag reagieren, wie sie sich das gedacht hätten, oder wenn Kinder sich für Dinge, die doch so ‚wichtig' oder ‚aufregend' sind, in keiner Weise interessieren. Was für Kinder bedeutungsvoll ist oder wird, lässt sich oft nicht voraussehen.

Zwei Beispiele: Die Erzieherin war mit den Kindern im Wald; sie wollte sie für das Thema ‚Herbst' interessieren. Im späteren Gespräch mit der Fachberaterin wurde ihr dann aber zunehmend deutlich, dass für die Kinder andere Gesichtspunkte im Vordergrund gestanden hatten: ‚Sammeln' und ‚Schatz'.

Anfang April ist Steffen mit seinen Eltern auf einem Waldspaziergang. Sie passieren gerade eine kleine Straßenbrücke aus Beton, an deren Seite Abwasserrohre verlaufen, als Steffens Mutter voller Freude Frühlingsboten entdeckt: „Schau mal, da sind Schmetterlinge!" „Ja," ruft Steffen in genau demselben Tonfall, „und Rohre".

3.5 Den Umgang mit Regeln erfahren

Die Erzieherin erfährt, wie Kinder mit Regeln umgehen.

Wer sich bemüht, Kindern ‚goldene' Regeln des Zusammenlebens nahe zu bringen, muss nicht nur damit rechnen, dass sie unbeachtet bleiben. Es kann sogar passieren, dass mit ihnen Schindluder getrieben wird, so wie im folgenden Beispiel: Ein Junge verwendet eine Regel als nützliches Argument in einer Situation, für die das Prinzip überhaupt nicht gedacht war:

„Wallis fuhr auf einem Dreirad hinter Evan her und rief: ‚Ätsch, ich hab' das neue!' Evan: ‚Ich hole mir das andere!' Wallis: ‚Das ist kaputt!' Evan schaute im Spielzeugschuppen nach; Wallis stieg ab und ging ihm nach, wobei er wiederholte: ‚Es ist kaputt!' Evan ging bis zum kaputten Dreirad (die Lenkstange war ab), dann rannte er heraus und schnappte sich Wallis Dreirad. Wallis kam angelaufen, hielt das Dreirad fest und jammerte. Evan sagt: ‚Aufgestanden, Platz vergangen!' und fuhr davon" (Fite 1940, S. 304, Übersetzung R.S.).

Ein Gegenbeispiel: Sven fährt auf einem Dreirad, sein Zwillingsbruder Jan mit einem Roller. Sven fragt: „Krieg' ich den Roller?" „Nein!" „Warum?", fragt Sven. „Ich hab' das noch nicht lange. Ich hab' mir das gerade erst geholt." Mit dieser Antwort gibt sich Sven zufrieden und fährt davon.

Hier haben die beiden Jungen einen Interessenkonflikt weder gewaltsam ausgetragen noch die Hilfe eines Erwachsenen in Anspruch genommen. Sie haben ihn gelöst, indem sie von sich aus eine Regel anwandten, die sie kannten. (Die Anwesenheit eines beobachtenden Erwachsenen wird darauf keinen Einfluss gehabt haben, denn er stand so weit weg, dass er gerade noch hören konnte, was gesprochen wurde, und schaute auch in eine andere Richtung).

3.6 Spielzeug und Material beurteilen

Die Erzieherin kann Spielzeug und Material besser beurteilen und erhält entscheidende Hinweise zur Raumgestaltung.

Die pädagogische Beurteilung von Spielzeug, Geräten und Material hängt in erster Linie davon ab, was die Kinder damit anfangen. Was sie wert sind, lässt sich nur durch Beobachtung erfahren.

Auch für die Raumgestaltung gilt, dass sich zwar manches zunächst am grünen Tisch planen lässt, letztlich jedoch erst das Verhalten der Kinder mögliche Fehleinschätzungen und falsche Erwartungen deutlich macht. Ein Extrembeispiel: „Puppenecke und Bauteppich lagen – zwar durch einen Schrank getrennt – direkt nebeneinander. Häufig entstanden hier Reibereien unter den Kindern, weil die verschiedenen Spielgruppen sich in ihren Aktivitäten gegenseitig behinderten; fast täglich gab es Ärger unter den Kindern, die bastelten und malten, weil die Größe des Tisches, an dem in der Regel gemalt wurde, zu klein war; die spielenden Kinder in der Puppenecke wurden oft gestört, weil die Malutensilien im Raumteilerschrank in der Puppenecke untergebracht waren; der Schrank mit den Tischspielen musste immer mit ständigem ‚Nörgeln' meinerseits aufgeräumt werden, weil die Kinder alle Spiele regelrecht in den Schrank ‚reinquetschten' " (Arbeitshilfen, Anhang 4, Abschnitt 1).

3.7 Durch Beobachtung lernen

Die Erzieherin sieht die Konsequenzen ihres Handelns im Verhalten der Kinder und lernt durch Beobachtung.

Die Möglichkeit, durch Beobachtung zu lernen, haben nicht nur Kinder, sondern ebenso ihre Erzieherinnen. Besonders diejenigen, die am Anfang ihrer beruflichen Entwicklung stehen, können viel über die Auswirkungen und die Zweckmäßigkeit ihres Verhaltens lernen, indem sie die Reaktionen der Kinder beobachten.

Ein Beispiel: In der Mittagszeit liest die Berufspraktikantin denjenigen Kindern, die nicht schlafen, ein Kapitel einer Geschichte vor. Nach wenigen Minuten werden die meisten Kinder unruhig, einige schubsen oder kneifen sich gegenseitig. Zwei Kinder beginnen, sich zu unterhalten, eins steht auf und wandert im Gruppenraum umher. Zwei Tage später liest die Gruppenleiterin denselben Kindern eins der folgenden Kapitel vor. Diesmal bleiben alle Kinder eine Viertelstunde lang ruhig und – soweit das beobachtet werden kann – interessiert bei der Sache. Für das unterschiedliche Verhalten der Kinder mag es viele Gründe geben; dem Beobachter fällt vor allem der Unterschied in der Vortragsweise ins Auge: Im Unterschied zur Praktikantin

- Variiert die Gruppenleiterin sehr stark die Lautstärke und Stimmhöhe, insbesondere bei der Wiedergabe wörtlicher Rede
- Stellt die Gruppenleiterin ab und zu den Kindern Fragen, die sich auf frühere Kapitel oder den vermutlichen Fortgang der Geschichte beziehen
- Kommentiert die Gruppenleiterin ab und zu das, was sie gerade vorgelesen hat.

Was liegt näher als der Schluss, dass das unterschiedliche Verhalten der Kinder eine Reaktion auf die unterschiedlichen Formen des Vorlesens war?

3.8 Beziehungen verändern sich

Durch intensive Beobachtung verändern sich die Beziehungen zwischen Erzieherin und Kindern.

Eine intensive Beobachtung ist keine sterile Informationssammelaktion; sie kann ein neues und belebendes Element in der Beziehung zwischen Erzieherin und Kind darstellen, wie ein Erfahrungsbericht von S. Heck zeigt: Im Verlauf eines Projekts wurden Erzieherinnen gebeten, von bestimmten ‚Problemkindern' über 15 Tage hinweg möglichst detaillierte Verhaltensaufzeichnungen anzufertigen. Es zeigte sich, dass die Erzieherinnen am Ende der Beobachtungsphase ein anderes Bild von den Kindern gewonnen hatten. Fielen ihnen anfangs kaum einmal positive Seiten ein, nahmen sie später mehr und mehr davon wahr. Ihnen fiel nicht mehr nur das auf, was sie störte, sondern immer stärker auch das, was ihnen gefiel. Außerdem berichteten die Erzieherinnen, dass auch die beobachteten Kinder ihr Verhalten ihnen gegenüber verändert hatten. Die Kinder hätten sie in der Beobachtungsphase öfter angesprochen und ihnen gezeigt, was sie gerade gemacht hätten. Die Kinder hatten offenbar die Tatsache, dass sie besonders be(ob)achtet wurden, bemerkt, als wohlwollende Aufmerksamkeit ihnen gegenüber interpretiert und entsprechend reagiert.

3.9 Theoretisches Wissen veranschaulichen

Durch Beobachtung lässt sich trockenes theoretisches Wissen veranschaulichen. Insbesondere die Eigenarten kindlichen Erlebens und Verhaltens werden eindrücklich sichtbar.

Manches von dem, was in Lehrbüchern der Entwicklungspsychologie steht, mag haargenau zutreffen, wirkt aber zunächst blutleer, solange es nicht durch eigene Erfahrung oder durch Fallbeispiele illustriert werden kann. So lässt sich beispielsweise nachlesen, dass bei Vierjährigen der Gedanke des Wettbewerbs eine Rolle zu spielen beginnt. Nur aus eigener Anschauung lässt sich aber nachvollziehen, bis zu welchen Formen der Wettbewerb sich steigern kann, welche Vereinseitigung des sozialen Verhaltens damit oft verbunden ist und wie stark das Klima in der gesamten Gruppe dadurch beeinflusst werden kann.

Für eine Erzieherin ist die Einsicht besonders wichtig, dass das kindliche Verhalten nicht einfach einen Ausschnitt des Verhaltensrepertoires von Erwachsenen darstellt, sondern ganz anders strukturiert ist. Zum ganzheitlichen Erleben und Verhalten des Kindes gehört z.B., dass Kinder weit weniger als Erwachsene zwischen passivem Erleben und aktivem Handeln trennen. So ist es für sie selbstverständlich, Dinge, die sie gehört haben, zumindest teilweise selbst nachzuspielen und auszugestalten, wie das folgende Beispiel zeigt: „Bärbel und Steffi sind Freundinnen. Sie spielen oft zusammen. Die Erzieherin hat den Kindern die Geschichte von den Hirten an der Krippe erzählt. Schon seit mehreren Tagen hängt ein Weihnachtsbild in der Gruppe. Offenbar haben die beiden Mädchen das erst jetzt entdeckt. Sie stehen davor, erzählen sich gegenseitig, was sie sehen. Sie sehen auch kniende Hirten mit gefalteten Händen. Sie ahmen das Knien und das Händefalten unmittelbar vor dem Bild nach. Dabei vergleichen sie ihre eigene Haltung mit der der Freundin und beide mit dem Bild. Es stört sie nicht, dass unmittelbar unter dem Bild ein Papierkorb steht. Im Gegenteil, er erscheint ihnen offenbar ganz brauchbar. So können sie die gefalteten Hände anlehnen, wie die Hirten sie an der Krippe anlehnen. Sie sind mit ihrer Haltung offenbar zufrieden. Obwohl in der Geschichte keine singenden

Hirten vorkommen, fängt Steffi an, ein Weihnachtslied zu singen. Bärbel stimmt ein“ (Bleckmann 1984, S. 34).

Das Beispiel zeigt auch, wie zwanglos Kinder ein begonnenes Thema mit anderen Mitteln und Ausdrucksformen weitergestalten, wenn es für sie bedeutsam ist. Solche Beobachtungen können zu einer konstruktiven Auseinandersetzung mit erzieherischen Prinzipien und Gewohnheiten führen. Denn wenn zu beobachten ist, wie gern Kinder Ausdrucksmittel variieren, dann darf daraus zwar keine Pflichtübung werden („Jetzt malt doch mal ein Bild zu der Geschichte, morgen lernen wir ein Lied dazu!“). Auf jeden Fall aber müssen der Tagesablauf und das Gruppengeschehen so strukturiert sein, dass einem Kind solche Möglichkeiten offen stehen, wenn es das will. Manchmal sitzt ein Kind über längere Zeit ganz ruhig in die Betrachtung eines Blattes versunken oder streicht immer wieder vergleichend über zwei Stücke Stoff. Auch diese ruhigen, intensiven Situationen brauchen nicht zum Programm erhoben zu werden (wie z. B. bei *Montessori*), aber jede Erzieherin muss sich fragen, ob das Geschehen in ihrer Gruppe solche Situationen zulässt. Übrigens ist es für die Beurteilung jedes pädagogischen Prinzips oder Konzepts nützlich, sich zu fragen, welche Beobachtungen zu seiner Entstehung geführt haben könnten.

Öfter verleitet die gleiche Wortwahl in der Schilderung zu der Annahme, dass Kinder bestimmte Tätigkeiten in derselben Art und Weise ausführen wie Erwachsene. Dies ist häufig nicht der Fall; die folgende Beobachtung zeigt, was alles passieren kann, wenn Kinder aus Knete ‚Eiskugeln‘ herstellen: „Beim Kneten werden Menge, Größe und Form der hergestellten Kugeln verglichen. Material und Form werden nicht nur mit den Händen, sondern auch mit dem Gesicht erfühlt. Gelegentlich ist zu beobachten, wie die Kinder eine Kugel über Stirn, Backen und Lippen gleiten lassen. Außerdem probieren sie aus, ob die Kugel auch richtig über den Tisch rollen kann. Manchmal macht es Spaß, die Kugeln mit einem *Schlag* zu einem *plattgedrückten Teller* zu verformen oder den Finger hineinzustecken, so dass sie daran kleben bleibt. Gelegentlich ist zu beobachten, wie die Kinder eine ganze ‚Kugelfamilie‘ herstellen. Dabei tauschen sie gesprächsweise ihre Erfahrungen aus, dass die Rollbewegungen der Hand bei großen Kugeln ganz andere sind als bei kleinen“ (Merker; Rüsing & Blanke 1980, S. 35 f.).

Hier wird nicht einfach kindliche Phantasie beschrieben, die Knete zu Eiskugeln werden lässt. Es wird gezeigt, wie Kinder mit einem Material umgehen, sich dessen Eigenschaften und ihre Handlungsmöglichkeiten erarbeiten und was sie dabei lernen. Es wird ferner gezeigt, dass das Spiel der Kinder nicht allein auf das Endprodukt hin ausgerichtet ist. Natürlich wollen die Kinder Eiskugeln herstellen, die sie für ein Kaufladenspiel brauchen. Das heißt aber nicht, dass sie sich vom Endziel daran hindern lassen, andere Entwicklungsmöglichkeiten im Spiel mit Hingabe zu verfolgen. Es gibt für sie keine Tätigkeiten zweiter Klasse, die nur der Vorbereitung oder der Bereitstellung von Material dienen oder ausschließlich Mittel zum Zweck sind.

3.10 Elterngespräche fundieren

Beobachtungen ermöglichen oder erleichtern Gespräche mit Eltern oder Kolleginnen.

Immer wieder werden Erzieherinnen nach ihren Eindrücken von bestimmten Kindern gefragt, oft möchten sie ein Gespräch mit Eltern über das führen, was ihnen bei einem Kind aufgefallen ist. Wenn sie nun Verhaltensweisen abstrakt und pauschal beschreiben, können sich erregte und fruchtlose Debatten ergeben; besonders dann, wenn Dinge angesprochen werden, die zumindest eine der beteiligten Personen als nicht wünschenswert oder unangenehm ansieht. Auf die pauschale Bemerkung „Ihr Kind verhält sich häufig aggressiv" wird eine Mutter vielleicht mit der Schilderung von Ereignissen reagieren, die das Kind als sehr friedfertig erscheinen lassen. Sie wird vielleicht auch fragen, was die Erzieherin denn unter „aggressiv" verstehe, und das weitere Gespräch wird sich dann eher um Definitionsfragen drehen als zur Klärung praktischer Probleme führen.

Schildert die Erzieherin dagegen den Punkt, um den es ihr geht, anhand einer Beobachtung aus dem Gruppengeschehen, kann sie dreierlei hoffen:

- Der kritische Punkt ist leichter zu akzeptieren, weil er als einzelnes Geschehen und nicht sofort als typisches Ereignis zur Sprache kommt.
- Das Gespräch hat einen natürlichen Aufhänger und fordert zur Diskussion möglicher Vorgehensweisen heraus.
- Eltern erhalten einen anschaulichen Einblick in das Geschehen in der Gruppe, an dem ihr Kind beteiligt ist.

Übrigens reagieren auch Kinder zu Recht empfindlich auf allgemeine Behauptungen („Du tust nie, was ich Dir sage!"), während anhand von Einzelereignissen eher ein ruhiges Gespräch mit ihnen zu führen ist.

Wenn eine Erzieherin von Eltern auf Eigenarten oder die Entwicklung eines Kindes angesprochen wird, dann als Expertin: „Sie müssen das doch wissen!" Diese Rolle ist angenehm und ehrenvoll und die Versuchung, zu viel zu wissen, mehr zu behaupten, als durch eigene Beobachtungen gedeckt ist, liegt auf der Hand. Aber die ehrliche Antwort: „Ich muss darauf noch einmal genauer achten, bevor ich etwas dazu sagen kann", ist oft die einzig mögliche. Umso überzeugender wird die Erzieherin dann später ihr Fachwissen einbringen können.

3.11 Ereignisse einordnen

Die Erzieherin kann Ereignisse einordnen, weil sie deren Entwicklungsgeschichten kennt.

Ein Kind kommt weinend zur Erzieherin: „Die lassen mich nicht mitspielen!“ Mit diesem Endpunkt eines Ereignisses kann die Erzieherin zunächst nicht viel anfangen, sie muss versuchen herauszufinden, was vorher geschehen sein könnte. Also muss sie bei den nächsten Gelegenheiten beobachten: Wie versucht das Kind, in das Spiel anderer Kinder hineinzukommen? Vielleicht sucht es sich einen ungünstigen Moment aus und versucht, Zugang zu einer Gruppe zu bekommen, die gerade völlig in ihr Spiel vertieft ist. Vielleicht versucht es, das gemeinsame Spiel so eindeutig und bis ins Kleinste hinein zu bestimmen, dass die anderen Kinder die Lust verlieren. Vielleicht versucht aber umgekehrt die Spielgruppe, sich abzuschotten. Welche dieser Möglichkeiten zutrifft, muss erst herausgefunden werden.

Das ist allerdings nicht immer möglich, weil manche Ereignisse sich nicht wiederholen. „Knallzeugen“ nennen Verkehrsrichter diejenigen Zeugen, die voller Überzeugung schildern, wie sich ein Verkehrsunfall abgespielt hat, was der eine Autofahrer vor dem Unfall tat, wie die Fahrerin des anderen Wagens sich verhielt. Auf die präzise Nachfrage geben sie dann allerdings zu, dass sie erst hingeschaut haben, als es knallte – aber sie sind nach wie vor sicher, dass es nur so gewesen sein kann, wie sie es geschildert haben.

Ein Beispiel für die Erzieherin in der Rolle der „Knallzeugin“: „Rahel und Carsten spielten auf dem Hof Nachlaufen. Carsten musste gefangen werden. Er rannte auf eine Mauer zu, vor der im Abstand von etwa einem halben Meter eine dicke Pappel stand. Vermutlich wollte er zwischen Baum und Mauer entwischen. Dazu musste er eine sehr scharfe Linkskurve rennen, denn Rahel war ihm dicht auf den Fersen. Carsten schaffte die Kurve nicht ganz und prallte gerade in dem Augenblick gegen die Mauer, als Rahel, die ihr Tempo auch nicht bremsen konnte, wenn sie ihn tatsächlich erreichen wollte, ihm zum Zeichen des Gefangenseins auf den Rücken schlug. In ihrem Siegesgefühl hatte Rahel nicht gleich gesehen, dass Carsten seinen Kopf an der Mauer aufgeschlagen hatte und blutete. Die Erzieherin kam schnell hinzu. Offenbar hatte sie nur die allerletzte Phase des Spiels gesehen und darum gar nicht als Spiel erkennen können. Sie fuhr Rahel an: ‚Warum schubst du denn den Carsten so fest gegen eine Mauer?‘ Carsten wurde verpflastert und Rahel durfte für eine Weile nicht mehr auf dem Hof spielen. Rahel wusste wohl, dass sie Carsten nicht gegen die Mauer geschubst hatte und dass sie zu Unrecht bestraft wurde. Es gab aber keine Chance, der Erzieherin den Tatbestand richtig zu erklären. Für die Erzieherin war die Situation offenbar ganz eindeutig und bedurfte keiner Erklärung. *Was sie gesehen hatte, war ganz klar*“ (Bleckmann 1984, S. 134).

Besonders schwierig ist diese Situation für die Erzieherin, wenn sich die Aussagen der Kinder widersprechen. Weil die Kinder wissen, dass sie das Geschehen nicht selbst beobachten konnte, werden sie ihre Entscheidung als Ausdruck von Einfluss auffassen: Wem glaubt sie im Zweifelsfall, wem nicht? Deshalb ist die Erzieherin gut beraten, in einem solchen Fall zu erklären, dass sie nicht entscheiden und bewerten kann.

3.12 Vor zu frühem oder unnötigem Eingreifen bewahrt werden

Die Rolle der Beobachterin kann die Erzieherin davor bewahren, zu früh oder unnötig einzugreifen.

Fast alle Erzieherinnen, die (wieder) beginnen, regelmäßig zu beobachten, berichten, dass sie neu erfahren hätten, wie wichtig es ist, abwarten zu können. Gleichzeitig betonen sie, wie schwer das oft fällt. Ein Beispiel: „Einige Kinder beherrschen bereits das Tütenherstellen. Ein Kind, das bisher woanders tätig war, kommt zu der Erzieherin mit der Bitte, es ihm auch zu zeigen. Da sie aber gerade woanders tätig ist, scheint ihr die Situation günstig, die Kinder zur gegenseitigen Hilfe anzuregen. Sie erklärt Peter, dass sie im Moment nicht könne, dass aber schon viele Kinder Tüten angefertigt haben, die ihm das sicherlich zeigen können. ‚Nicht wahr', wendet sie sich diesen Kindern zu, ‚ihr könnt das doch alle schon, wer kann es denn auch dem Peter zeigen?' Walter ist als erster bereit. Also geht Peter dorthin und lässt es sich erklären… Dabei treten Schwierigkeiten auf: Walter zeigt zwar immer das Tütenrollen, versteht es aber noch nicht, den Vorgang in einzelnen Schritten zu zeigen, so dass Peter lediglich begreift, dass das Papier zu rollen ist, aber nicht, dass es schräg zu rollen ist. So erhält er jedes Mal statt einer Tüte eine einfache Rolle. Die Erzieherin, die die beiden im Auge behalten hat, überlegt: ‚Soll ich mit meiner Hilfe noch warten? Besser wäre es für den sozialen Vorgang, wenn sie alleine zum Erfolg kämen. Haben sie aber noch die Ausdauer? Ein Misserfolgserlebnis muss vermieden werden, denn es würde zukünftige gegenseitige Hilfe sicherlich erschweren und die Kinder darin bestätigen, dass Hilfe doch besser von der Erzieherin zu holen sei' " (Merker; Rüsing & Blanke 1980, S. 33 f.).

Im Zusammenhang mit dem Thema „Beobachtung" ist an dieser Schilderung wichtig, was die Erzieherin durch ihre abwartende Haltung gewinnen kann. Zunächst lernt sie durch Walter eine typisch kindliche Verhaltensweise: Er zerlegt das, was er zeigen soll, nicht in einzelne Schritte, sondern führt es im Ganzen vor, wodurch Peter den Vorgang nicht nachvollziehen kann. Außerdem kann die Erzieherin beobachten, wie die beiden Kinder versuchen, die Schwierigkeit aus eigener Kraft zu überwinden, und die Zeit bis zum Erfolg aushalten lernen.

Ein ähnliches Thema ist der Umgang mit Konflikten. So wie Kinder lernen, auftretende Schwierigkeiten mit Beharrlichkeit, Ausdauer und kreativen Lösungsversuchen zu überwinden, so lernen sie auch, Konflikte möglichst konstruktiv zu lösen. Wie weit Kinder dabei schon gekommen sind, kann eine Erzieherin nur dann erfahren, wenn sie nicht eingreift, so lange es geht, und beobachtet, was passiert.

Eine dritte Frage in diesem Zusammenhang: Wie geht ein Kind mit „Leerlauf" um? Wie findet es eine neue Tätigkeit, wenn die bisherige beendet ist? Gerade bei jüngeren Kindern kann die Versuchung groß sein, sie zu beschäftigen, statt zunächst einmal abzuwarten und zu beobachten, was ein Kind tut, wenn es nichts tut. Manchmal wartet ein Kind geduldig ab, bis ein Platz im Atelier frei wird oder bis die Freundin wieder zu gemeinsamen Unternehmungen bereit ist. Manchmal greift es zunehmend zielloser in den Schrank mit den Tischspielen, bis es schließlich andere Kinder beim Spielen stört. Manchmal schaut ein Kind anderen Kindern aufmerksam zu und lernt – wie die Erzieherin – viel durch Beobachtung. Manchmal braucht ein Kind Zeit und Ruhe, um ein aufregendes Erlebnis zu verarbeiten, um sich über einen Erfolg zu freuen, um über das nachzudenken, was es erlebt hat, oder um mit einer Enttäuschung fertig zu werden.

Die Beispiele zeigen, dass Beobachtung nicht einfach eine kalte Technik ist, sondern zu einer erzieherischen Haltung gehört, die als „nachgehende Führung" (Schmaus & Schörl) oder als „aktive Passivität" (Merker, Rüsing & Blanke) gekennzeichnet wurde. Die Erzieherin hält sich zunächst zurück, um zu lernen, was genau passiert und was die Kinder allein, ohne ihr Eingreifen oder ihre Hilfe fertig bringen. Erst dann weiß sie, welchen Beitrag sie zur Gestaltung des Lebens in der Einrichtung leisten kann. Ihr Ziel ist nicht, alle Kinder jederzeit beschäftigt zu sehen; sie will ihnen stattdessen helfen, ihr Leben in der Einrichtung immer selbstständiger und eigenverantwortlicher zu gestalten.

3.13 Kinder in ungewöhnlichen Situationen noch besser kennenlernen

Die Erzieherin lernt Kinder noch besser kennen, wenn sie sie gezielt in Situationen beobachtet, die ungewöhnlich, „anders" sind.

Ungewöhnliche Situationen kommen meist unverhofft, bieten aber besonders lohnende Beobachtungsmöglichkeiten. Wenn beispielsweise an einem Tage ein Kind oder mehrere fehlen, ergeben sich für die anderen Kinder neue Konstellationen: Der gewohnte Spielpartner ist nicht da – was tun? Bestimmtes Material, das sonst andere Kinder mit Beschlag belegen, ist plötzlich verfügbar – was geschieht? Zwei Beispiele:

- Der Baubereich ist zurzeit meist von vier älteren Jungen besetzt. Eines Morgens fehlen drei von ihnen, der vierte beschäftigt sich im Nebenraum. An diesem Tag verbringt Sabine, die sonst recht schnell ihre Tätigkeiten wechselt, anderthalb Stunden im Baubereich, wo sie allein Straßen und Parkplätze mit Bauklötzen legt und darauf mit Autos herumfährt. An den Tagen vorher war kein Versuch von ihr zu beobachten, in den Bereich eingelassen zu werden. Allerdings fällt jetzt dem Beobachter wieder ein, dass sie vor zwei Tagen einmal beiläufig angesichts des vollbesetzten Bereichs zu ihm gesagt hat: „Ich kann da nicht rein."
- Stefanie ist, wenn sie sich nicht allein beschäftigt, meist mit Elisabeth, einem deutlich älteren Mädchen, zusammen. Elisabeth wehrt Versuche anderer Kinder, bei den beiden mitzuspielen, regelmäßig und entschieden ab. Nur an den Tagen, an denen Elisabeth nicht in der Einrichtung ist, kommt Stefanie häufiger in Kontakt mit anderen Kindern.

Ein Extrembeispiel für den Wert ungewöhnlicher Situationen: „Markus kommt am Morgen sehr zeitig in den Kindergarten. Seine Mutter ist nicht unbedingt glücklich darüber, dass sie seinetwegen so früh aufstehen muss, aber sie gönnt ihm seine Freude, möglichst bald im Kindergarten zu sein. Erst im Laufe der Zeit wurde es der Mutter und auch der Erzieherin klar, dass es nicht die Freude am Kindergarten insgesamt war, sondern eher das Bedürfnis, einen sicheren Spielplatz und ein befriedigendes Spielzeug zu haben, damit der Kindergarten ‚auszuhalten' war. Markus ging morgens sofort eifrig auf den Baukasten zu, in dem außer den Quadern auch lange Klötze waren, die sich für den Bau von Straßen oder Brücken besonders gut eigneten. Markus baute mit Einfallsreichtum, bemühte sich aber kaum, andere Kinder einzubeziehen. Hin und wieder ließ er einzelne gewähren, wenn sie seine Vorschläge akzeptierten. Als an einem Tag ein anderes Kind vor ihm den Baukasten genommen hatte, fand Markus kaum Zugang zu anderen Kindern oder zu einem anderen Spiel. Lustlos probierte er das eine oder andere Spiel aus, legte es wieder weg und sah immer wieder sehnsüchtig zu dem Kind, das ‚seinen' Baukasten benutzte. Offensichtlich hatte er an dem Tag keine Freude an dem Aufenthalt im Kindergarten, weil ihm die ‚Spielsicherheit' durch das beliebte Spielmaterial fehlte" (Bleckmann 1984, S. 31).

Der Fall ist besonders prägnant: Ein Kind, das immer besonders früh in den Kindergarten will, muss einfach gern in den Kindergarten gehen. Diese Schlussfolgerung dürfte in den meisten Fällen auch stimmen; in Markus' Fall wird der Trugschluss erst durch eine unvorhergesehene Veränderung der Gruppensituation sichtbar.

3.14 Die Prinzipien des pädagogischen Handelns erläutern

Die Erzieherin kann die Prinzipien ihres pädagogischen Handelns besonders anschaulich anhand von praktischen Beispielen und Ereignissen aus ihrer Gruppe erläutern.

Eine Erzieherin muss davon ausgehen, dass die Prinzipien ihrer Arbeit in der Öffentlichkeit nicht unumstritten und vielen Außenstehenden nicht vertraut sind. Häufig wird sie in die Lage geraten, ihre Arbeitsweise zu erläutern und gegebenenfalls von anderen Vorstellungen abgrenzen zu müssen.

Vielleicht weiß sie noch aus ihrer Schulzeit oder Ausbildung, dass der interessanteste Unterricht, der anschaulichste Vortrag meist derjenige war, der nicht trocken und allgemein gehalten, sondern mit eigenen Erlebnissen, Einzelbeispielen oder treffenden Anekdoten gewürzt war. Insbesondere in Gebieten, die den Zuhörern nicht vertraut sind, erleichtern Beispiele und Veranschaulichungen den Zugang.

4. Gezielt beobachten Schritt für Schritt: Ein Ablaufplan

Inhalt

Gezielte Beobachtung stellt ein wichtiges Bindeglied zwischen Planung und Praxis dar. Sie hat ihren Ausgangspunkt in der *Situationsanalyse* (➛ Kap. 2.2.2), also an dem Ort, an dem pädagogisches Handeln geplant, reflektiert und konzeptionell verankert wird. Die Durchführung erfolgt mitten im Alltagsgeschehen der Einrichtung.

Eine gezielte Beobachtung unterscheidet sich von einer Alltags- oder Zufallsbeobachtung dadurch, dass

- Sie durch eine konkrete Fragestellung oder ein Anliegen in Gang gesetzt wird
- Sie ein klar definiertes Ziel verfolgt
- Der Rahmen (Zeit und Ort), in dem die Beobachtung stattfindet, festgelegt ist
- Sie mit einer ausgewählten Methode durchgeführt wird
- Ihre Ergebnisse dokumentiert und reflektiert werden
- Ihre Ergebnisse als pädagogisches Handeln in den Praxisalltag zurückfließen.

Im Folgenden wird – Schritt für Schritt – beschrieben, wie ein Beobachtungskonzept entwickelt werden kann, das zu der jeweiligen Situation oder Fragestellung passt. Die einzelnen Schritte werden zunächst im Überblick vorgestellt und dann im Einzelnen und mit Hilfe eines Beispiels unter die Lupe genommen.

Ablaufplan im Überblick

1. Fragestellung und Anliegen formulieren
2. Beobachtungsziel benennen
3. Beobachtungsmethode auswählen
4. Beobachtung durchführen und dokumentieren
5. Ergebnisse auswerten, reflektieren, pädagogisches Handeln planen
6. Erkenntnisse in die pädagogische Praxis umsetzen

4.1 Fragestellung und Anliegen formulieren

- **Worum geht es bei diesem Schritt?** Es geht um die Auseinandersetzung mit einer Fragestellung, welche das Team oder einzelne Mitarbeiterinnen in besonderer Weise beschäftigt. Die Fragestellung wird auf ihre Bedeutung für die pädagogische Arbeit hin beleuchtet und in ein Anliegen, im Sinne einer gewünschten Veränderung, umgewandelt.
- **Auf welcher Ebene der pädagogischen Arbeit ist er angesiedelt?** Eine Fragestellung erwächst meistens aus einem Ereignis oder einer Zufallsbeobachtung im Praxisalltag, also aus verbaler und nonverbaler Kommunikation zwischen Erzieherin und Kind. Wird sie weiter verarbeitet und reflektiert, geschieht dies auf der Planungsebene – allein, im Gruppenteam oder im Gesamtteam.
- **Worauf muss geachtet werden?** Eine Fragestellung hervorzuheben bedeutet, eine Auswahl zu treffen, andere Überlegungen treten zunächst dahinter zurück. Es ist wichtig, sich der eigenen und der teamtypischen Vorlieben bei der Themenwahl bewusst zu sein.
- **Was ist hilfreich?** Hilfreich ist es, eine anstehende Frage gemeinsam mit Kolleginnen zu reflektieren. *Moderationsmethoden* schaffen Struktur und bewahren vor ausufernden Diskussionen.

Wenden wir uns noch einmal dem Beispiel aus dem Eingangskapitel zu: Der Erzieherin geht die Situation noch lange nach. Die wunderbare Verwandlung von Marko zu einem strahlenden und hüpfenden Kind hat sie beeindruckt und gerührt. Erfolg und Anerkennung haben dabei offenbar eine wichtige Rolle gespielt. Es hat sie auch nachdenklich gemacht. Sie fragt sich, ob sie und die Kolleginnen in ihrer Arbeit Erfolgserlebnisse der Kinder genügend beachten und würdigen. Diese Frage lässt sie nicht mehr los, sie entschließt sich, sie in der nächsten Dienstbesprechung ins Team einzubringen.

Wie das Beispiel zeigt, fällt eine Fragestellung nicht vom Himmel. Wenn eine Erzieherin entscheidet, eine Beobachtung durchzuführen, ist schon eine Menge passiert. Aus der Fülle der Ereignisse und Anforderungen des Kindergartenalltags, haben sich eine Situation oder ein Thema als bedeutsam herausgehoben (vgl. Militzer; Demandewitz & Solbach 2000, S. 97 ff.). Genauer müsste man sagen: Die Erzieherin hat ein Thema als bedeutsam für die pädagogische Arbeit definiert. Sie hat aus der Fülle des Geschehens eine Auswahl getroffen und damit bereits im Vorfeld die Weichen für ein bestimmtes Beobachtungsthema gestellt.

Fragestellungen können natürlich auch im Team entstehen. Z. B. dann, wenn verschiedene Kolleginnen die gleiche Beobachtung machen und auf diese Weise ein Thema plötzlich „in der Luft liegt“. Hierzu ein Beispiel: In einer Kindertageseinrichtung fiel den Erzieherinnen auf, dass auf dem Außengelände seit einiger Zeit intensives Hüttenbauen angesagt war. Es kam wiederholt zu Konflikten, weil die Kinder alles Mögliche – Holzbausteine, Polster, Tücher – nach draußen schleppen wollten, um ihre Häuser fertig zustellen und einzurichten. Einerseits wollten die Erzieherinnen das Spiel gerne unterstützen, auf der anderen Seite waren ihrer Einschätzung nach einige Materialien einfach nicht geeignet, um draußen damit zu spielen. Darüber hinaus war aufgefallen, dass dieses Spiel überwiegend von den älteren Kindern initiiert und in Gang gehalten wurde. Die Jüngeren waren zwar mit Begeisterung dabei, aber doch mehr als Zaungäste und kommentierende Zuschauer. Auf dem Hintergrund dieser Alltagsbeobachtungen entwickelten sich zwei Ausgangsfragen: Wie können wir das Hüttenbau-Spiel der Kinder unterstützen? Wie können die Jüngeren stärker mit einbezogen werden?

Dass einzelne Situationen oder Themen sich herausheben und stärker beachtet werden als andere, kann verschiedene Ursachen haben:

- Nach einer Fortbildung ist der Blick für eine bestimmte Fragestellung, z.B. die Raumkonzeption geschärft. Was vorher selbstverständlich war, wird jetzt mit kritischen Augen gesehen.
- Es kommt mit den Hortkindern immer wieder zu Auseinandersetzungen in Bezug auf bestimmte Regelungen. Das Team fragt sich, ob die Regeln noch sinnvoll sind, welchem Zweck sie dienen, wie sie entstanden sind.
- Die Erzieherinnen möchten herausfinden, was die Kinder interessiert, womit sie sich beschäftigen.
- Ein Kind zeigt auffälliges, störendes Verhalten. Die Erzieherin möchte die Zusammenhänge verstehen.
- Das Team arbeitet an der Veränderung seiner Konzeption: Wieviel „Offenheit" ist sinnvoll und zuträglich?
- Der Träger führt ein umfassendes Qualitätsmanagement durch, das langfristig mit räumlichen und konzeptionellen Veränderungen verbunden ist. Sowohl die Bestandsaufnahme – was ist bereits vorhanden – als auch die Reflexion – was bewirken Veränderungsschritte – werden durch Beobachtung begleitet.

Diese Liste ließe sich beliebig fortführen. Eine Situation rückt dann in den Vordergrund, wenn sie nicht ganz rund ist, sich nicht einpasst in das Alltagsgeschehen, sondern Fragen, Wünsche, Sorgen, Ideen, Visionen weckt. Dabei spielen fachliche, aber auch persönliche Kriterien eine Rolle. Häufig ist es so, dass ‚störende' Ereignisse stärker in den Blick geraten als unauffällige: also das Laute eher als das Leise, der Konflikt eher als das friedliche Spiel, die *Defizite* eher als die Talente, die tobenden Kinder eher als die stillen. Es ist wichtig, sich der persönlichen und teamtypischen Vorlieben bewusst zu sein und diese von Zeit zu Zeit kritisch zu betrachten:

Was sind meine bzw. unsere bevorzugten Fragestellungen, was entgeht unserer Aufmerksamkeit? Ein Blick in das Logbuch (➛ Kap. 6.3) kann einseitige Auswahlkriterien deutlich machen und dazu anregen, den Blick gezielt auf die „blinden Flecken“ zu lenken.

Werden die Fragestellungen ins Team eingebracht, können sich neue und interessante Gesichtspunkte ergeben, das Thema wird fragend „umgegraben“ und nochmals auf seine Bedeutung hin überprüft: Worum geht es genau? Was ist mir/uns daran wichtig? Lässt es sich verknüpfen mit übergreifenden pädagogischen Themen? Welches Bild habe ich, wohin es gehen könnte? Wie sehen die Kolleginnen das?

Zurück zum Beispiel. Die Frage „Wird in unserer Einrichtung gegenüber den Kindern genügend Anerkennung und Wertschätzung geäußert?“ stieß im Team auf großes Interesse und löste eine lebhafte Diskussion aus. Kolleginnen konnten von ähnlichen Erfahrungen berichten: Erfolge beflügeln die Kinder, besonders, wenn diese von jemand anderem gesehen und wertgeschätzt werden. Überwog zunächst die Überzeugung, dass Anerkennung und Wertschätzung zum selbstverständlichen Handlungsrepertoire gehören, so meldeten sich doch auch kritische Stimmen: „Wir müssten stärker darauf achten, was für die einzelnen Kinder einen Erfolg darstellt. Das können ja auch ganz kleine Dinge sein, die man leicht übersieht.“ „Ist es nicht so, dass wir die Kinder vor allem für sichtbare Produkte oder Ergebnisse loben?“ Im Laufe der Diskussion fragten sich die Erzieherinnen auch, wie sie sich untereinander Anerkennung zollen: Gibt es eine Kultur oder Rituale, um Erfolge zu würdigen? Oft denkt man: Das hat die Kollegin aber gut hingekriegt, aber selten sagt man es. Es wird auch deutlich, das es nicht so einfach ist, eine gute, angemessene Form zu finden, Anerkennung zu geben und anzunehmen. Lob muss echt sein. Das merkt man daran, dass es persönlich und auf die konkrete Situation hin formuliert ist. Die eigenen Erfahrungen zu diesem Thema sind sehr unterschiedlich. Einige Kolleginnen berichten, dass in ihren Herkunftsfamilien Lob und Anerkennung sehr sparsam verteilt wurden aus Sorge, die Kinder zu verwöhnen oder ihren Stolz zu nähren. Es war nicht schicklich, etwas Besonderes zu sein, sich hervorzuheben. Andere erinnern sich an einen herzlichen und ungezwungenen Umgang mit Lob und Anerkennung. Vermutlich haben diese Erfahrungen Einfluss darauf, wie man selber mit wertschätzenden Äußerungen umgeht.

Schließlich wurde noch darauf hingewiesen, dass Wertschätzung und Anerkennung wichtige Bausteine im Bildungsprozess der Kinder darstellen. Kinder, die ermutigt und bestärkt werden, haben Freude am Experimentieren und Lernen.

Die Diskussion lieferte genügend Material, um die Frage umzuformen in ein Anliegen, in eine vorläufige pädagogische Zielbestimmung: Unsere Erfahrung zeigt, dass es Kinder beflügelt, wenn ihren persönlichen Erfolgen Beachtung geschenkt wird und sie – auch öffentlich – gewürdigt werden. Deshalb möchten wir eine Kultur der Wertschätzung und Anerkennung entwickeln, die dies in besonderem Maße berücksichtigt. Woran werden wir merken, dass das Ziel erreicht ist? Wir könnten es z. B. daran merken, dass jedes Kind eine Antwort auf die Frage weiß, was es besonders gut kann. Oder wenn die Kinder auch untereinander sich verstärkt Anerkennung zollen und Leistungen würdigen. Aus der Kinderperspektive könnte man als Ziel formulieren: Ich möchte, dass du mich siehst und mich ermutigst, Dinge auszuprobieren.

4.2 Beobachtungsziel benennen

- **Worum geht es bei diesem Schritt?** Es geht darum, möglichst konkret zu beschreiben, welches Ziel mit der Beobachtung verfolgt wird.
- **Auf welcher Ebene der pädagogischen Arbeit ist er angesiedelt?** Die Formulierung des Beobachtungsziels ist Teil der *Situationsanalyse* und erfolgt auf der Planungsebene im Gruppen- oder Gesamtteam.
- **Was ist besonders zu beachten?** Es ist wichtig, sich zu vergewissern, dass alle Beteiligten unter den verwendeten Begriffen, die im Beobachtungsziel genannt werden, auch das Gleiche verstehen.
- **Was ist hilfreich?** Es ist hilfreich und motivierend, das Beobachtungsziel positiv und handlungsorientiert zu formulieren.

Ein Ziel zu bestimmen und zu formulieren, stellt eine anspruchsvolle Aufgabe dar, die zu meistern sich jedoch auf jeden Fall lohnt. Das Beobachtungsziel beschreibt Sinn und Zweck der Beobachtung und klärt somit die Richtung, in die es gehen soll. Es reduziert Komplexität, indem es die Aufmerksamkeit auf einen bestimmten Aspekt lenkt. Es liefert – gemeinsam mit dem pädagogischen Anliegen – die fachliche *Legitimation* für Beobachtung. Schließlich stellt es die Weichen für das weitere Vorgehen und leistet somit hilfreiche Vorarbeit für die nachfolgenden Schritte.

Ein wohlgeformtes Ziel ist positiv formuliert. Es beschreibt, was sein soll und nicht, was nicht (mehr) sein soll. Es ist möglichst konkret, indem es den Blick (und das Ohr) auf die Verhaltens- und Sprachebene lenkt. Es muss mit den eigenen Möglichkeiten realisierbar sein.

Die Erzieherinnen benennen in einem ersten Durchlauf verschiedene Zielformulierungen:

- Wir wollen durch Beobachtung herausfinden, auf welche Weise Kinder ihre Freude über einen persönlichen Erfolg zum Ausdruck bringen (Wie sensibel sind wir dafür?).
- Wir wollen durch Beobachtung herausfinden, ob es bestimmte Situationen oder Orte in der Einrichtung gibt, an denen häufiger Erfolgserlebnisse der Kinder zu beobachten sind als anderswo.
- Wir wollen durch Beobachtung herausfinden, wie und wo jetzt schon Anerkennung und Wertschätzung zum Ausdruck gebracht werden.

Die Erzieherinnen entscheiden sich für die dritte Variante, denn sie bezieht sich passgenau auf das pädagogische Anliegen. Sie ist motivierend, weil sie im Sinne einer Bestandsaufnahme Anknüpfungspunkte in den Blick nimmt: Wir machen das ja schon – aber ist es ausreichend?

Jetzt ist noch Feinarbeit nötig. Zunächst müssen die Begriffe geklärt werden: Was soll unter Anerkennung und Wertschätzung verstanden werden? Hier können die Erzieherinnen auf die Eingangsdiskussion zurückgreifen. Dort wurde bereits thematisiert, dass An-Erkennung bedeutet, zu erkennen, was der andere geleistet hat und dies auch mitzuteilen. In Wertschätzung ist enthalten: „Es ist wertvoll, was du gemacht hast, ich weiß das zu schätzen." Wichtig ist den Erzieherinnen, dass der Maßstab für „Leistung" individuell beschrieben werden muss. Es geht darum, was für jedes einzelne Kind – aus Sicht der Erzieherinnen und aus seiner eigenen Sicht, soweit sich dies erkennen lässt – Fortschritt, Leistung, Erfolg bedeutet.

Dann wird überlegt, an welchen beobachtbaren Handlungen oder Sprachäußerungen „Anerkennung und Wertschätzung geben" sichtbar, also beobachtbar wird.

Ideen hierzu werden in einem *Brainstorming* auf Moderationskarten gesammelt und dann mithilfe einer Mind-Map (➛ Kap. 6.7) geordnet.

Die Erzieherinnen vermuten, dass eine Anerkennung dann besonders stärkend und ermutigend wirkt, wenn sie persönlich formuliert ist und gleichzeitig von nonverbalen Gesten der Wertschätzung begleitet wird.

Die Erzieherinnen formulieren als Beobachtungsziel: Wir wollen durch Beobachtung herausfinden, wie häufig und auf welche Weise jetzt schon Anerkennung und Wertschätzung von den Mitarbeiterinnen zum Ausdruck gebracht werden.

Unter „Anerkennung und Wertschätzung geben" verstehen wir, ein kindliches Verhalten als individuelle Leistung zu erkennen und dies wertschätzend dem Kind gegenüber zum Ausdruck zu bringen. Dies kann verbal oder nonverbal erfolgen. Um

Abb. 4.1 Mind-Map zur Wertschätzung

die Beobachtung überschaubar zu halten, begrenzen wir uns auf die Beobachtung verbaler Äußerungen.

Zwei Problemen sehen sich die Erzieherinnen gegenüber: Zum einen wird die Tatsache, dass Beobachtung stattfindet, das eigene Verhalten beeinflussen: „Wenn ich weiß, jetzt werde ich beobachtet, wann und wie ich Anerkennung gebe, dann werde ich sicher besonders darauf achten und das wahrscheinlich häufiger tun als sonst." Die Kolleginnen kommen überein, dass dies ein Effekt ist, den man nicht verhindern kann. Für die Kinder sei das ja eher ein Vorteil, so dass man dies in Kauf nehmen wolle. Wichtig sei, dies später bei der Auswertung der Ergebnisse mit zu berücksichtigen. Zum anderen hat die Zielbestimmung sich so entwickelt, dass jetzt die Kolleginnen im Beobachtungsfokus stehen und nicht die Kinder, das war vorher nicht so abzusehen. Das Team hat damit wenig Erfahrung, und den Kolleginnen wird bei dem Gedanken etwas mulmig zumute. Andererseits wäre es eine gute Übung, zumal konzeptionell auch das Thema „offene Arbeit" ansteht. Wichtig ist den Mitarbeiterinnen, dass die Beobachtung wechselseitig erfolgt – jede guckt in die Karten und lässt sich in die Karten gucken. Das Team entschließt sich, diese zusätzliche Herausforderung als positiven Nebeneffekt und nicht als Störung anzusehen.

4.3 Eine Beobachtungsmethode auswählen

- **Worum geht es bei diesem Schritt?** Es geht darum, eine Methode auszuwählen, die sowohl dem Beobachtungsziel gerecht wird als auch den personellen und zeitlichen *Rahmenbedingungen*.
- **Auf welcher Ebene der pädagogischen Arbeit ist er angesiedelt?** Die Wahl der Beobachtungsmethode ist Teil der *Situationsanalyse* und erfolgt auf der Planungsebene im Gruppen- oder Gesamtteam.
- **Was ist besonders zu beachten?** Es ist wichtig, den Beobachtungsrahmen eher einfach und übersichtlich zu halten und nicht mit Informationswünschen zu überfrachten.
- **Was ist hilfreich?** Ein übersichtliches Beobachtungsschema ist hilfreich.

Eine grundlegende Entscheidung bei der Wahl der Methode ist die Entscheidung für eine Checkliste oder eine freie Schilderung. Eine Checkliste liefert Daten über die Häufigkeiten eines bestimmten Verhaltens, eine freie Schilderung liefert Informationen über die Art und Weise eines bestimmten Verhaltens (➛ Kap. 6.8). Damit verbunden ist auch die Auswahl oder Neuerstellung eines geeigneten Beobachtungsschemas, in das Beobachtungen als Text oder mithilfe von Markierungen (Striche, Kreuze) eingetragen werden.

Bei der Entscheidung für eine Methode spielen auch zeitliche und personelle Überlegungen eine Rolle: Was ist sinnvoll in Bezug auf das Beobachtungsziel und was ist unter den gegebenen *Rahmenbedingungen* machbar? Soll z.B. eine Kollegin für längere Zeit in die Beobachterrolle gehen oder ist es sinnvoller, zu bestimmten kürzeren Zeitabschnitten, die gleichmäßig über den Tag verteilt sind, im Wechsel zu beobachten?

Wo kann das, worum es geht, am Besten beobachtet werden? Also welcher Ort oder welche Orte werden für die Beobachtung ausgesucht? Es kann auch sinnvoll sein, an Orten zu beobachten, an denen man erwartet, dass ein bestimmtes Verhalten nicht stattfindet: Was ist da anders, was kann man daraus lernen?

Über welchen Zeitraum soll sich die Beobachtungsphase insgesamt erstrecken? Liegen in diesem Zeitraum besondere Ereignisse, wie Feste oder Ausflüge, in denen das, was beobachtet werden soll, nicht so zum Tragen kommt wie in normalen Zeiten? Zu welchen Zeiten und in welchen Sequenzen soll beobachtet werden?

In unserem Beispiel wird deutlich, dass die Zielformulierung sowohl nach der Häufigkeit – „**Wie oft** geben wir Aufmerksamkeit und Wertschätzung?" – als auch nach der Art und Weise – „**Auf welche Weise** geben wir Aufmerksamkeit und Wertschätzung?" – fragt. Die Erzieherinnen möchten deshalb die Methode der Checkliste

Situationen bewusster Sprachförderung Zeitraum: Woche vom 13.–17. November; Pädagogische Fachkraft: Sabine Mais					
Name	**Erstsprache**	**Datum**	**Uhrzeit**	**Dauer**	**Bemerkungen**
Sabrina K.	Deutsch	14.11.	9.15–9.30 Uhr	15 Min.	Geschichte zu selbstgemalten Bildern erzählt
Betty P.	Englisch	14.11.	10.50–11.00 Uhr	10 Min	Unterstützung der Muttersprache, engl. Lied
Okran T.	Türkisch	15.11.	11.20–11.40 Uhr	20 Min	Gemeinsamer Einkauf
Aysha K.	Türkisch	16.11.	14.10–14.20 Uhr	10 Min	Handpuppe schaffte Kontakt! Unterbrochen durch Turnstunde

Abb. 4.2 Muster eines Beobachtungsschemas zur bewussten Sprachförderung. In: Beauftragte der Bundesregierung für Ausländerfragen (Hg.) 2000, S. 36

und der freien Schilderung miteinander verbinden. In ihren Unterlagen findet sich ein Beobachtungsschema zur Sprachförderung (➛ Abb. 4.2). Hier gibt es sowohl eine Strichliste für die Häufigkeit, in der Sprachförderung stattfindet, als auch eine Spalte für eine kurze Schilderung, auf welche Weise in der beobachteten Situation Sprache gefördert wurde.

Dieses Schema legen die Erzieherinnen zugrunde und formen es für ihre Belange und die aktuelle Fragestellung um (➛ Abb. 4.3).

Zeit	Kind, das Anerkennung erhält	Allgemeine verbale Anerkennung (Strichliste): Prima, toll, super, gut gemacht	Persönliche verbale Anerkennung (Strichliste): z. B.: Wie hast Du das geschafft, dass …	Wortlaut der wertschätzenden Äußerung
09.00–09.10				
10.00–10.10				
11.00–11.10				
14.00–14.10				
15.00–15.10				

Abb. 4.3 Umgewandeltes Beobachtungsschema

Insgesamt soll über zwei Wochen beobachtet werden, dabei sollen die Kolleginnen sich abwechseln, so dass jede einmal in der Rolle der Beobachterin ist. Die Beobachtung soll zunächst gruppenintern, dann evtl. auch gruppenübergreifend durchgeführt werden. Darüber will man sich am Ende der ersten Woche kurz verständigen. Auch die Leiterin und die Kräfte, die gruppenübergreifend arbeiten, werden in die Beobachtung einbezogen. Sie wollen ihr Augenmerk auf die Bewegungsbaustelle und den Werkraum richten.

Da es in erster Linie um eine Bestandsaufnahme geht und nicht so sehr um eine Vertiefung des Themas, erscheint es sinnvoll, kurze Beobachtungssequenzen zu wählen, die gleichmäßig über den Tag verteilt sind. Das Team entscheidet sich für drei 5–10minütige Sequenzen am Vormittag und zwei am Nachmittag.

Beobachtet werden soll in der ganzen Einrichtung, drinnen und draußen.

4.4 Die Beobachtung durchführen und dokumentieren

- **Worum geht es bei diesem Schritt?** Es geht um die praktische Durchführung der gezielten Beobachtung und darum, die Beobachtungsergebnisse schriftlich festzuhalten.
- **Auf welcher Ebene der pädagogischen Arbeit ist er angesiedelt?** Dieser Schritt betrifft Kinder und Erzieherinnen, evtl. auch Eltern. Beobachtung erfolgt in der Regel in der pädagogischen Praxis, also im Alltagsgeschehen.
- **Was ist besonders zu beachten?** Beobachtung ist immer subjektive Beobachtung, denn zahlreiche Aspekte beeinflussen die Beobachterin in ihrer Wahrnehmung.
- **Was ist hilfreich?** Hilfreich ist es, sich die Begleitumstände der aktuellen Beobachtungssituation bewusst zu machen.

Beobachtung findet in einer bestimmten persönlichen Stimmung statt, welche die Ergebnisse mehr oder weniger stark beeinflussen kann. Stimmungen kann man nicht auf Knopfdruck abstellen oder verändern, wichtig ist, sie sich bewusst zu machen und zu realisieren, welche Bedeutung sie für die Beobachtung haben könnten.

Es kann im Praxisalltag auch immer wieder zu unvorhergesehenen Ereignissen kommen, welche den Beobachtungsplan durcheinander bringen. Darauf sollte man sich von vornherein einstellen und es gegebenenfalls mit Gelassenheit tragen. Evtl. kann in einem solchen Fall der Beobachtungszeitraum etwas verlängert werden.

Beobachtung in der pädagogischen Arbeit ist keine statistische Erhebung und sollte nie zu einer starren Technik geraten. Was sich quer stellt, ist nicht unbedingt eine Störung, sondern kann wertvolle Informationen liefern. Eine Erzieherin hatte sich vorgenommen, ihr Augenmerk ganz besonders auf Felix zu richten, der in der letzten Zeit durch aggressives Verhalten aufgefallen war. Heute ist er ganz friedlich. Ob das daran liegt, dass so viele Kinder krank sind und die Gruppe relativ leer ist? Ein schlechter Tag für die Beobachtung von Felix oder nicht vielmehr ein wichtiger Hinweis darauf, dass das aggressive Verhalten keine Eigenschaft von Felix ist, sondern eher auf konzeptionelle Schwächen der pädagogischen Arbeit hinweist?

Beobachten kann eingebettet und ergänzt werden durch Gespräch und Spiel. Die Frage der Kinder an die Beobachterin „Was machst du da?“ sollte auf kindgerechte und pädagogisch sinnvolle Weise beantwortet werden: „Ich schaue, was für gute Einfälle ihr habt, und das schreibe ich mir auf.“ Laurenz: „Warum machst du das?“ „Vielleicht können wir da mal ein Spiel für alle Kinder draus machen. Guck mal, die Simone z. B., die hat sich eben aus den Pappröhren ein Roboterkostüm gebaut.“ Laurenz: „Ich hab mal im Fernsehen einen Roboter gesehen, der konnte staubsaugen (Laurenz vollzieht mit Armen und Beinen eckige Bewegungen, wackelt mit dem Kopf hin und her und beginnt, im Gruppenraum ‚Staub zu saugen‘) und wenn der irgendwo gegendonnert, dann fährt der rückwärts. Guck mal so.“ Eine Frage der Kinder zur Beobachtung kann also Anstoß sein, mit dem Kind ins Gespräch zu kommen und auf diese Weise weitere wertvolle Informationen zu gewinnen. Wenn die Kinder interessiert sind, können sie auch selbst spielerisch in die Beobachterrolle schlüpfen und ein „Schema“ ausfüllen (➤ Kap. 2.3).

Zu Beginn der Beobachtungsphase sollte man sich noch einmal vergegenwärtigen, dass es darum geht zu beschreiben, was man sieht und hört, und nicht darum, voreilig zu bewerten oder zu beurteilen. Hilfreich kann sein, sich vorab zu fragen: Was glaube ich denn, was bei meiner Beobachtung herauskommen wird? Auf dem Hintergrund dieser Frage kann man bewusst die Sinne für das schärfen, was dieser Erwartung **widerspricht**. Es geht ja darum, den Blick im vertrauten Feld zu erweitern und nicht darum, die eigenen Vor-Urteile bestätigt zu finden.

Bei einer längerfristigen Beobachtung ist es sinnvoll, nach den ersten ein, zwei Tagen noch einmal zu überprüfen: Stimmen Ort und Zeitstruktur? Kommen wir mit dem Beobachtungsschema klar? Gibt es noch Fragen oder Veränderungsvorschläge?

Häufig liefert die Beobachtungsphase noch eine Fülle an Erkenntnissen, die über die eigentliche Fragestellung hinausgeht. Die Beschäftigung mit einem bestimmten Thema regt zur Reflexion und Selbstreflexion an. Dies hat wiederum Einfluss auf das persönliche Handeln, noch ehe eine offizielle Entscheidung getroffen wurde, konzeptionell etwas zu verändern.

4.5 Ergebnisse auswerten, reflektieren, neue Hypothesen entwickeln, Handlungen planen

- **Worum geht es bei diesem Schritt?** Es geht darum, die Beobachtungsergebnisse zusammenzutragen und zu einem vorläufigen Resümee zu kommen. Auf dieser Grundlage können Praxisschritte geplant werden.
- **Auf welcher Ebene der pädagogischen Arbeit ist er angesiedelt?** Dieser Schritt betrifft in erster Linie das Team. Je nach Thema kann es sinnvoll sein, auch die Kinder an der Auswertung und Reflexion zu beteiligen. Der Schritt gehört auf die Planungsebene und schließt die *Situationsanalyse* vorläufig ab.
- **Worauf muss geachtet werden?** Es muss darauf geachtet werden, keine voreiligen Schlüsse zu ziehen, die Ergebnisse nicht zurechtzubiegen und nicht überzubewerten, es sind Momentaufnahmen.
- **Was ist hilfreich?** Es ist hilfreich, die Beobachtungsergebnisse mit der Ausgangsdiskussion zu vergleichen: Was hat sich bestätigt, wovon sind wir überrascht?

In der Beobachtungsphase wurde eine Fülle an Daten gesammelt, die zunächst zusammengefasst und anschaulich dargestellt werden müssen. Bei Checklisten ist dies relativ einfach. Die Striche werden in den einzelnen Kategorien zusammengezählt als Summe eingetragen. Bei Schilderungen ist dies aufwendiger, denn hier muss Text gelesen, verstanden, interpretiert werden. Man kann sich die Arbeit erleichtern, indem man die Beobachtungsbögen fotokopiert und die beobachteten Situationen oder Sprachäußerungen ausschneidet und bestimmten Gesichtspunkten zuordnet. Es ist wichtig, die Originale nicht zu zerschneiden, weil nur aus diesen der Orts- und Zeitbezug hervorgeht. Dies kann je nach Fragestellung von Bedeutung sein.

In unserem Beispiel wurde vierzehn Tage lang jeden Tag – in den drei Gruppen sowie in der Bewegungsbaustelle und im Werkraum – je ein Bogen geführt. So lagen am Ende der Beobachtungsphase 50 ausgefüllte Beobachtungsbögen vor (➛ Abb. 4.4).

Zeit	Kinder	Allgemeine verbale Anerkennung (Strichliste): Prima, toll, super, gut gemacht	Persönliche verbale Anerkennung (Strichliste): z. B.: Wie hast Du das geschafft, dass …	Wortlaut der wertschätzenden Äußerung
09.00–09.10	Mehmet	I	I	Wie hast du das geschafft, dass die Kuh da oben nicht runterrutscht?
10.00–10.10	Frank Dirk	II II	I	Erklär mir mal, wie du das Blau so gut hingekriegt hast?
	Nurcan		I	Das schmeckt aber lecker, hast du das mit der Mama gebacken?
11.00–11.10	Verena + Tjorven	II	I	Könnt ihr das gleich den anderen Kindern mal vorspielen? Die finden das bestimmt auch witzig.
14.00–14.10	Steffi Marc	I II		
	Marek		I	Ihr fahrt heute zum Flughafen, den Opa abholen? Oh, da würde ich auch gerne hin, die großen Flugzeuge angucken. Das wird bestimmt toll.
15.00–15.10	Anneke		I	Dein Schiff ist ja schön geworden. Ich würde es gerne in die Vitrine stellen – bist du einverstanden?

Abb. 4.4 Beispiel für einen ausgefüllten Beobachtungsbogen zur Sprachförderung

Das Team ging folgendermaßen damit um: Zunächst wurden auf Gruppenebene die Ergebnisse der Strichlisten zusammengezählt. Die Leiterin übernahm dies für die Bögen der Bewegungsbaustelle und des Werkraums. Auf diese Weise wurden im ersten Schritt aus 50 Bögen 5 Bögen. Die Leiterin fasste diese nochmals zusammen, und übertrug die Ergebnisse auf eine Wandzeitung, die im Teamraum ausgehängt wurde (➛ Abb. 4.5).

Zeit	Kinder	Allgemeine verbale Anerkennung (Strichliste): Prima, toll, super, gut gemacht	Persönliche verbale Anerkennung (Strichliste): z. B. Wie hast Du das geschafft, dass …	Wortlaut der wertschätzenden Äußerung
09.00–09.10		71 x	43 x	
10.00–10.10		98 x	59 x	
11.00–11.10		144 x	52 x	
14.00–14.10		82 x	38 x	
15.00–15.10		88 x	34 x	

Abb. 4.5 Zusammenfassende Auswertung der Beobachtungsbögen zur Sprachförderung

Mit der wortgetreuen Wiedergabe der wertschätzenden Äußerungen wurde wie folgt verfahren: Alle 50 Beobachtungsbögen wurden in einem Ordner abgeheftet, der den Mitarbeiterinnen zugänglich war. Die Vereinbarung lautete, dass möglichst jede Kollegin bis zur nächsten Dienstbesprechung die Schilderungen gelesen haben sollte, um einen Eindruck ihres Inhalts zu gewinnen und diesen in die Reflexion der Ergebnisse mit einbringen zu können.

Die Reflexion der Beobachtungsergebnisse erfolgte im Rahmen einer Dienstbesprechung, zwei Wochen nach Abschluss der Beobachtungsphase. Die Ergebnisse der Strichlisten zeigten, dass im gesamten Beobachtungszeitraum „allgemeine und persönliche Anerkennung und Wertschätzung" häufig und gleichmäßig über den Tag verteilt gegeben wurden.

Die freien Schilderungen zeugten von einem reichhaltigen Sprachgebrauch und dem Bemühen der Erzieherin, persönliche, auf das Kind und die Situation hin zugeschnittene Formulierungen zu finden. Einige Erzieherinnen hatten beim Lesen der Schilderungen den Eindruck, dass wertschätzende Anerkennung etwas häufiger in Bezug auf sichtbare ‚Produkte' gegeben wurden als auf kleine Erfolge, die nicht ganz so augenfällig sind. Um dies zu bestätigen, müsste man die freien Schilderungen genauer auswerten. Als weitere Vermutung wurde geäußert, dass Jungen in den beobachteten Situationen etwas häufiger vorkommen als Mädchen. Wird ihnen häufiger Anerkennung zuteil? Um dies zu prüfen, könnte man in der Rubrik „Interaktionspartner" auszählen, wie häufig Jungen bzw. Mädchen beteiligt waren.

Dies soll noch erfolgen, denn das wäre ein weiter wichtiger Hinweis und Impuls für die pädagogische Arbeit.

In der Diskussion wird deutlich, dass die Auseinandersetzung im Vorfeld und auch die Beobachtungsphase selbst das eigene Verhalten deutlich beeinflusst haben. Das Thema „Anerkennung und Wertschätzung geben“ wird jetzt bewusster und differenzierter wahrgenommen. Dies führt auch zu einem bewussteren Umgang damit im Praxisalltag. Die Erzieherinnen berichten noch, dass sich die Stimmung deutlich verbessert, wenn man sich bemüht, sein Augenmerk auf die *Ressourcen* der Kinder zu richten und seine Kraft in das Geben von Anerkennung steckt. Diese Haltung tut allen gut. Sie stärkt nicht nur die Kinder, sondern auch die Erwachsenen.

Aus der Reflexion der Ergebnisse leiten die Erzieherinnen verschiedene Folgerungen für das pädagogische Handeln ab: Die Beobachtung hat deutlich gemacht, dass es in unserem Team hohe Kompetenzen gibt, Kindern wertschätzend und anerkennend zu begegnen. Wir sind davon überzeugt, dass wir auf diese Weise ihr Selbstwertgefühl stärken und sie motivieren, Dinge auszuprobieren, auf Entdeckungsreise zu gehen und die Welt zu erforschen. Die Beobachtungssituation hat den Blick für die *Ressourcen* der Kinder gestärkt und die Gruppenatmosphäre sowie die eigene Stimmung positiv beeinflusst.

Für das pädagogische Praxishandeln bedeutet das: Diese wertschätzende Haltung soll fortgeführt und gestärkt werden. Sie soll für jede Mitarbeiterin zum selbstverständlichen Basisrepertoire ihres pädagogischen Handelns gehören. Es soll stärker auf Erfolge geachtet werden, die nicht unmittelbar augenfällig sind, die eher im Verborgenen blühen. Unter diesem Aspekt sollen die freien Schilderungen noch einmal näher betrachtet werden.

4.6 Pädagogisches Handeln

- **Worum geht es bei diesem Schritt?** Es geht darum, die Erkenntnisse aus der Beobachtung in die Praxis umzusetzen und fruchtbar zu machen.
- **Auf welcher Ebene der pädagogischen Arbeit ist er angesiedelt?** Dieser Schritt betrifft alle in der pädagogischen Praxis Tätigen, also Kinder und Erzieherinnen, je nach Ausgangsfrage auch die Eltern.
- **Worauf muss geachtet werden?** Nach einer Probephase muss reflektiert werden, ob die Maßnahme im Sinne des pädagogischen Ziels erfolgreich war.
- **Was ist hilfreich?** Hilfreich ist eine Wandzeitung als Erinnerungs- und Bezugspunkt im Teamraum, die den Verlauf und die Ergebnisse der *Situationsanalyse* festhält.

Nach Abschluss der *Situationsanalyse* werden die auf der Grundlage der Beobachtung beschlossenen Handlungskonzepte in die Praxis umgesetzt. Dies können je nach Zielsetzung und Ergiebigkeit der Beobachtungsdaten kleinere oder auch grundlegende konzeptionelle Veränderungen sein.

In unserem Beispiel sind dies Veränderungen, welche in erster Linie die Blickrichtung und die Haltung betreffen, mit der kindliche Aktivitäten beachtet werden. Die Beobachtungsphase hatte bei den Erzieherinnen die Aufmerksamkeit für individuelle Leistungen und Erfolge der Kinder gestärkt. Dieser *ressourcen*orientierte Blick wurde aufrechterhalten und gepflegt und auf diese Weise im Laufe der Zeit verinnerlicht. Dies hatte auch Einfluss auf das Sprachverhalten. Der Blick auf individuelle *Ressourcen* muss sich auch in einer persönlichen, auf die Situation des Kindes hin formulierten Sprache ausdrücken. Nach einigen Wochen hatten die Erzieherinnen den Eindruck, dass die veränderte Haltung im Sinne einer sich selbst erfüllenden Prophezeiung wirksam war: Da die Kinder kontinuierlich die Erfahrung machten, dass ihnen etwas zugetraut wurde und auch zaghafte, vielleicht noch nicht ganz geglückte Versuche Wertschätzung erfuhren, trauten sie sich auch selbst immer mehr zu, ließen sich von Misserfolgen seltener entmutigen. Diese Veränderung war besonders bei den vorher eher zurückhaltenden und ängstlichen Kindern zu beobachten.

Nach einer gewissen Zeit ist es sinnvoll, durch eine weitere Beobachtungsphase zu überprüfen, ob man noch auf dem ‚richtigen' Weg ist und ob er den gewünschten Erfolg gebracht hat. In unserem Beispiel könnte dies bedeuten: Jedes unserer Kinder kann sagen, was es besonders gut kann!

5. Themen der Beobachtung

Inhalt

Im vorherigen Kapitel wurde betont, dass eine gezielte Beobachtung eingesetzt wird, um ein Anliegen zu bearbeiten bzw. eine Fragestellung zu klären. Das folgende Beispiel macht deutlich, warum es wichtig ist, vor der Beobachtung das Anliegen bzw. die Fragestellung festzulegen.

Person: Demir, 5 Jahre alt
Zeit: 1. Dezember, 9.00 bis 9.05 Uhr
Situation: Demir spielt seit längerem mit Michael auf dem Bauteppich; sie bauen eine „Badewanne“.

Demir sitzt in der Badewanne, hält mit der linken Hand einen roten Bauklotz, fährt sich damit über dem Gesicht hin und her, dreht den Kopf zur Seite, dann nach links, führt den Bauklotz zum Oberkörper, fährt kreisend über den Oberkörper. Sagt zu Michael, blickt ihn an, unterbricht die kreisende Bewegung: „Jetzt holen wir die grünen Bausteine, die sind die Nagelbürsten, die braunen sind die Waschlappen.“ Steht auf, stützt sich dabei mit den Händen hinten ab. Beugt sich über den Bauwagen, knickt in den Knien ein, schiebt die obere Lade zur Seite, fährt mit den Augen über die Reihe der Steine, der Kopf bewegt sich mit, nimmt einen grünen Stein, legt ihn in die Badewanne. Mit den Füßen tritt er die übrigen herumliegenden Steine zur Seite, geht abermals zum Bauwagen, kniet sich hin, holt mit der rechten Hand sechs blaue Steine heraus, hält sie mit beiden Händen an den Körper gepresst, steht auf, sagt jetzt: „Jetzt bekommt jeder ein Telefon.“ Er wirft Michael drei Steine zu, kniet sich neben die Badewanne und baut in gebückter Haltung ein Telefon. Steht auf, geht über die herumliegenden Bausteine, überlegt, schaut herum, bückt sich, nimmt noch einen braunen Stein: „Seife und Bürste leg´ ich übereinander."

Dieses Protokoll hat verschiedene Vorzüge:

- Es ist ausführlich und detailliert. Der erste Absatz ist ein gutes Beispiel dafür, wie eine Deutung vermieden und durch eine Beschreibung der Tatsachen ersetzt wird: Dort steht nicht etwa „wäscht sich" oder „tut so, als ob er sich wäscht", sondern eine Beschreibung der sichtbaren Vorgänge, die einer solchen Interpretation zugrunde liegen können.
- Farbe und Zahl der ins Spiel einbezogenen Bausteine werden ebenso berichtet wie die Hand, mit der Demir etwas tut.
- Seine Äußerungen sind wörtlich wiedergegeben; in vielen Fällen ein sehr wertvoller Bestandteil von Schilderungen.

Manche Leserinnen hätten sich vielleicht weitere zusätzliche Details gewünscht: Wie sahen z. B. die „Badewanne" und das „Telefon" aus? Was genau macht Michael, von dem nur gesagt wird, dass Demir „mit ihm spielt"?

In den Vordergrund soll aber jetzt die Frage gestellt werden, ob der Aufwand, den die Protokollantin getrieben hat, in einem angemessenen Verhältnis zum Ertrag steht. Wer davon ausgeht, dass Beobachtung und Protokolle kein Selbstzweck sind, muss sich fragen: „Worin liegt der Nutzen dieses Protokolls? Was ist demonstriert, illustriert oder aufgezeigt worden? Was wird über ein Kind, was über kindliches Spiel, was über Beziehungen zwischen Kindern ausgesagt?" Für die Schülerin, die wahrscheinlich eine ihr übertragene Aufgabe zu erfüllen versucht hat, könnte sich entsprechend die Frage stellen: „Was habe ich nun von dem, was mich Zeit und Mühe gekostet hat? Was hatte diese Beobachtung für einen Zweck? Und was für einen Nutzen?"

Einiges lässt sich aus der Schilderung natürlich ablesen: Demir bleibt bei der Sache, entwickelt ständig neue Ideen, die sein Spiel variieren und weitertragen, und er bezieht Spielzeug phantasievoll in sein Spiel ein, wobei gleichartige Gegenstände in verschiedener Funktion verwendet werden.

An anderen Stellen läuft die Beschreibung aber, insbesondere in ihrer Genauigkeit, gleichsam ins Leere: Welche Farbe die jeweils verwendeten Bausteine besitzen, hat keine offensichtliche Bedeutung. Welche Hand Demir jeweils benutzt, hätte sicher eine Bedeutung, wenn man sich auf diese Frage konzentrieren würde, aber dazu reicht das vorhandene Material nicht aus.

Ausführlichkeit und Genauigkeit einer Schilderung sind erst dann gerechtfertigt, wenn das Thema der Beobachtung sie fordert. Erst wenn die Notwendigkeit besteht, eine Situation möglichst präzise und anschaulich zu beschreiben, weil man damit etwas verdeutlichen, bewirken oder sich selbst klarer machen will, wird man sich auch mit Überzeugung der Mühe unterziehen, das sicht- und hörbare Geschehen festzuhalten, den treffenderen Ausdruck zu suchen, den Ablauf des Geschehens aufzugliedern und Zusatzinformationen zu notieren. Eine gezielte Beobachtung braucht also ein Thema (oder mehrere Themen). Auf welchen Wegen sie sich durch Alltagsbeobachtungen ergeben können, wurde im vorhergehenden Kapitel geschildert. Wer darüber hinaus nach Anregungen für lohnende Themen sucht, findet in den folgenden Listen Impulse für Fragestellungen und Beispiele für entsprechende Beobachtungen.

Jedes Beobachtungsthema kann prinzipiell in vier verschiedenen Formen formuliert und auch entsprechend genutzt werden (➤ Abb. 5.1).

Die erste Form richtet die Aufmerksamkeit auf eine allgemeine, grundsätzliche Frage, zu deren Beantwortung viele bzw. alle Kinder beobachtet werden können. Ein Beispiel dafür ist die Frage: „Bestehen Spielgruppen eher aus Kindern des gleichen Geschlechts oder spielen ebenso oft Mädchen und Jungen gemeinsam?“

Die zweite Form fragt nach den Unterschieden, die zu beobachten sind, und nach Einflüssen, die für diese Unterschiede verantwortlich sein könnten. Diese Variante

	Allgemeine Fragestellung	**Frage nach Unterschieden**
Viele bzw. alle Kinder werden beobachtet	1. Bestehen Spielgruppen eher aus Kindern des gleichen Geschlechts oder spielen Mädchen und Jungen ebenso oft gemeinsam?	2. Bei welchen Spielen (oder anderen Aktivitäten) ist die Trennung von Mädchen und Jungen besonders stark, bei welchen anderen Spielen (oder Aktivitäten) sind Mädchen und Jungen am häufigsten zusammen zu beobachten?
Ein bestimmtes Kind wird beobachtet	3. Spielt dieses Mädchen eher mit Mädchen zusammen oder mit Jungen?	4. Bei welchen Spielen (oder anderen Aktivitäten) ist es (fast) nur zusammen mit Mädchen zu beobachten, bei welchen anderen Spielen (oder Aktivitäten) eher auch mit Jungen?

Abb. 5.1 Schema für die mögliche Variation von Beobachtungsthemen

würde im Beispielfall etwa lauten: „Bei welchen Spielen (oder anderen Aktivitäten) ist die Trennung von Mädchen und Jungen besonders stark, bei welchen anderen Spielen (oder Aktivitäten) sind Mädchen und Jungen am häufigsten zusammen zu beobachten?"

Bei der dritten und vierten Variante geht es um die Beobachtung eines bestimmten Kindes: „Spielt dieses Mädchen eher mit Mädchen zusammen oder mit Jungen?" bzw.: „Bei welchen Spielen (oder anderen Aktivitäten) ist es (fast) nur zusammen mit Mädchen zu beobachten, bei welchen anderen Spielen (oder Aktivitäten) eher auch mit Jungen?"

Die Variante 2 ist besonders dann interessant, wenn Beobachtungen eingesetzt werden, um die Qualität der pädagogischen Arbeit zu reflektieren, etwa Beispiel die Qualität der Raumgestaltung oder des Materialangebots (z. B. bei der Frage: „Wie können wir Kontakte zwischen Mädchen und Jungen weiter fördern?").

Die Varianten 3 und – wenn genügend Zeit zur Verfügung steht – 4 sind interessant, wenn die Eigenart und die Entwicklung eines Kindes dokumentiert werden sollen. Verschiedene Bundesländer fordern dies inzwischen in ihren *Bildungsplänen* bzw. -empfehlungen.

In der folgenden Zusammenstellung soll das oben erläuterte Prinzip exemplarisch angewendet werden. Um Übersichtlichkeit zu wahren, werden zu den einzelnen Fragen nicht alle vier Varianten aufgeführt. Bei den ersten elf Beobachtungsthemen kommt Variante 1 und 2 zum Tragen, bei den drei letzten die Variante 3.

5.1 Eigenarten kindlichen Erlebens und Verhaltens

- Bei welchen Gelegenheiten lassen sich kindliche **Gestaltungskraft** und **Gestaltungsfreude** besonders eindrucksvoll beobachten? Einige Beispiele dafür:
  - Kinder stiften leicht Verbindungen zwischen verschiedenem Spielzeug, auf die ein Erwachsener nur schwer kommen würde: „Die Kinder haben Spielzeug erhalten, Fritz den Rollwagen, Rudi den Kaufmannsladen. Zwischen diesem beziehungslosen Spielzeug fand er die Brücke: Von dem Wagen wird Zucker abgeladen, der im Laden verkauft wird. In dieser Weise zog er auch das andere Spielzeug in seinen Bereich, so dass er bald mit einer Reihe von Kindern spielte." (Lichtenstein 1919, S. 318)

– Kinder verwenden Spielzeug eigenwillig und schöpferisch: „ Lotte hat (aus den Fröbelschen Gaben) Täfelchen und stellt sie hintereinander auf. Sie spielt Eisenbahn, statt aus ihnen einen Gegenstand zu legen." (ebd., S. 320)
– „Eines der bekanntesten Lernmittel besteht aus einem Brett mit einer Reihe von runden Löchern abnehmender Größe und ebenso vielen Zylindern verschiedener Dicke. Das Kind soll von selbst darauf kommen, jene Zylinder in die passenden Öffnungen zu setzen und es soll daran die Unterscheidungen verschiedener Dicken und das Herstellen einer Reihe lernen … Wenn nun das mit dem Einsatzbrett spielende Kind auf den ganz un-montessorischen Gedanken kommt, den dicksten Zylinder als Papa, den nächsten als Mama, die folgenden als die Kinder anzusehen und mit ihnen ‚Puppen' zu spielen? Oder die Zylinder unter das Brett zu legen und dies nun darauf rollen zu lassen als Eisenbahn?" (Stern 1971, S. 195)
– Die Funktion eines Gegenstandes kann im Verlauf eines Spiels wechseln. Ein Holzklotz wird nacheinander Tankstelle, Mauer und Telefonhörer. Ein gezeichneter Mond bekommt Ohren und wird dadurch zum Löwen.
– Kinder haben Schwierigkeiten mit Tätigkeiten, bei denen sie nicht schöpferisch sein können: „Während dem Erwachsenen das Kopieren einer Vorlage viel leichter zu sein scheint als das freie Zeichen, liegt es beim Kinde, insbesondere beim Kleinkind, gerade umgekehrt. Was dem Beobachter zunächst auffällt, ist etwas Negatives: eine überraschende Unfähigkeit, eine noch so einfache Vorlage einigermaßen getreu nach zu bilden – selbst bei solchen Kindern, die beim freien Zeichnen schon erkennbare Schemata zustande bringen. Die Aufgabe liegt auch dem Kinde nicht; aus spontanem Interesse wird sich das sonst so zeicheneifrige Kind kaum je intensiver auf Abzeichen einlassen." (Stern 1971, S. 323). Hier wird zwar keine Einzelbeobachtung geschildert, aber das Beispiel zeigt, dass sich die Bedeutung eines Faktors wie z. B. Gestaltungsfreude auch sehr anschaulich durch Geschehnisse illustrieren lässt, bei denen er ‚stört'.

• In welcher Weise organisieren Kinder ihr Spiel als **Spielprozess** (Merker, Rüsing & Blanke)? Welche thematischen Wendungen, Windungen, Variationen, Neubelebungen, Krisen, Brüche, Kontinuitäten und Ausdifferenzierungen sind im Verlauf eines solchen ‚Spielprozesses' zu beobachten? Merker, Rüsing & Blanke beschreiben solche Prozesse, die sich über Tage bzw. Wochen hinweg erstreckten. Aber auch kürzere Spiele zeigen oft ganz typische Eigenarten:
– Kinder unterscheiden nicht zwischen ‚Vorbereitungs'- und ‚Spielphase', sondern entwickeln organisch eine Grundidee fortlaufend weiter: „Die Kinder handeln nicht in der Weise, dass sie sich vornehmen, einen Käfig zu bauen, um nach Fertigstellung darin z. B. Tiger zu spielen, sondern

sie sind bereits beim Bauen Tiger oder eine andere entsprechende Rolle. So stellen sie sich etwa Tische nebeneinander und krabbeln sofort als Tiger darüber. Erst dann fällt es ihnen ein, Umgrenzungen für die Käfige zu bauen, die wiederum zu Spielen anregen … Zwischendurch besuchen die Kinder die anderen Gehege, bauen weiter, verändern wieder oder bessern aus, was sich im Spiel als zu instabil erwiesen hat." (Merker, Rüsing & Blanke 1980, S. 136 f.)

- Der Vorgang, die Tätigkeit ist das Wichtige. Das Produkt zählt nach seiner Fertigstellung nur noch, wenn es eine andere Bedeutung oder Funktion hat: „Manchen Kindern ist der Gegenstand, sobald er fertig ist, vollständig gleichgültig. Sie zerstören ihn oder werfen ihn achtlos herum …" (Lichtenstein 1919, S. 322). Eine Ausnahme: „Ernst (5 J.) sagt bei jedem Strich: ‚Wenn ich fertig bin, schenke ich die Karte meiner Mutti.'" (ebd.)
- Kinder neigen dazu, Wahrgenommenes unmittelbar in aktives Handeln umzusetzen. Ein Beispiel dafür wurde im 2. Kapitel zitiert.
- Meist wissen Kinder sehr genau Fiktion und Wirklichkeit zu unterscheiden, dies wird schon durch die Rede im Konjunktiv erkennbar („Ich *wär´* der Vater und du das Kind"), manchmal auch durch ausdrückliche Erläuterungen: „Christl (4;2) bringt der Puppe zu essen. Jetzt kriegst du eine Semmel (ein Stückchen Pappe). Nein, eigentlich ist es keine richtige Semmel. Aber ich weiß es halt nicht" (Hetzer, zit. nach Stern 1971, S. 243).
- Manchmal allerdings wird die Grenze fließend und verschwimmt: Hilde (4;11) und Günter (2;8) „spielen oft miteinander: ‚der Löwe kommt' oder ‚der Hund kommt' oder dergleichen. Eines kriecht dann auf allen vieren durchs Zimmer, und das andere läuft scheinbar furchtsam fort. Der Löwe oder Hund macht nun nicht einmal gräulichen Lärm oder zeigt gar die Zähne oder Tatzen – es sind sehr zahme Tiere – nichtsdestoweniger fängt der Verfolgte oft so ängstlich an zu schreien und kommt so gehetzt zur Mutter geflüchtet, dass man vollkommen unter dem Eindruck steht: Das ist nicht nur ‚gespielte' Angst, hier kommt durch Autosuggestion etwas von wirklicher Angstempfindung hinzu" (Stern 1971, S. 418).

- Bei welchen Gelegenheiten zeigen Kinder, wie sehr sie in einer **Bilderwelt** leben, wie sehr ihr Denken **anschauungsgebunden** ist?
  - Ein Junge reagierte auf die Aufforderung seines Vaters „Komm, wir machen uns auf die Socken!", indem er begann, sich die Schuhe auszuziehen.
- An welchen Beobachtungen lässt sich zeigen, dass für Kinder Dinge, die keine aktuelle Bedeutung haben, einfach **nicht existieren**?
  - „So entdeckte mein Sohn erst mit 5;9 in unserem Korridor ein ziemlich großes Bild, den Marktplatz einer alten Stadt darstellend, das etwas über Au-

genhöhe des Kindes seit vier Jahren am gleichen Platze hing. Es hing der Eingangstür gegenüber, deutlich von der Wand abgehoben, so dass der Blick darauf fallen ‚musste'. Es war das einzige Bild im Korridor. Der Junge entdeckte es, als er mit großer Beteiligung die Reparaturarbeit eines Handwerkers an der Korridorwand verfolgte. Die Gegenstände im Korridor wurden dadurch in eine besondere Beteiligung hineingezogen, so dass das Bild, das er täglich hundertmal wahrzunehmen Gelegenheit gehabt hätte, erst jetzt für ihn da war. Er war selbst überrascht: ‚Was ist das für ein Bild? War das immer da?'" (Hansen 1949, S. 214)

- Lassen sich Beispiele dafür beobachten, dass Kinder **ganzheitlich erleben** und Auftrennungen und Zergliederungen ihnen schwer fallen?
  - Ein Kind zeigt einem anderen das Herstellen von Eistüten aus Papier: „Dabei treten Schwierigkeiten auf. Walter zeigt zwar immer wieder das Tütenrollen, versteht es aber noch nicht, den Vorgang in einzelnen Schritten zu zeigen, so dass Peter lediglich begreift, dass das Papier gerollt werden muss, aber nicht, dass es schräg zu rollen ist. So erhält er jedes Mal statt einer Tüte eine einfache Rolle" (Merker, Rüsing & Blanke 1980, S. 33 f.).
  - Kleinkinder tendieren dazu, Gedichte im Ganzen auswendig zu lernen, nicht Strophe für Strophe: „Da die fünfjährige Eva ein Weihnachtsgedicht für den Vater lernen soll, mit dem Anfang: ‚Im Walde steht ein Tannenbaum mit Nadeln spitz und fein, damit näht sich der Distelfink sein buntes Röckelein' und noch fünf weiteren entsprechend langen Strophen, genügt es, wenn die Mutter einige Tage lang Morgens früh beim Anziehen der Kleinen zwei mal das ganze Gedicht vorsagt; sie spricht es nach und mit, und nach wenigen Tagen ist es ohne Mühe eingeprägt …" (Stern 1971, S. 200).
- Lässt sich aus Äußerungen von Kindern ablesen, dass ihre intellektuelle Entwicklung nicht einfach aus dem Aneignen von Wissen besteht, sondern in andauernden Bemühungen, **Zusammenhänge** zu erkennen und **Verbindungen** zu stiften?
  - Yilmaz (5 J.) hat im Fernsehen einen Heißluftballon gesehen und dazu die Erklärung, dass der Ballon wegen der darin befindlichen heißen Luft hochsteige. Er weiß außerdem, dass Verkehrsflugzeuge sehr hoch fliegen. Am nächsten Morgen erklärt er, er wisse jetzt, warum sie so hoch flögen: Wenn Ballons mit heißer Luft fliegen können und diese hochsteigen, dann können Flugzeuge da besser fliegen, wo die heiße Luft dann ist, nachdem sie gestiegen sind.
    Dieser Erklärungsversuch zeigt dreierlei: Erstens das Bemühen, Gedankenverbindungen herzustellen, zweitens das Bestreben um eine geschlossene, vollständige Erklärung, drittens die Tatsache, dass kleine Kinder kaum verstehen, was sie nicht unmittelbar erfahren, be-greifen können.

5.2 Formen des gemeinsamen Spiels: Die Entwicklung vom Nebeneinander zum Miteinander

- Manches Spiel scheint einfach darin zu bestehen, dass mehrere Kinder sich in enger räumlicher Nachbarschaft in gleichartiger Weise beschäftigen. Lässt sich dennoch beobachten, dass der Gedanke, etwas **gemeinsam** zu tun, für die Kinder von Bedeutung ist?
  - Vielleicht lässt sich eine **Anregungswirkung** erkennen: Ein Kind sieht ein anderes am Tisch sitzen und malen, setzt sich dazu und beginnt ebenfalls zu malen.
  - Manchmal zeigen sich Indizien für eine **Präsenzwirkung**: Die bloße Anwesenheit eines anderen Kindes bewirkt, dass ein Kind sich anders verhält als allein: Es bleibt vielleicht länger bei der Sache oder es wird vom hektischen Spielverlauf angesteckt.
  - Gespräche, auch kürzere, zeigen oft besonders deutlich, dass die Anwesenheit des anderen Kindes von Bedeutung ist. Im einfachsten Fall können Unterhaltungen aus kurzen Hinweisen bestehen („Ich mach' was!" „Ich auch!"), während ansonsten Schweigen herrscht – einfachste Formen des Zusammenspiels.
- Manchmal spielen Kinder in der Weise zusammen, dass sie ein **gemeinsames Thema** haben, welches sie aber **individuell ausgestalten**.
  - Die Erzieherin ist mit Mahi, Markus, Pino, Giovanni und Frank im Baubereich. Alle beschäftigen sich mit Dingen, die mit Autos zu tun haben: Die Erzieherin, Giovanni und Frank bauen eine Garage, in der Autos stehen. Markus und Pino haben eine schräge Rampe gebaut, auf der sie ein Auto herunterfahren lassen. Mahi baut eine Straße und ein Gebäude, das offensichtlich eine Tankstelle darstellen soll. Abgesehen davon, dass die Kinder sich hinsichtlich Platz und Bauklötzen arrangieren müssen, ist das gemeinsame Thema den Kindern offenbar wichtig. Ab und zu wird ein Auto von einem Ort zum anderen gefahren, manchmal kommt eine Unterhaltung auf, die sich um das Thema „Auto" dreht, wenn auch nicht um die jeweilige Tätigkeit.
- Eine nächste Spielstufe ist erreicht, wenn sich **verschiedene**, aufeinander bezogene **Rollen** ausbilden und die Kinder fortlaufend auf die Ideen der anderen eingehen, um das gemeinsame Thema weiter zu führen. Es entstehen Spielformen, die ein Kind auf keinen Fall mehr allein durchführen kann. Die verschiedenen Rollen können unterschiedlich gewichtig sein:
  - Sind die verschiedenen Rollen ungleichgewichtig? Dominiert ein Kind eindeutig und schreibt den anderen bis ins Detail vor, was sie zu tun und zu lassen haben?

- Oder sind die Rollen bei aller Verschiedenheit gleichgewichtig? Kann jeder Mitspieler eigene Ideen äußern und ins Spiel einbringen? Wird der Zustand einer „Puzzle-Gruppe“ (Timäus & Lück 1976) erreicht, in der sich jeder Mitspieler in seiner Funktion von den anderen unterscheidet und in der jeder für das Spiel notwendig ist?

- Welche Techniken wenden Kinder an, um **in eine Spielgruppe aufgenommen** zu werden? Welche sind erfolgreich, welche nicht? Eine Standardsituation, denen sich eine Erzieherin gegenübersieht, ist die Klage von Kindern: „Die lassen mich nicht mitspielen!“ Daher lohnt es sich, genauer zu beobachten, was ein Kind tut, wenn es „mitmachen“ will:
  - Versucht es, nach dem Motto: „Hoppla, jetzt komme ich!“ einzusteigen, womöglich anderen Kindern gleich vorzuschreiben, was sie von jetzt an zu tun haben und ihnen zu erklären, warum sie bis jetzt „falsch“ gespielt haben?
  - Macht es einfach mit, ohne etwas zu sagen, ohne förmliche Anfrage? Ignoriert es auftretenden Widerstand einfach und hat es damit Erfolg?
  - Bereichert es das Spiel, indem es eine neue Idee oder Variante einbringt, als Mitgift sozusagen?
  - Versucht es gar nicht ernsthaft in die Spielgruppe aufgenommen zu werden, sondern schaut nur aus der Entfernung zu oder umkreist die Gruppe, ohne etwas zu sagen?

5.3 Helfen, Trösten, Anteil nehmen

- **Suchen** Kinder von sich aus bei anderen Hilfe, wenn sie allein nicht zurechtkommen? Wird diese Hilfe bei den Freunden bzw. Freundinnen gesucht oder bei allen Gruppenmitgliedern?
- **Bieten** Kinder von sich aus Hilfe **an**? Geschieht dies während eines gemeinsamen Spiels oder geht ein Kind auf ein anderes zu, ohne mit ihm in Kontakt gewesen zu sein, z. B. beim Umziehen?
- Versuchen Kinder einander zu **trösten**, sei es durch aufmunternde Worte, sei es durch Körperkontakt? Beschränkt sich dies auf den besten Freund oder die beste Freundin, oder zeigen Kinder ein solches Verhalten auch gegenüber den Gruppenmitgliedern, mit denen sie keine besonders enge Beziehung verbindet?
  - „Steffen spielt gerne im Rollenspiel das Baby. Sabine bemuttert ihn oft. Sie sagt: ‚So hast Du es gerne, wenn jemand lieb zu Dir ist und Dich streichelt!‘ und nimmt ihn auf den Schoß“ (Verlinden & Haucke 1990, S. 30).
  - „Es beginnt zu blitzen und zu donnern. Björn läuft zu seinem älteren Bruder. Der legt seinen Arm um Björns Schulter“ (ebd.).

- Zeigen Kinder in anderer Weise **Aufmerksamkeit** oder **Mitleid** füreinander, beispielsweise durch Bemerkungen gegenüber Dritten oder durch Blickkontakt? Bei der Suche nach entsprechenden Beobachtungen wird man besonders hier berücksichtigen müssen, dass man nach den kleinen Schritten, nicht nach spektakulären Ereignissen Ausschau halten sollte (vgl. Bleckmann). Zwei Beispiele:
  - Vier Kinder spielen ein Spiel, bei dem reihum gewürfelt und die entsprechende Zahl kleiner Holzkirschen auf einen Baum gelegt werden soll. Hylia hat eine Sechs gewürfelt, nimmt aber keine Kirschen; offenbar weiß sie nicht, wie viele sie zu nehmen hat. Hakan zählt sechs Kirschen ab, geht um den Tisch und gibt ihr die Kirschen in die Hand: „Da. Jetzt leg' sie hin!"
  - Jens ist erst seit einigen Tagen im Kindergarten. Als seine Mutter, die ihn gebracht hat, den Gruppenraum verlässt, beginnt er leise zu weinen. Nach und nach verstummen die Unterhaltungen der ca. acht Kinder, die im Gruppenraum sind. Sie schauen zu Jens hinüber, zu dem sich die Erzieherin setzt. Als Jens aufhört zu weinen, nehmen die anderen Kinder ihre früheren Tätigkeiten wieder auf. Die Mienen einiger Kinder, die einen betroffenen und ernsten Eindruck machen, hellen sich wieder auf.
- Wie **reagiert** das Kind, dem Hilfe, Trost oder Anteilnahme gegolten haben?
  - Reagiert es positiv, z. B. mit ausdrücklichem Dank oder einem Lächeln?
  - Zeigt es keine erkennbare Reaktion?
  - Wehrt es vielleicht ab und versucht es, das zu erklären („Ich will das allein schaffen!")?

5.4 Konflikte und Auseinandersetzungen

- An welchen **Orten** und zu welchen **Zeiten** ergeben sich besonders häufig Konflikte? Sind bestimmtes **Spielmaterial** oder bestimmte **Tätigkeitsformen** besonders konfliktträchtig?
- Welche **Rollen** und für ein bestimmtes Kind **typischen Verhaltensweisen** lassen sich im Verlauf eines Konfliktes unterscheiden? (Hierbei ist zu beachten, dass die Rollenzuschreibung nur für die aktuell beobachtete Situation Gültigkeit hat.)
  - Manche Kinder greifen schnell und heftig zu **aggressiven** Mitteln, um ihre Ziele und Absichten durchzusetzen. Andere beschränken sich meist darauf, ihren Platz oder ihr Spielzeug zu **verteidigen** und sind zufrieden, wenn der alte Zustand **wiederhergestellt** wurde.
  - Eindeutig in der Rolle des **Opfers** sind Kinder, denen die Mittel fehlen, um sich zu behaupten.

- Kinder können als **Helfer** angeworben werden oder sich aus eigenem Antrieb zur Verfügung stellen. Manche Kinder kommen besonders Geschwistern und Freunden bzw. Freundinnen regelmäßig zu Hilfe, gleichgültig, welchen Grund und Verlauf die Auseinandersetzung hat.
- In der Rolle des **Rächers** beanspruchen Kinder, erlittenes Unrecht „wieder gut zu machen", wobei sie meist dieselben Mittel einsetzen wie das Kind, das sich als erstes aggressiv verhalten hat. So wird ein Kind, das ein anderes geschlagen hat, seinerseits geschlagen.
- In der Rolle des **Nutznießers** sind Kinder die sprichwörtlichen „lachenden Dritten", die mit dem Spielzeug abziehen, das Auslöser des Konflikts war. Schon in die Richtung des Rächers tendiert ein Kind, das einem anderen ein Spielzeug wegnimmt, das dieses einem dritten abgenommen hat.
- Als **Zerstörer im Vorübergehen** löst ein Kind oft einen Streit aus, ohne dass es anderen etwas wegnehmen oder sich an deren Spiel beteiligen will. Alter Rechnungen können auf diese Weise beglichen werden, manchmal haben Kinder sich geärgert, bevor ihnen das Opfer eher zufällig in die Quere kommt. Der Freund oder die Freundin wird ‚nur so' geärgert oder während er oder sie gerade mit einem anderen Kind spielt. Manches geschieht mehr oder weniger unbeabsichtigt beim Toben, Raufen oder Nachlaufen.
- In der Rolle des **Schlichters** haben Kinder oft ein schweres Amt, besonders dann, wenn sie sich selbst ernannt haben und nicht von den Parteien gerufen wurden.

• Welche **Mittel** werden im Verlauf eines Konfliktes eingesetzt?
  - Wird eins der Kinder oder werden alle **handgreiflich**? Gegen Personen und/oder gegen Sachen? Gleich zu Beginn der Auseinandersetzung oder erst nach dem Einsatz anderer Mittel?
  - Was **sagen** die Kinder zueinander? Versuchen sie, zu diskutieren oder zu argumentieren, oder arbeiten sie stattdessen mit Drohungen, Beschimpfungen oder Herabsetzungen? Sagen sie überhaupt etwas oder tragen sie eine der Auseinandersetzungen aus, in deren Verlauf kein Wort zu hören ist?
  - Beschränken sich die sichtbaren Zeichen auf **Mimik** und **Gestik** (Drohgebärden, Herausstrecken der Zunge o. ä.)? Ändern sich die Mittel im Verlauf des Konflikts?

• Wie wird die Auseinandersetzung **beendet**?
  - Setzt sich das angreifende Kind durch? Mit welchen Mitteln?
  - Behauptet sich der Angegriffene? Wenn ja: Wie?
  - Versuchen die Kinder, eine konstruktive Lösung zu finden, indem sie z. B. verabreden, sich abzuwechseln?

- Greifen andere Kinder ein? Welche?
- Greift eine Erzieherin ein?

- Was geschieht **danach**?
  - Sind Nachwirkungen der Auseinandersetzung beobachtbar oder nicht?
  - Falls während eines gemeinsamen Spiels ein Konflikt auftrat: Wird das Spiel gemeinsam fortgesetzt?
  - Reden Beteiligte oder Unbeteiligte über das Vorgefallene?

5.5 Wettbewerb

- In welchem **Ausmaß** und bei welchen **Gelegenheiten** spielt der Gedanke des Wettbewerbs eine Rolle? Wo wird eine zunächst neutrale Tätigkeit zum Wettbewerb umfunktioniert? Wo schiebt sich der Gedanke des Wettbewerbs so in den Vordergrund, dass ein **zunächst harmonisches Miteinander gestört** oder **beendet** wird?
- In welchen Situationen werden Kinder durch den Wettbewerb **angespornt**, in welchen werden sie **entmutigt**?
- Kommt es vor, dass Kinder sich einer Aufforderung zum Wettbewerb („Ich bin bestimmt schneller als du!") **entziehen** oder sie einfach **ignorieren**?
- Wie verhalten sich die Kinder bei Tischspielen **ohne Wettbewerbscharakter**? Versuchen sie, den Gedanken des Wettbewerbs durch die Hintertür wieder einzuführen?
- Wie gehen Kinder mit **Gewinnen** und **Verlieren** bei Gesellschaftsspielen um?
  - Können sie verlieren?
  - Prahlen sie damit, dass sie gewonnen haben?
  - Meiden sie ein Spiel, bei dem sie einmal nicht gewonnen haben?
  - Versuchen sie, das Kind, das gewonnen hat, herabzusetzen oder lächerlich zu machen?

5.6 Anführer(innen) beim gemeinsamen Spiel

- Gibt es Kinder, die **öfter** ein gemeinsames Spiel dirigieren und beherrschen oder dies versuchen?
  - Zieht ein Kind alle Fäden an sich? Schreibt es den anderen bis ins Detail vor, was sie zu tun und zu lassen haben?
- Wo wird demgegenüber versucht, unterschiedliche Wünsche und Ansprüche **gleichberechtigt** ins Spiel einzubeziehen?

- Versuchen Kinder, sich mit **Drohungen** zu behaupten („Dann mach ich nicht mehr mit!" „Dann darfst du nicht mehr mitmachen!" „Dann bist du nicht mehr mein Freund!")?
- Verlegen sich Kinder eher auf **Verlockungen** oder **Schmeicheleien** („Dann darfst du auch ..." oder „Das kannst du doch so gut!")?

5.7 Die Zugehörigkeit zu einer bestimmten Gruppe

- Ist für die Kinder die Zugehörigkeit zu ihrer Gruppe von erkennbarer **Bedeutung**? Machen sie einen Unterschied zu Kindern anderer Gruppen?
  - Ist die Betonung der eigenen Gruppe eher sachlicher Natur („Die Schippe gehört unserer Gruppe!") oder ist damit eine Herabsetzung der fremden Gruppe(n) verbunden?
- Haben sich in einer Gruppe spezielle **Gewohnheiten** oder Eigenarten ausgebildet, durch die sie sich von anderen unterscheidet?
  - Dies können Vorlieben für bestimmte Tätigkeiten, Bücher, Geschichten oder Feiern sein, bestimmte Worte oder Redewendungen, die sich in der Gruppe ausbreiten, bis hin zu Ritualen: In einer Tagesstättengruppe war es z. B. über einen Zeitraum von mindestens einem halben Jahr hinweg üblich, dass die Kinder die Teller, die beim Mittagessen auf den Tisch gestellt wurden, umdrehten, um zu kontrollieren, ob sie eine Nummer trugen. Teller mit und ohne Nummern hatten offenbar unterschiedlichen Wert; es wurde jedoch nicht versucht, anderen Kindern ihren Teller wegzunehmen oder Teller zu tauschen.

5.8 Jüngere Kinder in der Gruppe

- Was **können sie noch**, was ältere Kinder nicht mehr können? Zwei Beobachtungen dazu:
  - Die Erzieherin bereitet mit vier jüngeren Kindern Kresse-Quark zu. Bei allen Tätigkeiten (Abschneiden und Waschen der Kresse, umrühren und Mischen des Quarks in einer Schüssel) wechseln die Kinder sich ab. Kommentar der Erzieherin: „Ich finde es erstaunlich, wie gelassen und ruhig die Kleinen warten, bis sie dran sind. Sie drängeln nicht und kritisieren nicht an dem herum, was ein anderes Kind macht."
  - Sieben jüngere Kinder sind im Bewegungsraum, jedes Kind hat einen Luftballon. Reihum macht eins der Kinder vor, was man damit machen kann; die

anderen Kinder machen es dann nach. Kommentar der Erzieherin: „Mit älteren Kindern würde so etwas schnell zu Wettläufen führen, den Kleinen ist der Wettbewerb noch fremd."

- Sind kleine Kinder **unbefangener** und **aufrichtiger** in ihren Äußerungen als ältere?
  - Erzählen sie auch Dinge, die für sie unvorteilhaft sind? Nehmen sie noch nicht so viel Rücksicht auf ihr Prestige?
- Sind kleinere Kinder **offener für Anregungen** und Vorschläge der Erzieherin, noch nicht so eigenständig in der Gestaltung des Vormittags?
- Zeigen kleinere Kinder **größere Freude,** wenn ihnen etwas gut gelungen ist?
- Versuchen kleinere Kinder, bei den **Großen mitzuhalten**?
  - Überschätzen sie dabei ihre Fähigkeiten?
  - Wie reagieren sie auf Misserfolge dieser Art?
  - Nehmen sie überhaupt einen Unterschied zwischen ihren Leistungen und denen älterer Kinder wahr oder werden sie erst von diesen darauf aufmerksam gemacht?
  - Wie reagieren sie in solchen Fällen?
- Was können kleinere Kinder noch nicht oder **noch nicht so gut wie die Älteren** und wie wirkt sich das im Gruppenleben aus?
- Wie reagieren jüngere Kinder, wenn ihnen die Teilnahme an einem Spiel unter **ausdrücklichem Bezug** auf ihr Alter verwehrt wird („Hier dürfen nur Große mitmachen, raus hier!")?
- **Imitieren** kleinere Kinder Spiele der Großen? Was ist dabei an Abwandlungen des Spiels und eigenständigen Zutaten zu beobachten?

5.9 Ältere Kinder in der Gruppe

- Wo und wie versuchen sie sich bewusst von den „Kleinen" **abzusetzen**? Beanspruchen sie **Vorrechte** unter Hinweis auf ihr Alter?
- In welchen Situationen wirken sie als „Stützen der Gruppe", indem sie beispielsweise anderen Kindern **helfen**, ihnen etwas **erklären**, auf die Einhaltung von **Gruppenregeln** achten?
- Bei welchen Gelegenheiten wirken die ältesten Kinder schon „herausgewachsen" aus dem Kindergarten? Lassen sie erkennen, dass sich ihr Interesse stärker auf die **Schule** richtet? Welche Vorstellungen verbinden sie mit der Schule?
- In welchen Situationen wirken sie doch wieder als „**kleine** Kinder"? Zwei Beobachtungen dazu:

– Ingo beschäftigt sich meist mit anderen älteren Jungen und ist einer Rauferei nicht abgeneigt. Eines Morgens kommt er zu einem Besucher, der mit jüngeren Kindern Memory spielt, setzt sich zu ihm auf den Schoß, schaut zehn Minuten beim Spiel zu, bis es zu Ende ist und geht dann wieder.
– Mario ist dasjenige Kind, das draußen am häufigsten in Raufereien verwickelt ist. Bei einem Nachlaufspiel stürzt er und tut sich weh. Weinend kommt er zur Erzieherin, um sich in den Arm nehmen und trösten zu lassen.

5.10 Beziehungen und Kontakte zwischen Kindern verschiedenen Alters

- Welche Spiele und Aktivitäten finden meist unter **Gleichaltrigen** statt, bei welchen spielen Kinder **unterschiedlichen Alters** eher miteinander?
- Bei welchen Gelegenheiten sind **Hilfestellung** und **Rücksichtnahme** von älteren gegenüber jüngeren Kindern zu beobachten? Zwei Beispiele:
  – Marina (3;2) setzt sich zu Thomas(5;7), der sich ein Noten- und Liederbuch anschaut, in die Leseecke. Als sie mit der Hand herübergreift, um auf eine Zeichnung zu deuten, schiebt er die Hand zurück, jedoch langsam und ohne Gewalt anzuwenden.
  – Stefanie (3;2) schafft es nicht, den Reißverschluss zu schließen. Thomas (5;7) sagt ihr, dass sie sich an die Erzieherin wenden kann: „Sag: Frau Schmidt, mach mir die Hose zu!“ Als Stefanie nicht zu verstehen scheint, wiederholt er: „Sag: Hose zu!“ (Diese Episode ist auch ein Beispiel dafür, wie Kinder schon in Wortwahl und Satzbau auf den Entwicklungsstand jüngerer Kinder Rücksicht nehmen können.)
- Bei welchen Gelegenheiten nehmen ältere Kinder keine Rücksicht, sondern spielen ihre körperliche oder intellektuelle **Überlegenheit** aus?
- In welchen Situationen lässt sich beobachten, dass jüngere Kinder sofort klein beigeben, wenn sie bei einem älteren auf **Widerstand** stoßen? Eine Beobachtung dazu:
  – Jens (3;6) kommt in die Bauecke. Hakan (5;7) schaut kurz auf, sagt: „Raus hier!“ Jens dreht sich sofort um und geht.
- Wo werden jüngere Kinder zwar in ein Spiel einbezogen, jedoch in einer eher **randständigen** Rolle?
  – Wird ihnen genau vorgeschrieben, was sie zu tun und zu lassen haben, so dass ihnen keine Möglichkeit bleibt, ihre Einfälle und Vorstellungen ins Spiel zu bringen?

- Protestieren sie dagegen?
- Werden sie ausgenutzt („Hol mir doch mal …“)?
- Ist bei bestimmten Kinderpaaren ein **besonders großes Ungleichgewicht** in der Verteilung der Sympathie zu beobachten? Läuft das kleinere dem größeren Kind hinterher, das seinerseits nur selten oder überhaupt nicht auf das jüngere zugeht?
- Welche **älteren Kinder** suchen **oft** den Kontakt zu **jüngeren**?
  - Welche Rolle nehmen sie dann im Spiel ein?
  - Wie ist ihre Stellung innerhalb ihrer eigenen Altersgruppe – sind sie angesehen oder stehen sie dort eher am Rand?

5.11 Mädchen und Jungen in der Gruppe

- Sind bestimmte **Spielformen, Beschäftigungen und Materialien** eher für Mädchen oder eher für Jungen typisch?
- Äußern die Kinder selbst entsprechende **Klischees**? Welche Vorstellungen äußern Kinder darüber, was männlich und was weiblich ist? Zwei Beispiele und drei weiterführende Fragen:
  - „In der Puppenecke spielt Erwin mit kleinen Puppen, zieht sie an, füttert sie und spricht mit ihnen. Als er bemerkt, dass ich ihn dabei beobachte, wirft er die Puppen weg und sagt: ‚Die Puppen sind doof! Nichts für Jungen!‘“ (Verlinden & Haucke 1990, S. 31).
  - „Mischa weint, er kann seinen Schuh nicht finden. Georg hilft ihm suchen. Da meint Olaf: ‚Hilf dem doch nicht, der ist eine Heulsuse! Lass ihn doch jammern! So was will ein Junge sein!‘“ (Verlinden 1991, S. 42).
  - Ist in Gesprächen oder Rollenspielen der Kinder ein Bezug auf Rollen und Rollenverteilung in der Erwachsenenwelt festzustellen?
  - Versuchen Kinder, sich unter Hinweis auf ihr Geschlecht vor lästigen Aufgaben zu drücken („Ich bin ein Junge, ich brauche den Tisch nicht zu decken.“)?
  - Zeigen Jungen gegenüber Mädchen oder gegenüber der Erzieherin eine Neigung zum „Pascha“, wie z. B. ein Junge, der seiner Erzieherin die Jacke hinhält und sagt: „Häng die mal auf!“?
- Lassen sich Abläufe beobachten, die nicht in althergebrachte Schubladen passen? Zwei Beispiele:
  - Bastian schaut den Mädchen beim Spiel mit Puppen zu. Sie laden ihn zum Mitspiel ein. Er macht mit und wickelt Puppen. Als Marcel ihn skeptisch fragt:

‚Was soll das?', antwortet er: Ich finde das prima, das will ich auch lernen – so Windeln wickeln!' " (Verlinden 1991, S. 36).

– „Einige Jungen haben draußen ihre Ritterburg, von wo aus sie Ausritte in die Umgebung unternehmen. Sie reiten auf Stöcken und machen Wettrennen. Meike schaut fasziniert zu. Schließlich holt sie sich ein ‚Pferd' und reitet mit. Sie erlangt mit der Zeit bei den Ritterspielen eine anerkannte Position. Froh zeigt sie, dass sie auch schnell, geschickt und stark sein kann – wie eine ‚Ritterin' " (ebd.).

- Gibt es Anzeichen dafür, dass Kinder ‚untypisches' Verhalten eher versteckt zeigen oder dann, wenn sie allein sind oder glauben, unbeobachtet zu sein, während sie es in offener Form oder in Gegenwart anderer vermeiden?
  – Eine Erzieherin berichtete: „Öfter beobachte ich, dass Jungen, die sich selbst durchaus eine Schleife binden könnten, damit zu mir kommen. Ich habe den Verdacht, dass sie einen ‚sachlichen' Vorwand brauchen, um mit mir in Kontakt treten zu können."
- Was geschieht mit Kindern, die sich ‚untypisch' verhalten? Werden sie von anderen Kindern deswegen gehänselt oder werden sie in Ruhe gelassen?
- Wird bestimmtes Spielzeug oder Material sowohl von Mädchen als auch von Jungen genutzt, jedoch **in unterschiedlicher Weise**?
- Halten sich Jungen und Mädchen bevorzugt in unterschiedlichen **Räumen** oder **Funktionsbereichen** auf?
- Bilden sich **Spielgruppen** vorwiegend aus Kindern des gleichen Geschlechts? Gilt dies eher für ältere oder jüngere Kinder? Oder spielen Mädchen und Jungen zwar zusammen, aber mit festgelegter Rollenverteilung (insbesondere bei Rollenspielen)?
- Gibt es Kinder, die meistens oder ausschließlich mit Kindern des fremden Geschlechts zusammenspielen? Ist dies möglicherweise ein Hinweis auf Probleme mit Kindern des eigenen Geschlechts, z. B. bei einem Jungen, der Auseinandersetzungen und Raufereien aus dem Weg geht, indem er nur mit jüngeren, ‚friedlichen' Mädchen spielt?
- Wird einem Kind unter ausdrücklichem Hinweis auf sein Geschlecht die Teilnahme an einem Spiel verweigert („Hier dürfen nur Jungen mitmachen!")? Zwei Beobachtungen dazu:
  – „Jana setzt sich zu den Jungen in die Bauecke und möchte auch mitkonstruieren, Kräne und Fahrzeuge bauen. Was sie aber in die Hand nimmt, wird ihr abgenommen: ‚Lass das, das ist nicht für Mädchen! Ihr habt doch die Puppenecke!' Jana geht widerspruchslos in die Puppenecke" (Verlinden & Haucke 1990, S. 24).

- „Moritz hat eine ‚Bande' gegründet. Die Mitglieder tragen rote Stirnbänder als Zeichen. Auch Kristina will so ein Band haben. Moritz schickt sie weg: ‚Wir wollen keine Mädchen zulassen! Hau ab! Mach doch 'ne Mädchenbande!'" (Verlinden 1991, S. 38).

5.12 Neue Kinder in der Gruppe

- Wie verläuft der **Abschied** von der Person, die das Kind bringt? Welche Trennungsreaktionen (z. B. Weinen, bewegungsloses Herumsitzen, Aus-dem-Fenster-Schauen) sind zu beobachten? Unmittelbar nach dem Abschied oder erst mit einer gewissen Verzögerung?
- Möchte das Kind im Laufe des Tages den Kindergarten **verlassen**?
  - Lässt es Ungeduld erkennen?
  - Lässt es durch Andeutungen erkennen, dass es unsicher ist, ob es abgeholt wird?
  - Wie reagiert es, wenn es sich unter den letzten Kindern befindet, die noch nicht abgeholt wurden?
- Was tut das Kind **gern**? Worauf freut es sich?
- Äußert das Kind **Befürchtungen** und Probleme? Auch „geringfügige" Probleme können für ein Kind sehr bedeutsam sein; ein Beispiel:
  - Ahmed wirkt ruhig und gelassen, als der Tag näher rückt, an dem er zum ersten Mal in den Kindergarten gehen soll. Am Morgen dieses Tages aber will er plötzlich nicht mehr gehen. Im Gespräch mit den Eltern stellen sich zwei Probleme heraus: Er weiß nicht, wo er seinen Anorak aufhängen soll, und er weiß nicht, ob ihm jemand beim Anziehen hilft, wenn er zur Toilette gegangen ist.
- Welches Stadium seiner Eingliederung in die Gruppe hat ein Kind erreicht?
  - Ist es noch vorwiegend mit sich selbst beschäftigt und tritt kaum in Kontakt zu anderen Kindern?
  - Schaut es anderen Kindern bei deren Aktivitäten zu, ohne den Versuch zu machen, einbezogen zu werden? Oder lässt es erkennen, dass es gern mitmachen würde? Versucht es, einbezogen zu werden? Wenn ja: Wie?
  - Spielt es manchmal mit anderen Kindern zusammen? Bei welchen Aktivitäten? Auf wessen Initiative hin kommt das gemeinsame Spiel zustande? Wie lange dauert es? Wodurch wird es beendet?
  - Ist das Kind eher an der Erzieherin orientiert? Hält es sich häufig in ihrer Nähe auf, vielleicht ohne sie anzusprechen?

- Wie verhalten sich die Kinder, die schon länger in der Gruppe sind?
  – Gibt es Kinder, die sich sofort und intensiv um die „Neuen" kümmern, sie **bemuttern** und anleiten wollen? Wie reagieren die „Neuen" auf solche Versuche?
  – Welche Kinder zeigen **freundliches Desinteresse** an den neuen Gruppenmitgliedern, indem sie ab und zu mit ihnen sprechen, sie vielleicht ausfragen, aber nicht von sich aus ein gemeinsames Spiel anbieten, sondern beim Spiel die vertrauten Gesichter vorziehen?
  – Bei welchen Gelegenheiten und von welchen Kindern wird **Abwehr** sichtbar? Wird versucht, den „Neuen" bestimmte Materialien oder bestimmte Plätze im Gruppenraum vorzuenthalten? Werden sie einfach beiseite geschoben?
- Welche **Formen** haben die Kontakte zwischen neuen und ‚alten' Gruppenmitgliedern (z. B. Ausfragen, Zeigen von Spielzeug, Erklärungen von Gruppenregeln, Einladungen zum Mitspielen)?
- An welchen **Orten** bzw. bei welchen **Gelegenheiten** sind diese Kontakte öfter zu beobachten (z. B. Frühstückstisch, Flur, Außengelände)?
- Gibt es Anzeichen für **Barrieren**, die durch Verhaltensweisen der neu aufgenommenen Kinder entstehen, die den anderen Kindern nicht geläufig sind?
- Gibt es Anzeichen für **sprachliche Verständigungsprobleme**? Können sich einzelne neu aufgenommene Kinder noch nicht ausreichend verständlich machen? Wie reagieren die anderen Kinder in einem solchen Fall?

5.13 Das Verhalten eines Kindes beim Spiel

- Hat das Kind Lieblingsspiele bzw. -beschäftigungen? Befasst es sich ausschließlich damit oder findet es ab und zu auch Zeit für andere Dinge? Bleiben die Lieblingsspiele über Monate hinweg gleich? Gelten sie nur für bestimmte Tageszeiten (z. B. nach dem Eintreffen in der Gruppe wird zunächst ein Bild gemalt) oder für Aktivitäten mit bestimmten anderen Kindern (z. B.: Drei Kinder spielen regelmäßig einmal am Tag zusammen Memory, beschäftigen sich sonst aber meistens getrennt)?
- **Wählt das Kind** seine Spiele im Allgemeinen **selbst** oder fragt es die Erzieherin oder andere Kinder, was es tun könnte? Oder beobachtet es, was andere Kinder tun, und macht nach, was ihm gefällt?
- **Lässt sich das Kind** von anderen zum Mitspiel **einladen**? Nur von bestimmten anderen Kindern? Nur bei bestimmten Aktivitäten?
- Versucht es seinerseits, andere Kinder zum Mitspielen zu bewegen? Wenn ja:
  – Welche Kinder sind dies?

- Sind es immer dieselben?
- Hat es mit solchen Einladungen zum gemeinsamen Spiel meistens Erfolg?
- Wählt es günstige Zeitpunkte dafür oder spricht es auch dann Kinder an, wenn sie sich gerade sehr intensiv mit etwas anderem beschäftigen?
- Arrangiert es Verabredungen für einen späteren Zeitpunkt, für den Nachmittag oder den nächsten Tag?
- Werden diese Verabredungen auch eingehalten?

• Wie verhält es sich **während des Spiels**?
  - Hält es Vereinbarungen und Regeln ein?
  - Wie reagiert es, wenn etwas nicht nach seinen Vorstellungen verläuft?
  - Hilft es anderen Kindern?
  - Lässt es sich helfen?
  - Ist ihm der Gedanke wichtig, „besser" zu sein als andere Kinder, Überlegenheit zu zeigen?
  - Bleibt es bei der Sache oder will es bald wieder aufhören?

• Wie verhält es sich **nach** der Beendigung eines Spiels?
  - Versucht es, sich vor dem Auf- oder Wegräumen zu drücken?
  - Versucht es, seine Mitspieler für eine neue Aktivität zu gewinnen?
  - Versucht es, neue Mitspieler für das bisherige Spiel zu gewinnen?
  - Findet es schnell eine neue Beschäftigung?

5.14 Bildungsprozesse

Bildung ist nicht gleich Lernen, „Bildung wird als ein Begriff benutzt, der eine *bestimmte Qualität* von Lernprozessen beschreibt." (Schäfer 2005, S. 30, Hervorhebung R. S.). Bildungsprozesse entwickeln sich, wenn ein Kind versucht, „sich ein Bild von der Welt zu machen" (Chr. Preissing), wobei „Bildungsprozesse Selbst- und Weltbilder zu einem mehr oder weniger spannungsvollen Gesamtbild verknüpfen." (Schäfer 2005, S. 30). Hier ist nicht der Ort, die gerade (wieder) begonnene Diskussion um die Eigenart frühkindlicher Bildungsprozesse ausführlich darzustellen. Im Zusammenhang mit dem Thema „Beobachten" ist jedoch wichtig, dass es inzwischen (mehr oder weniger) umfangreiche Fragenkataloge gibt, die gezielte Beobachtungen von Bildungsprozessen leiten können. Dafür zwei Beispiele:

Hajo Laewen und Beate Andres beziehen sich mit der folgenden, auszugsweise wiedergegebenen Fragenliste auf das Konzept der „multiplen Intelligenzen" von Gardener:

„Sprachliche Intelligenz

1. Spricht das Kind auffällig früh? […]
5. Erzählt es gern Geschichten über eigene Abenteuer oder selbst erfundene Gestalten? […]
7. Benutzt es manchmal überraschende Sprachbilder (z. B. könnte es eingeschlafene Füße mit Sprudelwasser vergleichen)? […]

Logisch-mathematische Intelligenz

1. Zeigt das Kind Interesse an Zahlen?
2. Sortiert das Kind gern Objekte nach ihren Merkmalen (z. B. Form, Farbe, Größe, Gewicht, Zugehörigkeit zu einer Geschichte, etc.)? […]
4. Fragt das Kind häufig danach, wie Dinge funktionieren? […]
9. Benutzt das Kind logische Schlüsse (z. B. „Wenn dir das Buch gehört, weil dein Name drauf geschrieben ist, und wenn ich meinen Namen auch darauf schreibe, dann gehört mir das Buch auch!“)? […]

Bewegungsintelligenz

1. Imitiert das Kind gern und leicht Bewegungen von anderen Personen? […]
5. Erprobt das Kind selbst Rhythmen in seiner Bewegung (z. B. Tanzschritte, vorgetäuschtes Hinken, Springen, Drehungen, etc.)? […]
8. Reagiert das Kind bei einem Wechsel in der Art der Musik (z. B. von sanfter, schwebender Musik zu Rock-Musik) mit einer adäquaten Veränderung seiner Bewegungen?
9. Benutzt das Kind gern und leicht dramatische Körpergesten zur Darstellung von Stimmungen, Absichten oder zur Illustration von Geschichten? […]

Musikalische Intelligenz

1. Versucht das Kind gern, neue Melodien oder Rhythmen wieder zu geben? […]
6. Reagiert das Kind auf Wechsel im Rhythmus oder im Tempo von Musikstücken oder auf Wechsel der Lautstärke? […]
9. Hat das Kind Spaß daran, den Klang einzelner Instrumente zu unterscheiden und sie (bei älteren Kindern) auch zu benennen?
10. Zeigt das Kind Interesse an den Klängen, die mit verschiedenen Gegenständen erzeugt werden können?
11. Experimentiert das Kind gern selbst mit Klängen? […]

Soziale Intelligenz […]

7. Kann das Kind aufmerksam zuhören? […]
10. Zeigt das Kind Verständnis für die Gefühle, Gedanken und Fähigkeiten anderer Kinder?
11. Zeigt das Kind, dass es seine eigenen Fähigkeiten, Interessen und Schwierigkeiten kennt? […]
14. Hat das Kind einen Sinn für Humor?
15. Riskiert das Kind Misserfolge und nimmt sie ggf. in guter Haltung hin? […]

Praktische Intelligenz

1. Nimmt das Kind gern Dinge auseinander?
2. Setzt das Kind diese Gegenstände geschickt wieder zusammen? […]
4. Zeigt das Kind ein Verständnis für die räumliche Anordnung von Dingen oder von Teilen eines solchen Bauwerks relativ zueinander? […]
7. Versteht das Kind die Beziehung zwischen den Teilen eines Ganzen und der Gesamtkonstruktion (z. B. einer einfachen Maschine, eines Baukrans oder eines Schaufelbaggers) und welches die Funktion der Teile ist? […]
9. Benutzt das Kind die Methode von Versuch und Irrtum und lernt es dadurch? […]

Wissenschaftliche Intelligenz

1. Bemerkt das Kind häufig Veränderungen oder kleine Details in seiner Umgebung (z. B. neue Blätter an Pflanzen, Insekten an Baumstämmen, eine neue Anordnung von Bildern, etc.)? […]
3. Fragt das Kind gern und häufig „Was-wäre-wenn-Fragen“ oder bietet Erklärungen dafür an, warum Dinge so sind, wie sie sind? […]
5. Fragt das Kind regelmäßig, um Dinge erklärt zu bekommen, die es beobachtet hat?“ (Laewen & Andres 2002, S. 168–174).

Gerd E. Schäfer stellt folgende beobachtungsleitenden Fragen zur Diskussion: „Anregungen zum wahrnehmenden, entdeckenden Beobachten des Kindes/der Kinder

Welche Sinneserfahrungen werden angesprochen?

1. Was nehmen die Kinder mit ihrem Körper wahr?
2. Was sehen sie?
3. Was hören sie?
4. Welche Gefühle drücken sie aus?

Welche Wege innerer Verarbeitung können wahrgenommen werden?

1. Welche Vorstellungen, Interessen oder Themen beschäftigen die Kinder?
2. Welche Vorstellungen, Bilder entwickeln die Kinder zu ihren Themen?
3. Wie stark lassen sie sich auf ihre Tätigkeit ein und bleiben bei der Sache?
4. Welche Handlungsformen und welches Können setzen die Kinder ein?
5. Werden neue Ideen entwickelt, besprochen, ausprobiert?
6. Welche Theorien äußern die Kinder zu ihren Themen?
7. Welche Fantasien werden weitergesponnen?
8. Wie gehen sie mit Unsicherheiten und Schwierigkeiten um?
9. Welchen Sinn geben die Kinder ihrem Tun?
10. Was wird gesprochen / in Worte gefasst?
11. Gibt es Ansätze für ein Denken in Quantitäten oder mathematischen Vorformen?

Welche Formen sozialer Beziehungen können wahrgenommen werden?

1. Wie verständigen sich die Kinder untereinander, mit oder ohne Worte?
2. Wie verständigen sich die Kinder mit Erwachsenen?
3. Worüber wird gesprochen?
4. Werden Wahrnehmungen, Empfindungen, Gefühle ausgesprochen?
5. Gehen die Kinder einfühlsam miteinander um?
6. Tauschen Kinder ihre Ideen aus?

Lernen in komplexen Situationen und Sinnzusammenhängen

1. Ergibt sich die Lern- oder Bildungssituation aus dem Alltagszusammenhang?
2. Ist der beobachtete Prozess aus einer für das Kind nachvollziehbaren und sinnvollen Situation hervorgegangen?
3. Ist ein Zusammenhang mit vorangegangenen Erfahrungssituationen erkennbar?
4. Gibt es in der beobachteten Situation mehrere Handlungsmöglichkeiten und Handlungsalternativen, die auch von den Erwachsenen akzeptiert werden können?

Forschendes Lernen

1. Welchen Herausforderungen stellt sich das Kind / stellen sich die Kinder?
2. Probieren die Kinder etwas aus, was sie noch nicht kennen / können?
3. Was fragen die Kinder?
4. Welche Überlegungen (Theorien) stecken hinter ihren Fragen?“ (Schäfer 2004, S. 150 f.).

6. Hilfen zur Beobachtung

Bei jedem Beobachtungs- und Dokumentationsschritt können ganz unterschiedliche Hilfsmöglichkeiten der Erzieherin die Arbeit erheblich erleichtern.

Inhalt

6.1 Beobachten als Teamarbeit

Beobachtungen sind nur aus einer bestimmten Perspektive möglich, jeder Mensch hat seinen Blickwinkel – diese Tatsache wurde bereits im zweiten Kapitel beschrieben und erläutert. Das bedeutet allerdings nicht, dass Beobachtungen wertlos wären, weil sie subjektiv sind.

In der psychologischen Literatur war früher dazu öfter die Behauptung zu lesen, dass eine Beobachtung mehr über die beobachtende Person aussage als über das beobachtete Geschehen. Als Beleg dafür wurden die „projektiven Testverfahren" angeführt, die den folgenden interessanten Effekt demonstrierten: Wenn den Testpersonen uneindeutige Zeichnungen, z.B. verlaufene Tintenkleckse (im sog. *Rorschach-Test*) gezeigt werden, verbunden mit der Frage: „Was könnte das sein?", dann liefern sie die unterschiedlichsten, mehr oder weniger fantasievollen Antworten, die mit dem, was tatsächlich zu sehen ist, (fast) nichts mehr zu tun haben. Allen Testpersonen ist selbstverständlich bewusst, dass sie ihrer Fantasie freien Raum geben, und sie werden in der Testanweisung auch ausdrücklich ermuntert, das zu tun.

Mit dem beruflichen Alltag einer Erzieherin hat diese Testsituation nichts zu tun. Erstens ist das, was sie wahrnimmt, nicht so „nebulös" wie ein *Rorschach-Test*bild, zweitens hat sie überhaupt nicht die Zeit, ihre Fantasie ins Kraut schießen zu lassen. Ihr größtes Problem dürfte an einer ganz anderen Stelle liegen: Es passiert so viel gleichzeitig, dass sie beim besten Willen nur einen Teil wahrnehmen und sich merken kann. Diesen Effekt und seine Folgen zeigt das folgende kleine Experiment (➛ Kap. 6.1.1), das mit dem Team einer Einrichtung oder einer Schulklasse leicht durchgeführt werden kann und verlässlich funktioniert.

6.1.1 Das „Clipart"-Experiment

„Cliparts" sind kleine schematische Grafiken von Alltagsgegenständen. Sie sind in speziellen Sammlungen, die für wenig Geld auf CD-ROM's angeboten werden, zu kaufen und in vielen Textverarbeitungsprogrammen schon enthalten. Für das Experiment werden 72 verschiedene Cliparts benötigt, die auf Textseiten zusammengestellt und ausgedruckt werden (nicht mehr als 12 Cliparts auf einem DIN-A3-Blatt, sonst werden die Zeichnungen zu klein). Die Blätter werden zu einem großen Bogen zusammengeklebt.

Abb. 6.1 Beispiel für einen Clipart-Bogen

Dieser Bogen wird den Teilnehmerinnen am Experiment für etwa 30 Sekunden gezeigt. (Wenn die Gruppe mehr als 15 Personen umfasst, sollten zwei identische Bögen verwendet werden, jeweils einen für die Hälfte der Gruppe.) Danach wird der Bogen weggelegt oder verdeckt und jede Teilnehmerin schreibt für sich die Dinge auf, an die sie sich erinnert.

- Im **ersten** Auswertungsschritt zählt jede **Person** aus, wie viele Gegenstände auf ihrem Blatt stehen, und auf einer Wandzeitung wird die Häufigkeitsverteilung festgehalten.
- Eine Einzelperson merkt sich im Durchschnitt etwa 12 bis 14 Gegenstände, die „Spitzenkönner" kommen auf 20 bis 24. (Es kommt erfahrungsgemäß sehr selten vor, dass Gegenstände aufgeschrieben werden, die überhaupt nicht auf dem Bogen enthalten sind; dieser Effekt kann daher vernachlässigt werden.)
- Im **zweiten** Auswertungsschritt werden **Kleingruppen** von vier oder maximal fünf Personen gebildet. Der Clipart-Bogen wird wieder aufgehängt (oder verkleinerte Kopien werden an die Kleingruppen verteilt) und jede Kleingruppe stellt bei jedem Clipart fest, ob sich irgendjemand aus der Kleingruppe diesen Gegenstand gemerkt und aufgeschrieben hat. Wenn ja, wird ein Strich in der Ergebnistabelle gemacht, anschließend wird in jeder Kleingruppe zusammen-

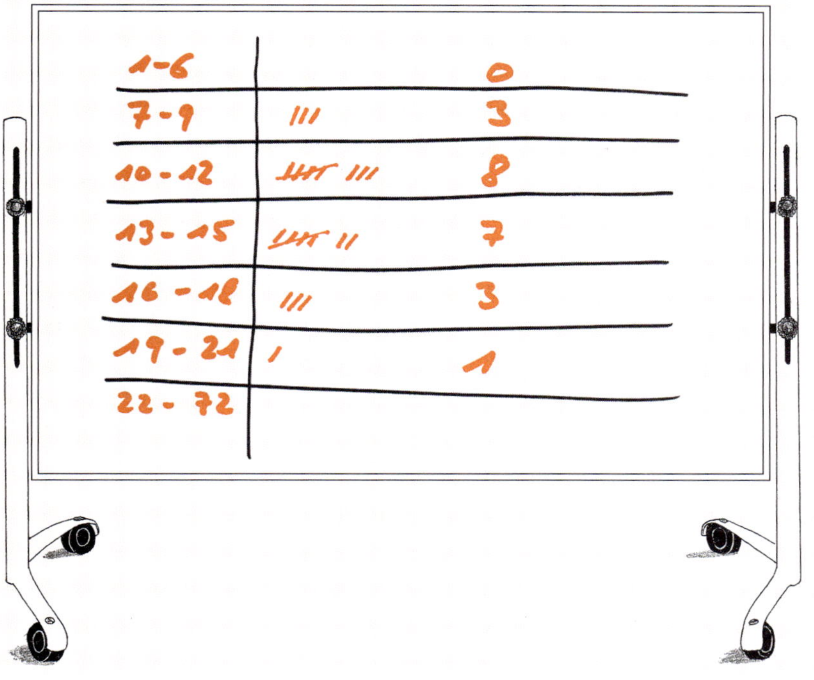

Abb. 6.2 Eine Beispiel-Auszählung

gezählt und das Ergebnis aller Kleingruppen auf der Wandzeitung veröffentlicht. Erfahrungsgemäß liegen die Anzahlen gemerkter Gegenstände zwischen 35 und 50!

Das heißt: Wenn es darum geht, komplexe Situationen in all ihren Differenzierungen zu erfassen, dann sind schon kleine Gruppen (gerade wegen der Perspektivität der menschlichen Wahrnehmung) einer einzelnen Person um das Drei- bis Vierfache überlegen.

Wenn die Teilnehmerinnen am Experiment die Gelegenheit haben, zu vergleichen, was sich wer gemerkt hat, dann wird der Einfluss der eigenen Lebensgeschichte mit Sicherheit deutlich: Jede Person nimmt vor allem diejenigen Dinge wahr, die mit ihrem Beruf, ihren Interessen und Hobbys oder mit ihrem privaten Umfeld in Verbindung stehen. Der Extremfall war ein junger Erzieher, der wenige Tage vorher Vater geworden war und das Baby dreimal aufschrieb.

Durch das Experiment wird den Teilnehmerinnen auch schnell klar, dass die unergiebigste Frage bei solchen Aufgaben und damit auch bei der Diskussion von

Beobachtungen lautet: „Wer hat recht?" Der Beitrag der Kollegin stellt meistens nicht die eigene Beobachtung in Frage, sondern macht auf zusätzliche Aspekte aufmerksam und differenziert so das Gesamtbild. Gerade weil sie Beobachtungen aus unterschiedlicher Perspektive wahrnehmen, können Erzieherinnen gemeinsam zu einem viel besseren Ergebnis kommen als jede allein für sich.

6.1.2 Von der Kollegin beobachtet werden

Eine Kollegin kann auch eine entscheidende Hilfe für die Reflexion des eigenen erzieherischen Verhaltens sein. Von der **Selbst**beobachtung der Erzieherin war bisher noch nicht die Rede. Die damit verbundenen Schwierigkeiten liegen auf der Hand und ein Erfolg versprechender Weg, sich ihnen zu stellen, liegt nicht allein in guten Vorsätzen und Versuchen, selbstkritisch zu sein, sondern vor allem in der Möglichkeit, sich mit anderen auszutauschen.

Selbstbeobachtung und Selbstreflexion sind in pädagogischen Berufen zwingend notwendig, denn durch ihr Vorbild, durch ihre Art mit den Kindern umzugehen, beeinflusst die Erzieherin die Entwicklung und Festigung vieler Einstellungen, Normen und Verhaltensweisen bei den Kindern. Jede Erzieherin weiß, dass es dabei weniger auf Appelle und Absichtserklärungen ankommt; was letztlich zählt, sind die kleinen, alltäglichen Gesten, Taten und Sätze. Diese „Kleinigkeiten" sind deshalb besonders wirksam, weil sie sich täglich wiederholen. Ein Problem dabei ist allerdings, dass sie der handelnden Person oft kaum noch auffallen, weil sie selbstverständlich sind. Auf solche Dinge wird viel eher eine Kollegin aufmerksam. Die Frage der geschlechtsbewussten Erziehung ist ein Beispiel: „Bleibt doch mal stehen", bittet die Gruppenleiterin während eines Spaziergangs die Kinder. „Die Jungen wollen sich noch den Bagger ansehen." Für die mitlaufende Kollegin war dieser Satz der Anlass für die Frage, ob nicht gerade durch solche „Kleinigkeiten" sich Rollenbilder bei den Kindern verfestigen.

6.1.3 Kollegiale Rückmeldung zu schriftlichen Aufzeichnungen

Die dritte Form der kollegialen Hilfe betrifft die schriftlichen Aufzeichnungen. Nur die Kollegin kann eine fachlich fundierte Rückmeldung zu den Dingen geben, die anschaulich und treffend beschrieben worden sind. Nur die Kollegin, die das geschilderte Geschehen selbst nicht beobachten konnte, kann beurteilen, was hätte gesagt werden müssen, aber nicht gesagt worden ist. Eine sehr wirksame Übung,

um im Team (oder in größeren Gruppen) gemeinsam an der Genauigkeit und Anschaulichkeit von schriftlichen Aufzeichnungen zu arbeiten, ist die folgende:
- Eine Hälfte der Teammitglieder verlässt den Raum.
- Die andere Hälfte sieht sich eine Videosequenz an, die zwar kurz ist (zwei bis höchstens drei Minuten), aber ein möglichst komplexes Geschehen aus einer Einrichtung zeigt.
- Jede Beobachterin bringt in Einzelarbeit zu Papier, was sie beobachtet hat.
- Die andere Hälfte der Gruppe kehrt zurück, jede Person sucht sich eine Partnerin und liest deren schriftliche Schilderung. Dadurch erhält sie einen bestimmten Eindruck vom Geschehen.
- Diesen Eindruck kann sie beim gemeinsamen nochmaligen Anschauen der Videoszene mit ihrer eigenen Wahrnehmung vergleichen.

Diese Situation steht jetzt an: Drei Mädchen nehmen die Puppenecke in Beschlag				
Meine spontane Einschätzung	**Meine vorläufige Zielvorstellung**	**Was können wir tun?**	**Was will ich/ wollen wir erreichen?**	**Wie gehe ich/ gehen wir jetzt konkret vor?**
Die drei verhalten sich ziemlich rücksichtslos.	Die drei Mädchen zu mehr Rücksichtnahme anhalten.	Sichtweise der Mädchen erkunden, zugleich eigenen Standpunkt klarmachen.	Die Beziehung stärken: Verständnis geben und gewinnen.	Ein Gespräch mit den Mädchen führen.
Vor dem „Abschied" wollen sie das Spielen noch einmal genießen.	Dieses Bedürfnis akzeptieren.	Zweite Puppenecke oder andere Alternative anbieten.	Die Spielbedürfnisse der Kinder unterstützen.	Eine Ortsbegehung mit den Kindern durch die Einrichtung durchführen.
Die Puppenecke ist der einzig attraktive Bereich für die älteren Kinder.	Raum soll vielfältige Anregungen für alle Kinder bieten.	Kritische Bestandsaufnahme zu Räumen und Materialien.	Eine offene Raumkonzeption entwickeln.	Gezielte Beobachtung mit Hilfe eines Schemas.
Machtdemonstration gegenüber den „Kleinen".	Gruppenklima verbessern.	Verantwortung übertragen.	Die Mädchen können ihre Kompetenzen konstruktiv einbringen.	Kompetenzen und Entscheidungsbefugnisse der Mädchen erweitern.

Abb. 6.3 Beispiel eines bearbeiteten Situations-Analyse-Schemas (aus: Militzer; Demandewitz & Solbach 2000, S. 136)

- Dadurch ist sie in der Lage, der Partnerin eine detaillierte Rückmeldung zu geben:
  - Was hat sie ebenfalls so gesehen, wie es beschrieben wurde,
  - was hat sie anders wahrgenommen bzw. erst beim Zusehen verstanden,
  - was hat sie gesehen, was nicht beschrieben wurde und – besonders wichtig:
  - Was ist ihr im Gegensatz zur Kollegin gar nicht oder nicht so detailliert aufgefallen, wo hat sie also selbst von der Kollegin profitiert?
- Danach werden die Rollen getauscht und mit einer anderen Videosequenz wird die Übung fortgesetzt.

Je mehr Zeit sich die Beteiligten für eine detaillierte Rückmeldung nehmen, desto mehr Gewinn ziehen sie aus dieser Übung.

6.1.4 Die gemeinsame Auswertung von Beobachtungen

Die Auswertung von Beobachtungen ist ebenso dann besonders ergiebig, wenn sie im Team durchgeführt wird. Auch diejenigen Kolleginnen, die das Geschehen, das besprochen wird, selbst nicht gesehen haben, können auf neue Aspekte aufmerksam machen, die bei der Auswertung und beim Finden von pädagogischen Handlungsmöglichkeiten hilfreich sind (➛ Abb. 6.3).

6.2 Elf Tipps für anschauliche schriftliche Schilderungen

Eine Beobachtung muss schriftlich festgehalten werden, damit sie für Dokumentationszwecke genutzt werden kann. Die Zeit dafür ist jedoch gut angelegt, weil die Beobachtung dadurch nicht nur mitteilbar, sondern auch präziser wird. Beobachtung kann nämlich eine verschwommene, ungenaue Angelegenheit sein. Man hat einen ungefähren Eindruck von dem Ereignis, weiß aber spontan beim Reden keine Einzelheiten zu beschreiben. Oder man glaubt etwas gesehen zu haben, was eigentlich eine Interpretation des Geschehens war. Schon nach einigen Tagen beginnen sich außerdem die Einzelheiten eines Geschehens zu verwischen, das man am gleichen Tag noch sehr ausführlich und anschaulich schildern konnte. Schriftliche Aufzeichnungen verblassen nicht wie die Erinnerung, sie vergolden sie auch nicht. Sie erlauben einen Vergleich zwischen zurückliegenden und aktuellen Beobachtungen. Sie fordern dazu heraus, möglichst präzise zu beschreiben, was man wahrgenommen hat, und sie sind deshalb auch eine notwendige Grundlage für Gespräche mit Kolleginnen, Beraterinnen oder Eltern. Die folgenden Hinweise sollen helfen, gute, anschauliche schriftliche Schilderungen zu verfassen.

6.2.1 Umsetzung auf die sicht- und hörbare Ebene

Von dem, was passiert ist, hat man meistens zunächst nur einen zusammenfassenden Eindruck, der mit kurzen Worten abgehandelt ist: „Max hat Moritz geärgert", „Hans ist schüchtern", „Simone ist nervös". Das ist der Ausgangspunkt, um das zu beschreiben, was zu diesem Eindruck geführt hat, nämlich das, was zu sehen oder zu hören war. Folgende Fragen helfen, von einem subjektiven Eindruck zu einer Beschreibung zu kommen (➛ Abb. 6.4):

- Woran kann man das sehen?
- Woran kann man das hören?

Subjektiver Eindruck	Beschreibung
„Mehmet freut sich über sein neues Spielzeugauto."	„Mehmet zeigt allen Kindern und der Erzieherin sein neues Auto. Es spielt mehr als eine Stunde damit."
„Melanie ärgert Ayshe."	„Melanie sagt dreimal hintereinander zu Ayshe: ‚Du kannst keine Schleife? Mensch, bist du blöd!'"
„Stefan und Tobias sind dicke Freunde."	„Stefan und Tobias spielen jeden Tag mindestens eine Stunde zusammen. Sie verabreden sich zum gemeinsamen Frühstück. Tobias schlägt Tim, der zu Stefan ‚Blödmann' gesagt hat."
„Hylia langweilt sich."	„Hylia schlendert im Gruppenraum umher, schaut hier und da zu, aber jeweils nur für ein paar Sekunden. Öfter schaut sie kurz nach draußen, ab und zu zur Erzieherin."

Abb. 6.4 Beispiele für die Umsetzung einer Wahrnehmung auf die sicht- und hörbare Ebene

Damit wird vermieden, dass einem Kind Elemente einer Beobachtung unbesehen als ‚Eigenschaften' angehängt werden. Statt „Alessandro, ein lautes Kind, schrie…" schreibt die Erzieherin: „Alessandro schrie laut…". Ein Kind, das nach einem Sturz im Flur Trost und Anteilnahme bei der Erzieherin sucht, ist nicht unbedingt ein „weinerliches Kind". Ein Kind, das einem anderen den Turm aus Bauklötzen zerstört hat, ist allein deswegen nicht „zerstörerisch". Eine Erzieherin, die einmal den Geburtstag eines Kindes vergisst, ist deswegen ja auch nicht „vergesslich".

Damit wird außerdem die Gefahr vermieden, dass eine Situation oder ein Kind falsch oder einseitig beurteilt werden wie im folgenden Beispiel: Michael ist erst seit wenigen Tagen im Kindergarten. Als seine Mutter fragt, ob er schon Kontakt zu den anderen Kindern gefunden habe, antwortet die Erzieherin: „Keine Sorge, er spielt sogar schon mit den Großen!" Zu Hause erzählt Michael, dass er „Baby" war: Zwei ältere Kinder haben ihn geholt, weil sie für ihr Familienspiel ein Baby brauchten. Er wurde in einer Ecke ins Bett gelegt, einmal „gefüttert", danach aber nicht mehr ins Spiel einbezogen. Das habe er doch ziemlich langweilig gefunden.

Wenn sicht- oder hörbare Belege geliefert werden müssen, fallen solche Dinge auf.

6.2.2 Wortprotokolle

Das Protokollieren von Gesprächen ist recht aufwendig und mühsam. Es lässt sich auch nicht allzu lange aufschieben, weil schon nach wenigen Stunden zumindest Teile des Gesprächs aus dem Gedächtnis verschwunden sein können. Dennoch kann damit ein großer Nutzen verbunden sein: Manche Gespräche, besonders Unterhaltungen zwischen Kindern, sprechen für sich selbst. Sie beschreiben Beziehungen zwischen Kindern, Seiten der kindlichen Persönlichkeit oder typische kindliche Denkweisen treffender und anschaulicher, als dies auf anderem Weg möglich wäre. Man kann sich gut vorstellen, was zwischen und in den Kindern vorgegangen ist, sofern die Aufzeichnungen genau und wortgetreu sind.

Die zwei folgenden Wortprotokolle illustrieren, warum Lila nur selten zum harmonischen Spiel mit anderen Kindern kommt:

- „Evan fragt Lila: ‚Bist du allein (in den Kindergarten) gekommen?' ‚Nein', antwortet sie. ‚Mein Papi hat mich gebracht. Mein Papi hat zu meiner Mami gesagt: ‚Wenn du aufstehst und Lila fertig machst, bringe ich sie zum Kindergarten. Meine Mami sagte ‚danke!' und so hat mein Papi mich gebracht. Klar?' Evan dreht sich wortlos um und geht weg." (Fite 1940, S. 225, Übers. durch den Verf.).
- „Es ist Winter. Lila sitzt auf einem Schlitten und sagt zu Holden: ‚Holden, willst du den Schlitten ziehen? Du darfst, wenn du willst.' Holden geht zum Schlitten und Lila sagt: ‚Zieh mich dorthin.' Holden zieht ein kurzes Stück. Lila sagt: ‚Dahin!' und zeigt in eine andere Richtung, aber Holden geht geradeaus weiter. Er zieht sie bis zu einer Stelle, an der kein Schnee liegt und fragt: ‚Du ziehst nicht?' Lila: ‚Geh da rum, da runter!' Holden: ‚Nein, dort hin.' Er lässt das Zugseil fallen und geht weg. Lila ruft hinter ihm her: ‚Holden, ich habe gesagt, du kannst mich ziehen, wenn du willst.' Holden achtet nicht darauf." (ebd.).

Das nächste Beispiel illustriert die Beziehung zwischen einem Jungen und zwei Mädchen durch die unterschiedliche Art, in der die Mädchen auf einen Wunsch des Jungen reagieren:

- „Grant sagt zu Lila und Nancy, die im Sandkasten sind: ‚Ich brauche eine Schaufel.' Lila: ‚Nimm die große.' Grant: ‚Nein'. Lila: ‚Dann musst du warten.' Grant: Bitte, ich brauche eine Schaufel.' Nancy sagt: ‚Ich hol dir eine.' Sie geht zur Spielzeugkiste und kommt mit einem Eimer wieder: ‚Hier, nimm das.' Grant: ‚Nein.' Nancy gibt Grant ihre Schaufel und nimmt selbst den Eimer." (ebd., S. 232).

Zwei Sätze reichen, um zu illustrieren, wie sich Lila eine Abfuhr holt:

- „‚Einmal war mein Bild in der Zeitung', sagt Lila. ‚Ich weiß', erwidert Nancy, ‚das erzählst du mir jeden Tag.'" (ebd., S. 246)

Manche Äußerungen sind aufschlussreich, wenn man darauf achtet, wie ihr Inhalt sich zu früheren Gesprächen oder vorherigen Äußerungen verhält:

- „Die Erzieherin sagt Lila, dass sie im Sandkasten spielen sollte, weil es dort sonnig sei. Lila sagt zu Nancy: ‚Ich soll im Sandkasten spielen, weil ich aussehe, als ob es mir nicht gut geht.'" (ebd., S. 255)
- „Lila schaufelt Sand in den Sandkasten zurück und sagt zu Nancy: ‚Pass auf deine Augen auf!' Etwas Sand fällt auf Nancy, die missbilligend sagt: ‚Oh Lila, meine Haare sind frisch gewaschen.' ‚Du bist selber schuld', sagt Lila, ‚warum bleibst du hier, wenn ich sage, dass du aus dem Weg gehen sollst?' Nancy steht auf und geht weg." (ebd.)

Die möglichen **Gefahren** bei der Verwendung sprachlicher Äußerungen sollen nicht unterschlagen werden:

- Gespräche können falsch interpretiert werden; ihnen kann eine Bedeutung zugeschrieben werden, über deren Berechtigung man zumindest geteilter Ansicht sein kann. Ein Beispiel: „Lila ist eines Tages nicht im Kindergarten. Nancy sagt: ‚Ich möchte wissen, wo Lila bleibt.' Grant antwortet: ‚Vielleicht hat sie eine Erkältung – oder Keuchhusten. Weil Keuchhusten länger dauert als eine Erkältung.'" (ebd. S. 237). Hier liegt ganz nahe zu vermuten, dass der Wunsch der Vater des Gedankens war: Grant ist es ganz recht, wenn Lila nicht im Kindergarten ist, je länger, desto besser. Die Autorin, die dieses Gespräch berichtet, führt dazu aus, dass Lila öfter mit Nancy zusammen spielte, was Grant, der ebenfalls öfter mit Nancy zusammen war, nicht unbedingt erfreute. Deshalb hält sie für denkbar, dass ihm eine langwierige Krankheit lieber wäre als eine leichte. Dieser Meinung muss man sich nicht unbedingt anschließen, auch wenn man anerkennt, dass die Autorin sich bemüht hat, ihren Eindruck anhand weiterer Beobachtungen abzusichern (vgl. Fite 1940, S. 237 ff.).

- Die Gefahr einer Überinterpretation taucht besonders dann auf, wenn Äußerungen zunächst eine sachliche Information geben, darüber hinaus aber der Eindruck entsteht, dass sie viel über die Beziehungen zwischen den handelnden Personen aussagen. Sach- und Beziehungsebene sollten aber zunächst auseinander gehalten werden, auch wenn sich der Verdacht aufdrängt, dass die ‚sachliche' Bemerkung nur Mittel zum Zweck ist wie im folgenden Beispiel: „Lila und Nancy sind auf der Wippe. Nell kommt dazu, Lila sagt: ‚Nein, Nell, du darfst nicht mitmachen.' Nell lehnt sich kurze Zeit später gegen die Wippe. Lila: ‚Nell, komm nicht an die Wippe, du könntest dir wehtun.' " (ebd., S. 303)
  Lila möchte Nell nicht mitspielen lassen, wenn sie mit Nancy zusammen ist und sie benutzt die ‚sachliche' Ebene, um ihren Wunsch durchzusetzen: Zwei Interpretationen, die zwar nahe liegen, aber anhand weiterer Beobachtungen zu überprüfen sind.
- Manchmal können Gesprächsteile nicht wiedergegeben werden, weil die Kinder durcheinander geredet oder zu leise gesprochen haben. Manchmal wird dem Zuhörer auch nicht verständlich, was ein Kind mit einer Äußerung sagen wollte, insbesondere kleine Kinder drücken sich nicht immer allgemeinverständlich aus. In beiden Fällen bleibt nichts anderes übrig, als die unverständlichen Stellen zu markieren, evtl. mit (ausdrücklich gekennzeichneten) Vermutungen, um was es beim Gespräch gegangen sein könnte oder was das Kind ausdrücken wollte. Auf jeden Fall sollte man aber der Versuchung widerstehen, die Lücken aus dem Zusammenhang heraus zu ergänzen oder wahrscheinliche Äußerungen einzufügen, ohne sie als solche zu kennzeichnen.
  Dass ein Gesprächsprotokoll auch dann wertvoll sein kann, wenn einige Lücken entstanden sind, zeigt das folgende Beispiel. Nachahmenswert ist hier auch, wie der Autor, H. Wright, bemüht war, die Beschreibung der Ereignisse und seine Kommentare, Vermutungen und Analysen, die hier in kursiv stehen, zu trennen: „Margaret hatte gerade einen Baumstumpf angestrichen, mit einem kleinen belaubten Zweig als Pinsel und schmutzigem Wasser in einem Eimer als Farbe. Ihre Mutter sah das nicht gerne und hatte deswegen mit ihr geschimpft. Frau Reid wischte etwas Staub von Margarets Kleidung, indem sie mit der Hand über das Kleid wischte. Bradley, der Bruder im Säuglingsalter, fing an, jämmerlich nach ‚Mami' zu schreien. Seine Mutter war zu beschäftigt, um zu ihm zu gehen. Stattdessen schimpfte sie mit Margaret, weil die sich schmutzig gemacht hatte. Margaret hüpfte mit ihrem Eimer und ihrem Pinsel auf die Veranda. Sie fing an, einen Pfeiler der Veranda anzustreichen, hastig, wild und ohne darauf zu achten, wie der Pinsel kleckste. *Ich hatte das Gefühl, dass Margaret auch deshalb den Pfeiler anstrich, weil ihre Mutter Bemerkungen über das Anstreichen des Baumes gemacht hatte. Ich glaube, Margaret wusste, dass das Verschmieren von Schmutzwas-*

ser auf dem Pfeiler ihrer Mutter noch mehr gegen den Strich ging als das Anstreichen des Baumes. Während das Baby weiter schrie, schimpfte die Mutter laut weiter: ‚Mach das nicht am Pfeiler! Mach's am Baum, wenn es sein muss, aber mach's am Baum!' *Das war eine Veränderung gegenüber ihrer ersten Anweisung, überhaupt nicht zu malen.* Das Baby schrie so laut, dass sich die Mutter schließlich ihm zuwandte. Während Bradley weiter weinte, versuchte Frau Reid, Margaret dazu zu bewegen, ihn zu beruhigen: ‚Warum malst du immer? Warum spielst du nicht mit Bradley?' fragte sie gereizt. Schließlich ging sie ins Haus, als ob sie aufgäbe. Bradley schrie weiter lauthals. Margaret strich weiter den Pfeiler an, ohne ein Zeichen von Aufregung. Frau Reid kam – als Reaktion auf Bradleys Weinen – wieder heraus, schenkte ihm aber nur einen kurzen Blick. Sie sagte zu Margaret: ‚Ich will nicht, dass du da malst. Hör auf damit.' *Das war ein ausdrücklicher Befehl.* Margaret hörte nicht auf. Sie malte weiter, als ob sie das nichts anginge. Die Mutter versuchte es mit einer anderen Taktik. Sie sagte: ‚Ich wette, dass es Vati nicht gefallen wird, wenn ich ihm erzähle, was du machst.' Dann machte sie eine Pause; offenbar erwartete sie, dass Margaret jetzt endlich gehorchen würde. Margaret strich mit ihren nassen, schmutzigen Händen über den Pfeiler. *Das war, wie ich glaube, eine absichtliche Ungezogenheit, die sich gegen die Mutter richtete.* ‚Wisch mit deinen Händen nicht über den ganzen Pfeiler', beharrte die Mutter ärgerlich. Margaret machte weiter, ohne Regung im Gesicht, aber ein bisschen zittrig in ihren Bewegungen. ‚Warum kannst du nicht mit deinen Puppen spielen und das da sein lassen?' fragte ihre Mutter mit großem Widerwillen. Margaret strich weiter; sie schaute die Mutter nicht an und antwortete ihr auch nicht. ‚Hör mal, Margaret, du gehst nicht mehr zum Eimer, um neues Wasser zu holen. Hörst du?' Frau Reid sprach mit Nachdruck, jetzt wirklich aufgebracht. Margaret nickte bestätigend mit dem Kopf; damit beantwortete sie offenbar die Frage: ‚Hörst du?' Die Mutter sagte: ‚Gut, du hast versprochen, es nicht mehr zu tun, und jetzt musst du dich auch daran halten', und ging zurück ins Haus. Bradley jammerte immer noch. Margaret murmelte leise, aber mit Bestimmtheit: ‚Ich muss das auf jeden Fall fertig machen.' *Mit anderen Worten: Sie hörte nicht auf, nur weil ihre Mutter das so wollte.* Sie sagte: ‚Ich muss auf jeden Fall so viel machen.' *Sie schien zu sich selbst zu sprechen, aber gleichzeitig auch auf die Anordnung ihrer Mutter zu antworten.* Nach einiger Zeit bückte sie sich, um im Eimer herumzukratzen und zu rühren. Dann machte sie weiter, tauchte abwechselnd den Zweig ein und strich den Pfeiler an. Sie war mit ganzem Herzen bei der Sache, und es machte ihr wirklichen Spaß. *Ich glaube, es machte ihr aus zwei Gründen Freude: Das Spiel selber machte ebenso Spaß wie gegen Anordnungen zu verstoßen.* Sie führte Selbstgespräche, sagte ungefähr: ‚Fass da nicht an, davon bekommst du schmutzige Hände.' Nach einer Weile sagte sie: ‚Es ist eine lange Zeit, bis ich male.‘ *Ich konnte weder aus dem Wortlaut noch aus ihrem Verhalten schließen, was sie meinte: dass sie vor einer langen Zeit mit Malen angefangen hatte, oder dass es lange dauern würde, bis sie wieder malen könnte.* Dann fügte sie hinzu: ‚Ich werde immer wieder fertig werden.‘ *Ich glaube, dass sie meinte, dass sie immer weitermachen und nie aufhören würde. Sie sprach aus tiefster Seele, als ob sie einfach nie mit dem Malen aufhören könnte, und ich hatte den Eindruck, dass das eine unmittelbare Antwort auf das Verbot ihrer Mutter war.* Mit zufriedenem Gesichtsausdruck goss sie etwas Wasser auf den Pfeiler. Sie sagte: ‚Das ist vielleicht trocken‘ und strich behutsam über die Oberfläche des frisch gestrichenen Pfeilers. Dann sagte sie: ‚Das wird trocknen‘ und tupfte probeweise auf eine andere Stelle des Pfeilers. ‚Das wird trocknen‘, wiederholte sie. ‚Das Ding‘ sagte sie, und hörte auf, als ob sie ihre Gedanken unterdrücken würde. Dann sagte sie, kaum hörbar, aber mit Nachdruck: ‚Das Ding bleibt jetzt hundert Tage lang dreckig.‘ Sie klang sehr erfreut.“ (Wright 1967, S. 188 ff., Übers. durch den Verf.). An einigen Stellen beschreibt der Autor Befindlichkeiten des Mädchens, z. B.: „Es machte ihr wirklichen Spaß“, die nicht ohne weiteres nachzuvollziehen sind, weil die Ebene des Sicht- und Hörbaren verlassen wurde. Es kann sich lohnen, den Text unter diesem Gesichtspunkt noch einmal zu lesen. Gegen Ende der Episode sind einige Äußerungen des Mädchens nicht verständlich oder nicht eindeutig. Dies kann aber nicht verhindern, dass zwei Dinge hinreichend deutlich werden: Die Mutter zieht nacheinander verschiedene Register dessen, was sie für Erziehung hält, und das Mädchen verfolgt gegen den Willen den Mutter etwas, was ihm wichtig ist.

- Gerade bei Kindern laufen manche aufschlussreichen und interessanten Ereignisse ab, ohne dass ein einziges Wort gesprochen wird. Ein Beispiel: Stefanie und Jens (beide 3 J.) sitzen auf einem Bauteppich und schichten Klötze zu einem Turm aufeinander. René (6 J.) kommt unter einem Schränkchen, das den Baubereich abgrenzt, durchgekrabbelt. Er hebt gerade den Kopf, um sich umzusehen, da stößt er während des Vorwärtskrabbelns mit der Stirn Stefanies Turm um. Stefanie und René erstarren, schauen sich kurz an. Dann nimmt Stefanie einen Klotz und schlägt damit auf Renés Kopf, jedoch nicht so fest, dass es ihm wehtäte. Nach einigen Sekunden schlägt René sanft mit der flachen Hand auf Stefanies Fuß; sie schlägt daraufhin noch einmal mit dem Holzklotz zu. René krabbelt wortlos rückwärts. *Es ist, als ob die beiden Kinder diplomatisches Vorgehen demonstrieren: Strafe muss zunächst offenbar sein, aber nicht verletzend, sondern eher symbolisch und auf den ‚schuldigen‘ Körperteil. Revanche darf auch sein, aber in noch stärker abgeschwächter Form, gerade gegenüber einem deutlich jüngeren Kind. Darauf wird noch einmal reagiert, danach kann der Zwischenfall als erledigt betrachtet werden: Ist der Gerechtigkeit Genüge getan?*

- In vielen Fällen genügt die ausschließliche Wiedergabe des gesprochenen Wortes nicht, weil sie ein falsches Bild vermitteln würde. Die Betonung der wörtlichen Rede heißt nicht, dass nur reine Sprachprotokolle anzustreben seien. Ein Beispiel: Marvin möchte an seinem Webrahmen mit einer neuen Farbe anfangen, es gelingt ihm aber nicht, den Faden am Rahmen festzuknoten. Er schaut sich um und fragt einen Besucher, der an diesem Morgen zum ersten Mal in der Gruppe ist: „Können Sie mir mal helfen?" Der Angesprochene knüpft nach einem kurzen „Ja, sicher" den Faden wortlos fest. Marvin fragt: „Von wem bist du denn der Vater?" Der Besucher erklärt, dass sein Sohn auch im Kindergarten sei, jedoch in einer anderen Stadt. Nach einer Pause von etwa einer halben Minute sagt Marvin: „Hier hat eine Fabrik gebrannt." Der Besucher antwortet einsilbig: „Na so was." Wieder nach einer längeren Pause sagt Marvin, während er auf den Webrahmen deutet: „Ich mache immer nur so viel" (von einer Farbe). Damit endet die ‚Unterhaltung'. Das Beispiel zeigt zweierlei: Erstens muss die fehlende oder einsilbige Reaktion des Gegenübers mitgeschildert werden, um nicht den Eindruck aufkommen zu lassen, Marvin würde sprunghaft aus heiterem Himmel bei jedem Satz das Thema wechseln. Zweitens zeigt sich in diesem Fall, dass ein Kind noch stärker als ein Erwachsener nicht alles ausspricht, was zum Verständnis der Situation notwendig ist. Vieles wird durch Gesten einbezogen, manches nicht angesprochen, weil es als selbstverständlich betrachtet wird. Manchmal sind Kinder sehr erstaunt, wenn ihre Gesprächspartner nicht wissen, was sie mit „das da" meinen oder was sie genau tun sollen, wenn das Kind „mach das mal richtig" oder „mach das so wie meine Mama" sagt. So würde ein Erwachsener wohl eher fragen: „Können Sie mir den Faden anknoten?" oder sagen: „Immer nach einem Zentimeter nehme ich eine andere Farbe". Für die Abfassung einer Schilderung folgt daraus, dass zusätzlich zu den sprachlichen Äußerungen Mimik, Gestik und andere nichtsprachliche Elemente der Ereignisfolge wiederzugeben sind, wenn sie für ihr Verständnis wichtig sind.

6.2.3 Sag es treffender!

„Geht" ein Kind oder lässt sich das genauer sagen? Rennt es oder schleicht es auf Zehenspitzen? Schlendert oder stapft es? Die allgemeinen Ausdrücke sind oft ziemlich farblos und es macht zwar Mühe, aber oft auch Freude, nach einem treffenderen Ausdruck zu suchen. Dabei können Handbücher sinn- und sachverwandter Wörter helfen, die in unterschiedlichem Umfang, zum Teil auch als preiswertes Taschenbuch, auf dem Markt sind (z. B. Textor 2002).

Was sich hinter dem Begriff „aggressives Verhalten“ verbergen kann:

- Schlagen
- Drohen
- Beschimpfen
- Treten
- Spucken
- Festhalten
- Zu Boden werfen
- Ein Bauwerk zerstören
- Mit einem Bleistift über das Bild eines anderen Kindes kritzeln
- Im Gedränge ein anderes Kind anrempeln
- Ein Spielzeug behaupten wollen, das ein anderes Kind wegnehmen will
- ‚Rache‘ üben für den Schlag, der dem besten Freund gegolten hat
- Ein anderes Kind hänseln
- Beleidigen
- Gesten und Rufe beim Spiel („Peng, peng, du bist tot!“)
- Einem anderen Kind die Teilnahme am Spiel verweigern
- Spielzeug wegnehmen und/oder verstecken
- Ein anderes Kind herabsetzen („Du Feigling“) oder verspotten („Hast du ’ne blöde Jacke an!“)
- Ein Kind, das beim Wettlauf schneller ist, an der Jacke festhalten
- Sich an einem Kind abreagieren, das an der Auseinandersetzung, bei der man gerade verloren hat, gar nicht beteiligt war
- Andere Kinder durch lautes, unvermutetes Gebrüll erschrecken
- Einem anderen Kind den Partner, mit dem es gerade spielt, mit einem Versprechen oder einem verlockenden Angebot ausspannen
- Andere Kinder zu unfreundlichem Verhalten anstiften („Da kommt der Heiko, der darf hier nirgendwo mitspielen!“)
- Kräfte messen („Ich bin viel stärker als du, glaubste nich’?“)
- Gemeinsam mit der Freundin anderen Kindern die Tür zum Nebenraum versperren
- Einem anderen Kind Angst machen
- Ein anderes Kind mit Sand bewerfen
- Beim Mittagessen von Spinnen reden, wohl wissend, dass ein anderes Kind sich davor ekelt
- Den Würfel beim Spiel nicht herausgeben
- Sich vordrängeln.

6.2.4 Möglichst genaue Zeit- und Längenangaben

Unser Zeitgefühl ist von Person zu Person sehr unterschiedlich. Außerdem wird es von unserer inneren Beteiligung stark beeinflusst: Ein langweiliger Film oder Vortrag dehnt sich „endlos", ein interessanter vergeht „wie im Flug". Deshalb sind Zeitangaben in Stunden, Minuten oder Sekunden besser als subjektive Angaben wie „nur kurz" oder „nach längerer Zeit". Wer während einer Beobachtung nicht ständig auf die Uhr schauen und Zeitangaben notieren möchte, dem bieten Digitalkameras eine zusätzliche Hilfe: Sie speichern nämlich zu jedem Bild die Aufnahmezeit (zumindest in Stunden und Minuten), sodass nachher anhand der Fotoserie präzise rekonstruiert werden kann, wie lange eine Aktivität gedauert hat und was genau wann passiert ist.

Dasselbe Problem stellt sich bei Längenangaben. Wie groß ist denn ein „großes" Bild, das ein Kind gemalt hat, eine „große" Bude, die Kinder gebaut haben, oder ein „langer" Stock? Auch hier sind Fotos eine „vollautomatische" Hilfe, weil sich auf ihnen mit Sicherheit irgendwo ein Vergleichmaßstab befindet, der auch nachträglich eine ziemlich präzise Größenangabe erlaubt (reicht z. B. der gebaute Turm bis zur Fensterbank, bis zum Lichtschalter oder bis zum oberen Türrahmen?).

6.2.5 Die Suche nach Indikatoren

Unter ‚Indikator' soll hier ein treffender und auch für Außenstehende überzeugender Beleg für einen Vorgang verstanden werden, der selbst entweder gar nicht beobachtet werden konnte oder nur schwierig in Worte zu fassen ist. Zwei Beispiele dafür:

- „Nach den anfänglich häufigen Anregungen zum Helfen durch die Erzieherin nahmen spontane Handlungsweisen im Sinn der wechselseitigen Hilfe im Verlauf des Spielprozesses deutlich zu. Besonders fiel das der Erzieherin bei der Herstellung der Portemonnaies auf. Sie hatte den Vorgang nur etwa drei Kindern gezeigt. Zwei Tage später hatten bereits alle Kinder ein Portemonnaie fertiggestellt. Sie hatten es sich gegenseitig beigebracht." (Merker; Rüsing & Blanke 1980, S. 104)
  In diesem Beispiel kann die Erzieherin einen Indikator genau so verwenden wie der Staatsanwalt einen Fingerabdruck. Wenn sie gefragt würde: „Wieso sind sie sicher, dass die Kinder sich gegenseitig geholfen haben?" kann sie antworten: „Ich habe nur dreien etwas gezeigt, was zwei Tage später alle konnten. Sie müssen es sich gegenseitig beigebracht haben."
- Stefanie (3;5) holt sich während des Spiels im Außengelände Laufbüchsen und macht Gehversuche auf ihnen. Sie bewegt sich sehr langsam, macht aber einen

recht gewandten Eindruck; kein einziges Mal muss sie bei einer Strecke von ca. zehn Metern absteigen. Einmal gerät sie in Rücklage, fängt sich aber wieder. Dabei lässt sie allerdings die Schnüre los, die an den Büchsen befestigt sind. Ruhig und langsam bückt sie sich und hebt, auf den Büchsen stehend, beide Schnüre gleichzeitig wieder auf, ohne auch nur zu wackeln.
Der letzte Satz enthält den deutlichsten Indikator für Stefanies körperliche ‚Gewandtheit', die ansonsten nur mit relativ vagen und allgemeinen Begriffen umschrieben werden könnte. (Zumindest fiel in diesem Fall dem Beobachter kein noch überzeugenderer Beleg auf.)

Eine Hilfe bei der zeitsparenden Erstellung von Dokumentationen, die sich auf einzelne Kinder beziehen, ist die Überlegung, dass bei der Beschreibung von Fähigkeiten, Fertigkeiten und Kenntnisse ein einziger, besonders treffender Indikator genügt. Um zu erläutern, dass Stefanie geschickt ist, kann man sich auf diese eine Beobachtung beschränken, weitere Ausführungen hätten die Schilderung wahrscheinlich nicht überzeugender, sondern nur langatmiger gemacht. Wer heute mit dem Fahrrad fahren kann, wird es morgen wohl auch noch können. Bei Einstellungen, sozialen oder emotionalen Verhaltensweisen, gilt dieses Aufwand sparende Prinzip leider nicht: Ob ein Kind, das heute einem anderen hilft, dies morgen auch noch tun wird, ist nicht sicher.

6.2.6 Extreme hervorheben

Das Verhalten eines Kindes wird oft dann besonders anschaulich, wenn es von dem Verhalten aller anderen Kinder abgehoben werden kann. Deshalb sollte man darauf achten, was ein Kind tut:

- Als erstes oder als letztes der Gruppe
- Als einziges Kind.

Zwei Beispiele:

- Bei der Bilderbuchbetrachtung ist Thomas das erste Kind, das nach vorn rutscht und damit anderen Kindern die Sicht nimmt. Er ist das einzige Kind, das trotz Ermahnung mehrmals nach vorn rutscht.
- Die Erzieherin betrachtet mit den Kindern ein Bilderbuch, in dem das Wachsen einer Sonnenblume geschildert wird. Anschließend säen die Kinder Sonnenblumenkerne in einer Anzuchtschale. Stefanie schaut bereits während der Bilderbuchbetrachtung im Raum herum; als einziges Kind betrachtet sie die letzten Seiten des Bilderbuches überhaupt nicht mehr. Martin dagegen wendet als einziges Kind keinen Blick von den Anzuchtschalen, als alle Kinder nacheinander ein Korn in die Blumenerde stecken und etwas Wasser darüber gießen.

6.2.7 Nicht zu einfach!

Manche Schilderungen wirken zu einfach: **Eine** Absicht wird verfolgt, **ein** Ziel erreicht, eine Beziehung ist entweder **nur** freundschaftlich oder **nur** von Ablehnung gekennzeichnet. Dabei zeigt die Erfahrung, dass menschliche Verhaltensweisen oft mehrschichtig sind, dass Umwege gegangen und Kompromisse zwischen verschiedenen Zielen gesucht werden, dass Beziehungen zwiespältig sein können. Vier Beispiele:

- „Beim Frühstück hat Denis Kakao verschüttet. Er beschuldigt die zwei Schritte neben ihm stehende Laura: ‚Mensch, pass doch auf! Jetzt habe ich wegen Dir den Kakao verkleckert' und weint." (Verlinden & Haucke 1990, S. 18)
  Man könnte meinen, die Sachlage wäre einfach: Denis schiebt seinen ‚Fehler' auf ein anderes Kind ab. Nur: Warum weint er dann? Durch die einfache ‚Lösung' ist auch für ihn der Fall offenbar nicht erledigt.
- „Josefine ist die geübteste Seilchenspringerin. Wenn wenig geschickte Kinder an der Reihe sind, dann sagt sie: ‚Hör doch auf! Laß sein! Das kannst Du nicht!' Dabei schlägt sie das Seil manchmal schneller als üblich" (ebd., S. 19).
  Diese Schilderung enthält kein ‚Motiv' für Josefines Verhalten, sondern beschreibt, was sie tut und was sie sagt. Erst durch das, was sie tut, erscheint das, was sie sagt, verständlich – zumindest können dadurch Vermutungen über ein Motiv eingegrenzt werden. Bemerkenswert ist auch das Wort ‚manchmal' im letzten Satz; nicht jede Schilderung enthält solche Einschränkungen.
- „Julia schreibt zum ersten Mal ihren Namen unter ihr Bild. Als ich sie darauf aufmerksam mache, kritzelt sie ihn durch und sagt: ‚Ich kann meinen Namen nicht schreiben.'" (ebd., S. 21)
  Julia handelt nicht ‚logisch' und genau das ist geschildert worden. Dies ist keine ‚Fehlleistung', die man nicht weiter beachten sollte, sondern sie kann – gestützt auf weitere Beobachtungen – auf einen typischen Wesenszug von Julia deuten.
- „Neulich fühlte sich die Mutter nicht wohl und sagte, sie würde sich hinlegen müssen. Da wurde Hilde (5;7) sogleich zärtlich und anschmiegsam und sprach die bedeutsamen Worte: ‚*Mutter, wenn de krank bist, habe ich dich viel lieber.*'" (Stern 1971, S. 476)
  Sterns Kommentar zu dieser Anekdote: „Bei dieser gesteigerten Zärtlichkeit liegt eine eigenartige Gefühlkomplikation vor; es sind nämlich die altruistischen [selbstlosen, R.S.] Regungen mit mehr oder minder versteckten selbstischen verschränkt. Ist die Unpässlichkeit der Mutter keine allzu große, dann weiß das Kind, dass es Stunden der Gemütlichkeit gibt, in denen es am Bett der Mutter sitzen und von dieser sich erzählen oder vorlesen lassen kann. Das eigene Gesundsein und Helfenkönnen steigert das Persönlichkeitsgefühl des Kindes; die

Rollen zwischen der Hilfebedürftigen und der Hilfespendenden sind ja plötzlich vertauscht“ (ebd., S. 477).

In einer Handlung können mehrere Beweggründe zum Ausdruck kommen, auch einander entgegensetzte, wie besonders anschaulich das letzte Beispiel zeigt. Schilderungen sind deshalb besonders interessant, wenn sie das Geschehen gerade in seiner scheinbaren Widersprüchlichkeit und Vielschichtigkeit wiedergeben. Was man sieht, soll man aufschreiben, nicht gleich ‚durchschauen‘ wollen. Was sich glatt liest, ist oft nur geglättet worden.

6.2.8 „Nachdem" oder „während" statt „weil"

Zeitliche Abfolgen werden manchmal so geschildert, als ob das, was zunächst geschah, der Grund für das war, was folgte. Das kann sein, muss aber nicht stimmen. Deshalb bleibt eine schriftliche Schilderung dann „auf der sicheren Seite“, wenn sie sich auf die Darstellung der zeitlichen Abfolge beschränkt: Der Satz: „Jan nannte Christian einen ‚Blödmann‘; unmittelbar danach schlug Christian Jan mit der flachen Hand ins Gesicht.“ ist besser als: „Christian schlug Jan, weil der ihn beschimpft hatte.“ Statt: „Jan steigerte sein Geschrei immer mehr, weil Christian den Roller auch haben wollte“ schreibt man vorsichtiger: „Christian sagte mehrmals: ‚Gib mir den Roller!, während Jan immer lauter rief: ‚Ich hab ihn zuerst gehabt!‘ “

Es gibt im Gruppengeschehen kaum neutrale Situationen, denn alle haben eine Geschichte, oft auch eine Beziehungsgeschichte. Da sitzt nicht einfach ein Kind und schaut sich ein Buch an; das ist das Kind, das sich jetzt endlich längere Zeit allein beschäftigen kann. Da kommt nicht ein Mädchen im roten Mantel, da kommt das Mädchen, das durch sein Benehmen langsam zum roten Tuch für die Erzieherin wird. Für Außenstehende ist manchmal überraschend, was mitgedacht wird: „Peter brüllte, warf sich auf den Boden, schlug um sich, sein ganzer Hass richtete sich gegen mich, nur weil ich ihn nicht genug beachtet hatte“ (Jauss 1974, S. 102).

Manchmal liegt Erzieherinnen der Satz auf der Zunge: „Das macht der/die nur, um mich zu ärgern!“ Das dürfte in den meisten Fällen eine schlichte Selbstüberschätzung sein. Kinder vergessen Regeln, weil andere Dinge im Moment von viel größerer Bedeutung sind. Kinder geben spontanen Einfällen nach, ohne sich über die Reaktion der Erzieherin große Gedanken zu machen. Sie sehen das Auge, das sie dem Luftvogel aufkleben, nicht die Klebstofftube, die tropft.

6.2.9 Was ist nicht passiert?

Manchmal ist es nützlich, im Anschluss an die Schilderung eines Ereignisses zu beschreiben, was auch hätte geschehen können, aber nicht passiert ist. Nicht nur dem Außenstehenden kann dadurch klarer werden, was an einem Ereignis bemerkenswert ist. Ein Beispiel:

Bei der Bilderbuchbetrachtung steht Pietro auf und nimmt Martin dadurch die Sicht. Martin zieht ihn wortlos, aber nachdrücklich an der Hose wieder herunter. Pietro setzt sich, ebenfalls wortlos, an seinen alten Platz. Was ist bemerkenswert? Martin wendet sich, als er gestört wird, nicht an die Erzieherin, sondern versucht, das Problem selbst zu lösen. Er spricht dabei nicht und stört daher nicht die laufende Aktivität. Er steht auch nicht seinerseits auf oder rückt vor, sondern versucht, den vorherigen Zustand wiederherzustellen, was ihm auch gelingt. Pietro seinerseits erhebt keinen Protest und akzeptiert Martins Eingreifen ohne Widerspruch.

6.2.10 Die Hinzufügung von Kommentaren, Deutungen und Zusatzinformationen

Bei den meisten schriftlichen Aufzeichnungen sind zusätzliche Informationen für das Verständnis des Geschehens unbedingt notwendig, z. B. das Alter der Beteiligten oder eine Charakterisierung des Verhältnisses zwischen Kindern (z. B. „Stefan und Ingo [zwei Kinder, die sehr häufig zusammen spielen] ...“). Auch Deutungen oder Gedanken der Beobachterin können sehr wichtig sein, müssen aber deutlich von der Schilderung des Geschehens abgesetzt werden. Zweckmäßigerweise werden sie geschlossen an die Schilderung angefügt, anstatt den Text zu zerstückeln. So lange sie deutlich gekennzeichnet sind, spricht nichts dagegen, grundsätzliche Überlegungen anzufügen, auch wenn sie über das einzelne beobachtete Geschehen weit hinausreichen. Zwei Beispiele:

Martin hat aus Legosteinen einen Quader gebaut, der an einer Seite eine dünne, ca. 20 cm lange Spitze, an der gegenüberliegenden Seite zwei kürzere Fortsetzungen aufweist. Auf die Frage, was er da gebaut habe, antwortet er: „Eine Rakete“. Eine halbe Minute später benutzt er die ‚Rakete‘ als ‚Sprechfunkgerät‘: Der Quader liegt an der rechten Wange, die längere Spitze ist nach oben gerichtet. Leise spricht er: „Hallo, hallo, verstanden!“ Als er merkt, dass er beobachtet wird, legt er das Gerät schnell in eine Kiste und geht in den Nebenraum. *Warum ist Martin nicht stolz auf seinen Einfall? Hält er es für kindisch, dass ein Gegenstand nacheinander Verschiedenes darstellen kann? Bremsen die Erwachsenen durch ihre Aufmerksamkeit kindliche Phantasie und Kreativität, auch wenn sie es gar nicht wollen?*

Marina ist gerade drei Jahre alt geworden und ist selten mit anderen Kindern der Gruppe zusammen; wenn, dann eher geduldet als eingeladen. Eines Morgens hat sie mit anderen Kindern außer beim Frühstück kaum ein Wort gewechselt, als sie sich zu Sabine (5;0) in die Leseecke setzt. Sabine unterhält sich etwa eine Minute lang mit ihr, lässt sie ins Bilderbuch schauen und zeigt ihr manche Details in den Zeichnungen. Danach steht Sabine auf und geht weg; Marina bleibt sitzen und schaut sich das Bilderbuch noch einmal allein an. Sie lächelt und schaut öfter zu Sabine hinüber, die sie aber nicht mehr beachtet. In der nächsten halben Stunde beschäftigt sich Marina wieder allein. *Manchen Kindern wünsche ich von Herzen, dass sie schneller in die Gruppe finden, statt am Rand zu stehen. Aber kein Tag in der Gruppe ist offenbar vergeblich, jeder bringt einen Schritt in die richtige Richtung.*

Manchmal werden Zusatzinformationen besser vorab gegeben, wenn ohne sie die Bedeutung der Beobachtung nicht verständlich wäre; ein Beispiel:

Stefanie ist seit sechs Monaten in der Einrichtung und relativ selten mit anderen Kindern zusammen. Das Thema ‚Freundschaft' scheint sie zu bewegen, denn die seltenen Unterhaltungen mit anderen Mädchen kreisen regelmäßig um dieses Thema: „Du bist meine Freundin", „Du kannst mit meiner Puppe spielen", „Ich warte, bis du fertig bist". Eines Morgens setzt sich Stefanie zu Yalan, die sich mit Knete beschäftigt, an den Tisch. Eine kurze Unterhaltung kommt in Gang, etwa eine Minute. Danach geht Stefanie frühstücken. Später am Vormittag geht sie an den Maltisch, setzt sich an den noch freien Platz, bleibt dort für eine Viertelstunde. Gegen Ende des Vormittags sind die Kinder draußen; dort fährt Stefanie etwa zehn Minuten zusammen mit Anne Dreirad, danach setzt sie sich allein in den Sandkasten. *Beugt Stefanie einer Überforderung vor? Dosiert sie von sich aus das Tempo, das ihr erlaubt, Erlebnisse zu verarbeiten? Wissen Kinder in solchen Fällen instinktiv, was gut für sie ist? Käme eine Erzieherin, die Stefanies Kontakte mit anderen Kindern forciert, in die Gefahr, sie in bester Absicht zu überfordern?*

Viele Kommentare greifen über das einzelne Geschehen weit hinaus und betreffen Dinge, die nur schwer nachzuweisen oder zu widerlegen sind. Da sie auf der anderen Seite aber weitere Beobachtungen oder Gespräche anregen und erzieherische Handlungsmöglichkeiten eröffnen können, sollten sie nicht einfach unterdrückt werden, sondern als Denkanstoß beigefügt werden.

6.2.11 Anregungen aus der Literatur

Es liegt nahe, sich Anregungen und Beispiele bei Schriftstellerinnen und Schriftstellern zu holen, die das Schildern von Situationen, Menschen, Beziehungen und

Entwicklungen schließlich zu ihrem Beruf gemacht haben. Besonders bei denjenigen, die kleine Kinder in ihre Erzählungen einbeziehen, müssten Vorbilder für treffende Beschreibungen zu finden sein, die für Erzieherinnen auch fachlich interessant sind. Dies gilt auch dann, wenn man davon ausgeht, dass es sich um ‚erdichtete' Geschichten handelt; entscheidend ist, dass sie treffend sind. Katherine Mansfield z. B. ist eine herausragende Vertreterin jener Erzähler, die Ereignisse und Menschen besonders eindringlich und überzeugend dadurch beschreiben und charakterisieren, dass sie schlicht und treffend erzählen, was Menschen tun und was sie sagen. Ein kurzes Zitat:

“Eines Tages wurde ihre Mutter plötzlich krank und musste in einem geschlossenen Wagen mit Großmutter in die Stadt fahren. Das Töchterchen blieb mit Alice, dem ‚Mädchen für alles', allein im Haus.“ (Mansfield 1983, S. 70). Es wird nur gesagt, dass die Mutter erkrankt ist, aber nicht, wie ernst und woran. Der Wagen wird nicht näher bezeichnet; ist es ein Rettungswagen, ein Taxi oder was sonst? Wohin fuhr er? Ins Krankenhaus? Zu einem Arzt? Wohin sonst? Hier hat sich jedoch keine selbstkritische Beobachterin Rechenschaft darüber abgelegt, was sie gesehen hat und was nicht, sondern die Autorin schildert, wie wenig Kezia, die Hauptfigur der Geschichte, weiß und versteht, um die Leser zur Frage zu führen, wie sich das kleine Mädchen in diesem Augenblick fühlen muss. Dennoch würde eine Beobachterin vielleicht haargenau dieselben Worte gewählt haben.

6.3 Aufzeichnungen als Logbuch

Das Logbuch ist eine Form der Dokumentation von Praxisalltag, die im Vorfeld gezielter Beobachtung ihren Platz hat. Es geht hierbei nicht um die systematische Erfassung kindlicher Entwicklungsverläufe, sondern darum, das Gruppenleben beispielhaft in seiner Vielfalt und Buntheit schriftlich festzuhalten.

Niedergeschrieben wird täglich das, was vom Tagesverlauf in Erinnerung geblieben ist (z. B. in ein Kalenderbuch mit einer Seite pro Arbeitstag). Dies können kleine Alltagssituationen, besondere Ereignisse oder auch persönliche Anmerkungen sein (➤ Abb. 6.5).

Es kommt weniger auf schön formulierte Sätze an, sondern auf die Authentizität und Aktualität der geschilderten Situationen. Mehr als fünf Minuten sollten die Aufzeichnungen nicht in Anspruch nehmen! Diese zeitliche Begrenzung ist wichtig, denn sie hält den Arbeitsaufwand in zumutbarem Rahmen, sie zwingt zu einer gewissen Spontaneität der Auswahl, und sie unterstützt eine Form der Niederschrift, die eher beschreibt als bewertet.

Juni 2006
23. Woche

	Mo 5	Di 6	Mi 7
8.00	Heute morgen: mein		
9.00	erster Arbeitstag nach		Sven möchte wieder Prinzessin
10.00	den Ferien; ich wur-	Bei den „Großen" sind selbstge-	sein – mir fällt auf, dass er so gut
11.00	de mit Informationen	machte „Vorschulmappen" und	wie nie eine männliche Rolle über-
12.00	überschüttet.	„Schreiben-Lernen" z. Zt. der gro-	nimmt.
13.00		ße Renner.	
14.00			Sandy wurde wieder nicht recht-
15.00	Ärger mit Frau P.: Sie		zeitig abgeholt, Mutter war ganz
16.00	möchte nicht, dass die	Kinder haben die Ballkiste kom-	erstaunt, als wir sie anriefen: „Ist
17.00	Kinder auf das Dach	plett ausgeleert (seufz!) – mit den	es schon so spät?"
18.00	vom Spielhäuschen	überall im Raum herumkullern-	
19.00	klettern, das sei „viel zu	den Bällen entwickeln sich inter-	
20.00	gefährlich".	essante Spiele.	

Abb. 6.5 Beispiele einer Logbuchseite

Juni

Wo	22	23	24	25	26
Mo		5	12	19	26
Di		6	13	20	27
Mi		7	14	21	28
Do	1	8	15	22	29
Fr	2	9	16	23	30
Sa	3	10	17	24	
So	4	11	18	25	

Juli

Wo	26	27	28	29	30	31
Mo		3	10	17	24	31
Di		4	11	18	25	
Mi		5	12	19	26	
Do		6	13	20	27	
Fr		7	14	21	28	
Sa	1	8	15	22	29	
So	2	9	16	23	30	

August

Wo	31	32	33	34	35
Mo		7	14	21	28
Di	1	8	15	22	29
Mi	2	9	16	23	30
Do	3	10	17	24	31
Fr	4	11	18	25	
Sa	5	12	19	26	
So	6	13	20	27	

Do 8

Selda und Meike ganz versunken im Baubereich. Sie bauten aus Lego eine Küche für die Barbies. Ich glaube, sie hatten um sich herum alles vergessen!

Christoph durfte seinen Ziegelstein nicht mit nach Hause nehmen (schade!)

Fr 9

Henrike hatte Felix in der Mangel, kratzte ihm ins Gesicht.

Ärger mit Grundstücksnachbarin: Kinder haben Steine rübergeschmissen.

Unsere Pappröhren waren heute Kanonen und Ferngläser.

Sa 10

8.00
9.00
10.00
11.00
12.00
13.00
14.00
15.00
16.00
17.00
18.00
19.00
20.00

So 11

Sinn und Nutzen des Logbuches sind vielfältig:

- Die Erzieherin verfügt im Lauf der Zeit über einen Pool von Situationen und Ereignissen, die die Grundlage darstellen können für weitere, systematische Beobachtungen im Rahmen der *Situationsanalyse*.
- Durch die Führung eines Logbuches wird die eigene Wahrnehmung geschult: Welche Kinder tauchen immer wieder auf, welche gar nicht? Welche Art von Situationen beschreibe ich häufig, welche übersehe ich?
- Führt jede Mitarbeiterin ein solches Logbuch, ist natürlich auch der Vergleich interessant: Wer hat welche Situation festgehalten, wie wurden jeweils Akzente gesetzt?
- Das Logbuch – mit seiner Aufforderung zur lebendigen Beschreibung – ist ein gutes alltägliches Übungsfeld für freie Schilderungen im Zusammenhang mit gezielten Beobachtungen.

Inwieweit die Logbücher dem Team zur Verfügung stehen oder eher der persönlichen Reflexion dienen, muss erprobt und ausgehandelt werden. In der Anfangsphase erleben Erzieherinnen es als hilfreich und entlastend, den Umgang mit dem Logbuch erst einmal für sich alleine zu erproben. Ist diese Methode vertraut geworden, fällt es leichter, Aufzeichnungen zu vergleichen und zu diskutieren.

Das Logbuch ist der ideale Platz für **Alltagsbeobachtungen**. Das alltägliche Geschehen gibt den Kindern ständig Gelegenheiten zu lernen. Ein Beispiel: Stefanie, Sabine, Jens und Anne sind mit der Zubereitung von Kressequark beschäftigt; Stefanie will Quark aus einem Becher in die Schüssel löffeln und nimmt den Becher in die eine, den Löffel in die andere Hand. Erst als sie den Quark auf dem Löffel hat, merkt sie, dass die Schüssel außerhalb ihrer Reichweite steht. Sie erstarrt, schaut nur auf den Löffel, sagt nichts. Nach wenigen Sekunden schiebt Sabine ihr wortlos die Schüssel unter den Löffel.

In einer unauffälligen Alltagssituation lernt ein Kind, dass es nicht vorher bedacht hat, was zu tun war, und es hat erfahren, was gegenseitige Hilfe bedeutet. Der Erzieherin wurde wieder einmal deutlich, wie wichtig es ist zu warten, ob die Kinder auftretende Probleme selbst lösen und wie bedeutsam die kleinen Lernschritte sind. Sie hat gelernt, „das alltägliche Geschehen als Lernchance zu begreifen." (Haucke 1987)

Deshalb können im alltäglichen Geschehen auch wichtige Beobachtungen gemacht werden. Viele interessante Dinge spielen sich natürlich auch dann ab, wenn die Erzieherin gerade **keine** gezielte Beobachtung durchführt. Wenn Kinder versuchen, Probleme zu meistern, wenn sich Beziehungen zwischen Kindern verändern, wenn ein Kind eine aufregende Entdeckung macht, wenn sich Krisensituationen zuspitzen, dann sind das entscheidende Gelegenheiten für ungeplante Alltagsbeobachtungen.

Ungewöhnliche Situationen kommen meist unverhofft, bieten aber besonders lohnende Beobachtungsmöglichkeiten. Wenn beispielsweise an einem Tag ein Kind oder mehrere fehlen, ergeben sich für die anderen Kinder neue Konstellationen: Der gewohnte Spielpartner ist nicht da – was tun? Bestimmtes Material, das sonst andere Kinder mit Beschlag belegen, ist plötzlich verfügbar – was geschieht?

Zwei Beispiele: Die Bauecke ist zurzeit meist von vier älteren Jungen besetzt. Eines Morgens fehlen drei von ihnen, der vierte beschäftigt sich im Nebenraum. An diesem Tag verbringt Sabine, die sonst recht schnell ihre Tätigkeiten wechselt, anderthalb Stunden in der Bauecke, wo sie allein Straßen und Parkplätze mit Bauklötzen legt und darauf mit Autos herumfährt. An den Tagen vorher war kein Versuch von ihr zu beobachten, in die Bauecke eingelassen zu werden. Allerdings fällt jetzt dem Beobachter wieder ein, dass sie vor zwei Tagen einmal beiläufig angesichts der vollbesetzten Bauecke zu ihm gesagt hat: „Ich kann da nicht rein."

Stefanie ist, wenn sie sich nicht allein beschäftigt, meist mit Elisabeth, einem deutlich älteren Mädchen, zusammen. Elisabeth wehrt Versuche anderer Kinder, bei den beiden mitzuspielen, regelmäßig und entschieden ab. Nur an den Tagen, an denen Elisabeth nicht in der Einrichtung ist, kommt Stefanie häufiger in Kontakt mit anderen Kindern.

Für die Beobachtung des **Entwicklungsstandes** eines Kindes bietet der Alltag ebenfalls genug Beobachtungsmöglichkeiten; ein Beispiel: Sabine (5;0) macht bei einem Würfelspiel mit. Als Marina eine Drei würfelt, sagt Sabine zu einem anderen Kind: „Ich hatte nicht so viel (hält drei Finger in die Höhe), sondern so viel (hält zwei Finger hoch)." Einige Tage später möchte sie einen Drachen bauen; dazu braucht sie farbiges Papier. Sie fragt einen Erwachsenen, ob er ihr welches aus dem Regal holen könnte. Auf die Frage: „Welche Farbe denn?" antwortet sie, indem sie ein kleines Stück grünes Papier hochhält und dazu sagt: „So ne Farbe!" Dass Sabine hinsichtlich der Kenntnis von Zahlen und Farben einen deutlichen Entwicklungsrückstand aufweist, bemerkt die Erzieherin auch ohne ein Testverfahren.

6.3.1 Beispiele für die Umsetzung von Logbuchaufzeichnungen in pädagogisches Handeln

Beobachtungen sollen kein Selbstzweck sein, sondern eine nützliche Grundlage für besseres erzieherisches Handeln liefern. Auch Ergebnisse der Gehirnforschung zeigen, warum Beobachtungen unverzichtbar sind: „Es ist nutzlos und womöglich sogar kontraproduktiv, Inhalte anzubieten, die nicht adäquat verarbeitet werden können, weil die entsprechenden Entwicklungsfenster noch nicht offen sind. Da bislang nur wenig experimentelle Daten darüber vorliegen, wann das menschliche Gehirn welche Informationen benötigt, ist es wohl die beste Strategie, sorgfältig zu beobachten, wonach die Kinder fragen“ (Singer 2003, S. 74). Diese Beobachtungen sollten sich allerdings nicht auf das beschränken, was die Kinder tun oder sagen bzw. fragen. Sie sollten darüber hinaus zu erschließen versuchen, was sie gern täten: Was interessiert Kinder? Wonach suchen sie? Was stellt für sie gerade ein Problem dar, mit dem sie sich auseinander setzen möchten? Wahrscheinlich sind in diesem Zusammenhang Beobachtungen besonders wertvoll, die zeigen, wann Kinder den Erwartungen von Erwachsenen nicht entsprochen, unerwartet reagiert und sich ungewöhnlich verhalten haben.

Einfache Beobachtungen als Anregung

Die folgenden Aufzeichnungen lieferten Anregungen für Spiele und Angebote:

Der Waschraum

Eine Erzieherin beobachtet, dass die Kinder, die neu in der Gruppe sind, häufig in den Waschraum gehen, um dort mit Wasser zu hantieren. Mehrmals in der Woche steht der Waschraum regelrecht unter Wasser. Sie hat nun verschiedene Möglichkeiten:

- Sie könnte überlegen, wie sie den Zugang zum Waschraum reglementieren kann, damit so etwas nicht mehr vorkommt.
- Sie könnte sich entschließen, den Kindern ihr Vergnügen zu lassen, vielleicht in der Hoffnung, dass dieser Zustand nicht lange anhält.

Was die Erzieherin tatsächlich tat, war eine Umsetzung in eine für sie auf Dauer tragbare Form: Sie ging davon aus, dass es für die Kinder neu war, mit Wasser zu hantieren. Sie stellte also eine Plastikwanne auf zwei Holzböcken in den Gruppenraum, füllte ihn etwa fünf Zentimeter hoch mit Wasser, legte verschiedene Gefäße, Pumpen und kleine Schiffchen hinein und besprach mit den Kindern ihre Regeln: Höchstens zwei Kinder gleichzeitig, Malkittel, kein Verspritzen von Wasser außerhalb der Wanne. Sie beobachtete, dass vor allem die neu aufgenommenen Kinder häufig dort spielten, dass der Waschraum jetzt wieder trocken blieb und dass das Interesse der Kinder an der Wasserwanne nach einiger Zeit wieder abflaute.

Die Schatzkästchen

„Immer wieder brachten Kinder von Spaziergängen oder von zu Hause Dinge mit, die sie schön fanden: Steine, Knöpfe, Rindenstücke, usw. Es hatte sich eingebürgert, dass diese Dinge auf einem ganz bestimmten Platz im Gruppenraum abgelegt wurden. Mit der Zeit war eine stattliche Sammlung zustande gekommen, aber es wirkte unübersichtlich und war für die Kinder auch nicht so interessant, dass sie öfter damit gespielt hätten. Was die Kinder jetzt brauchten (und ganz offensichtlich selbst nicht entwickeln konnten, was also zur Aufgabe der Erzieherin wurde) war einerseits ein Stichwort, eine Bedeutung, um die herum sich Spiele entwickeln konnten, und andererseits die Form. Die Lösung: Aus einem Karton wird mit jedem Kind, das möchte, ein möglichst edles und schönes ‚Schatzkästchen' gebastelt (mit der Zeit wollten alle Kinder). Darin sammeln und hüten die Kinder jetzt seit Wochen ihre Schätze, sie werden gezeigt und verglichen. Es ist immer wieder überraschend, wie verschieden die Dinge sind, die Kinder schön finden und was sie dazu erzählen. Wie sich das Thema weiterentwickeln wird, weiß niemand; möglicherweise gibt es bald eine Schatzinsel mit einem geheimen Plan oder Piraten mit einem Schiff oder Räuber. Vielleicht gibt es auch ein Schloss und eine Prinzessin, die ein Schatzkästchen geschenkt bekommt. Vielleicht wird ein Schmuckladen aufgemacht oder eine Ausstellung eröffnet. Es bleibt abzuwarten, was die Kinder machen, aber es ist gut, sich vorab mögliche Entwicklungslinien zu überlegen, um Anregungen und Material parat zu haben" (Strätz 1992, S. 98).

Insbesondere die Schatzkästchen weisen jedoch erstens darauf hin, dass es bei der situationsbezogenen Gestaltung von Aktivitäten nicht nur um ein Stichwort gehen kann, das den Anlass für die Wahl eines Themas gibt („Situation ist, wenn's schneit"), sondern dass Beobachtungen den gesamten weiteren Verlauf begleiten und steuern müssen. Beide Beispiele zeigen zweitens, dass es nicht unbedingt Äußerungen von Kindern sein müssen, auf die eine Erzieherin zu warten und dann zu reagieren hat. Warum soll sie nicht Dinge aufgreifen, über die kein Kind geredet hat, die ihr aber bedeutsam erscheinen? Drittens wird deutlich, dass die pädagogische Antwort nicht immer spontan und „aus dem Handgelenk" kommen muss; hier dauerten die Entwicklungen länger und ließen mehr Zeit für Überlegungen, vielleicht auch für ein hilfreiches Gespräch mit einer Kollegin. Viertens sind beide Geschichten gute Beispiele dafür, dass es im Kindergartenalter weniger um „Angebote" oder um Gespräche mit den Kindern geht, sondern meistens um Kinderspiele und dass eine Erzieherin keine Lehrerin ist, die unterrichtet, sondern eher diejenige, die Ideen einbringt, Material, Raum und Zeit zur Verfügung stellt, sich dann aber auch zurückhalten kann. Es ist sehr die Frage, ob nicht der pädagogische Wert belehrender Aktivitäten im Kindergarten häufig überschätzt, die Bedeutung des Kinderspiels und damit der Spielförderung dagegen meist unterschätzt wird.

Eine ständige Versuchung für eine Erzieherin besteht darin, zwar von einer Beobachtung auszugehen, ihre Aktivität dann aber mit eigenen Vorstellungen und Zutaten zu überfrachten. Das gilt nicht nur für die Erzieherin, die sehnlichst auf das Stichwort wartet, um den Kindern den Vortrag halten zu können, den sie schon länger halten wollte. Es geht auch nicht immer so extrem zu wie bei der Erzieherin, die die Frage eines Kindes: „Was war denn hier, als die Häuser und der Kindergarten noch nicht da waren?“ zum Anlass nahm, ihre Gruppe als Besucher in sieben Museen anzumelden.

Farbspiele und Lichtreflexe

Ein weiteres Beispiel: Als die Fachberaterin in den Gruppenraum kommt, sieht sie an einer Wand Papptafeln, auf die verschiedenfarbiges, zerknittertes Stanniolpapier geklebt ist. „Die Kinder finden das schön“, sagt die Erzieherin dazu. „Sie schauen sich das gern und lange an, offenbar interessiert sie das Spiel der Farben und der Lichtreflexe.“ Die Erzieherin hatte eine Gelegenheitsbeobachtung (vielleicht ein Stück Alufolie, das Kinder in der Küche gesehen oder von zu Hause mitgebracht hatten) aufgegriffen und gemeinsam mit den Kindern in einfacher Weise umgesetzt. Sie tat nicht mehr – und damit das Richtige.

„Action-Krimis“

Eine Erzieherin hört und stört zunächst, dass sich Kinder ständig den Inhalt von Krimiserien aus der Satellitenschüssel vorerzählen. Erst als sie nachfragt, erfährt sie, dass nicht, wie sie glaubte, die Schießereien für die Kinder interessant waren, sondern die spektakulären Sprünge mit Autos über Hindernisse hinweg. Das ließ sich in der Bauecke gut mit Spielzeugautos und Rampen aus Holz nachspielen. Die Erzieherin gab den Anstoß, und die Kinder hatten nicht nur Gelegenheit, dem Publikum immer gelungenere Vorführungen zu bieten, sondern lernten auch viel über die Stabilität von Holzbauten und die Eigenschaften von Fahrzeugen.

Fahrzeuge

Ein Spiel oder eine Aktivität haben in der Regel nicht nur einen einzigen Anknüpfungspunkt, sondern mehrere: Einer Erzieherin fällt als Störung auf, dass einige Kinder im Gruppenraum mit Spielzeugautos auf dem Boden herumfahren. Nicht nur das ständige laute „Brumm, Brumm!“ stört sie, sondern auch die entstehenden Unruhe, die auf andere Kinder übergreift. Eine Verlagerung der Autospiele auf den Flur ist nur eine Maßnahme, die sie ergreift, aber nicht die wichtigste. Sie hört nämlich außerdem, dass in den zurückliegenden Sommerferien einige Kinder das Fahrradfahren gelernt haben. Sie nimmt deshalb ein (an mehreren Stellen sichtbares) Interesse der Kinder an Fahrzeugen, Rädern und Bewegungen an, das sie in einem größeren Projekt „Fahrzeuge“ aufgreift.

Längerfristige Beobachtungen und Prozesse

„Spielprozesse“

Manche, die Kindern nicht wirklich zuschauen, betrachten Kinderspiele als belanglose Viertelstundenepisoden. Zu beschreiben, was wirklich passiert, wenn sich

Spielprozesse entfalten können, ist eine anspruchsvolle Tätigkeit, die nur wenige auf sich nehmen. Eine der Ausnahmen sind die Beschreibungen von Merker, Rüsing und Blanke, die u.a. schildern, wie sich aus dem Einfall eines Kindes „Eis zu verkaufen!“ über Wochen hinweg ein Spiel ausdifferenziert, das nicht nur einen „Kaufladen“ sondern nach und nach außerdem einen „Haushalt“, eine „Schreinerei“, eine „Geldfabrik“, einen „Müller“ und eine „Einfüllfabrik“ umfasst. Die fortwährende Aufgabe der Erzieherin bestand darin, ihre Beobachtungen des Geschehens und seiner Ausdifferenzierungen in Überlegungen zur weiteren Förderung des Spielprozesses umzusetzen (Merker; Rüsing & Blanke 1980, S. 22–107). Die Aufteilung einer Gruppe in Kleingruppen mit wechselnder Zusammensetzung, die sich in solchen Fällen entwickelt, hilft der Erzieherin auch, sich aus der Rolle der dominierenden Figur zu lösen, die vorwiegend in Aktivitäten für die Gesamtgruppe denkt. Sie kann nicht überall gleichzeitig sein, sondern muss den Kindern zwangsläufig Gelegenheit geben, ihr eigenes Spiel zu entwickeln und ihre eigenen Erfahrungen zu machen. Allerdings kann und soll sie mitverfolgen, ob die Zusammensetzung der Kleingruppen das Spiel fördert oder behindert: Ist z.B. das Kind, das einen Vorgang schon gelernt hat, in der Lage, sein Wissen an die anderen weiterzugeben?

Eine „Reise um die Welt“

Die Zeiträume, in denen manchmal geplant werden muss, und die Notwendigkeit, Abläufe in ihrer Aufeinanderfolge festzulegen, zeigt auch das nächste Beispiel. Wieder ist *Situations*bezug kein reaktives Eingehen auf unvorhergesehene Entwicklungen, sondern Teil einer Analyse der Situation in den Gruppen: „Nach wenigen Wochen spürten und erlebten wir, dass sich Vorurteile gegenüber Ausländern auf die Kinder übertrugen. Entsetzt waren wir über Äußerungen wie: ‚Türken, die hasse ich!‘ Um diesen Entwicklungen frühzeitig entgegenzuwirken, entstand die Idee eines Rahmenthemas ‚Wir sind Kinder einer Erde‘ mit dem Höhepunkt eines gemeinsamen Festes. Wir wollten damit nicht nur erreichen, dass sich die ausländischen Kinder, besonders die sechs Kinder der Asylbewerber, bei uns wohlfühlten. Wir mussten auch das Interesse der deutschen Kinder für fremde Länder, Lebensweisen und Kulturen wecken und fördern und auf dem Weg über die Kinder schließlich die Eltern und Familien, deutsche wie ausländische, erreichen. Unsere ‚Reise um die Welt‘ sollte als Lernchance für alle, Kinder wie Erwachsene, Ausländer wie Deutsche, gesehen werden … Der Versuch, die Familien miteinander ins Gespräch zu bringen, setzte voraus, dass wir vorher mit den Kindern die Vielfalt von Ländern und Lebensweisen entdeckt und erforscht hatten. Damit wir dies mit der notwendigen Sachkenntnis und Sicherheit tun konnten, mussten wir uns davor über unsere eigenen Einstellungen, unser Wissen und Nichtwissen klargeworden sein. Außerdem war im Team zu überlegen, wo in unserer Situation die Anknüpfungspunkte für Gespräche und Unternehmungen mit den Kindern lagen … Den situativen Anknüpfungspunkt für die erzieherische Arbeit in den Gruppen fanden wir darin, dass schon seit der Eröffnung Kinder aus sieben Nationen unsere Einrichtung besuchten. Diese Länder würden wir auf unserer Reise besuchen" (Thorun 1993, S. 45).

Beobachtungen als Grundlage erzieherischer Arbeit sind der Abschied von der Planung „von der Stange", von der Schablone und von falscher Sicherheit. Ein schablonenhafter Ratgeber würde einer Erzieherin z. B. nahe legen, es genüge zu wissen, dass die Eingewöhnungszeit von Kindern im Durchschnitt nach sechs Wochen abgeschlossen sein sollte. Die gewissenhafte Erzieherin wird sich darauf nicht verlassen, sondern bei jedem Kind fortlaufend beobachten, wie der individuelle Eingewöhnungsprozess jeweils verläuft. Entwicklungspsychologie ist hilfreich, solange sie unter Kontrolle bleibt.

Beobachtungen als Erfolgskontrolle erzieherischer Arbeit sind manchmal ernüchternd für die Erzieherin, die so viel erreichen wollte und sich zunächst mit so kleinen Entwicklungsschritten zufrieden geben muss. Aber diese kleinen Schritte sind für dieses Kind vielleicht eine große Leistung. Es geht im Kindergarten um den pädagogischen Auftrag, um individuelle Förderung von Kindern in einem besonders wichtigen und sensiblen Lebensabschnitt. Wenn Ziele wie die Förderung von Selbstständigkeit, Ausdruckvermögen und Ausdrucksfreude oder partnerschaftliches Zusammenleben nicht für Sonntagsreden reserviert sein sollen, dann muss im Alltagsgeschehen der Gruppe beobachtet werden, was erreicht wurde und was noch nicht.

6.4 Skizzen und Zeichnungen

Menschen nehmen die Umwelt vorwiegend über ihre Augen wahr und sie teilen ihre Wahrnehmungen, Empfindungen und Gedanken häufig über Bilder und Zeichnungen mit. Die Rede und erst recht die Schriftsprache sind manchmal umständlich und wenig anschaulich (!). Also gibt es viele Beobachtungen, die besser in bildlicher als in schriftlicher Form festgehalten und mitgeteilt werden können.

Das gilt nicht nur für Erwachsene, sondern noch stärker für Kinder. Die Zeichnung in Abb. 6.6 zeigt genau und anschaulich, was für ein dreijähriges Mädchen „das Schönste am Kindergarten" ist. Ein Hortkind stellt dar, was seiner Meinung nach „das Schönste am Hort" ist (➛ Abb. 6.7).

So wie Kinder ihre Beobachtungen und Erinnerungen in Zeichnungen festhalten und so ihre Sicht der Dinge deutlich machen, können Erzieherinnen dies ebenso tun und auf diese Weise ihre Beobachtungen dokumentieren. Vielleicht hat nicht jede genügend zeichnerisches Talent für fotoähnliche, perspektivische Zeichnungen, aber manchmal reichen schon grobe, schematische Skizzen aus wie im folgenden Beispiel: Aus Getränkekisten, die sich neben Drainagerohren und Holzstücken als Anreiz und Material zum Konstruieren im Außengelände befinden, baut ein Junge einen Mähdrescher (er sagt „Mähdadescher"): Rechts ist die Frontpartie, in der Mitte eine Sitzbank, links die Ladefläche. Die Konstruktion ist 2 Kisten breit, so dass 2 Kinder nebeneinander auf der Sitzbank Platz nehmen können. Der Junge kommt von einem Bauernhof und kennt sich mit Mähdreschern offenbar aus. Er erläutert der Erzieherin und anderen Kindern genau, welche Stellen im „Führerstand" angefasst werden dürfen und welche nicht. Auf die Ladefläche legt er quer zwei kürzere Drainagerohre als „Streuer für Dünger". Als ein anderes Kind eins der Rohre längs hinlegt, verändert er das wieder – sofort und entschieden.

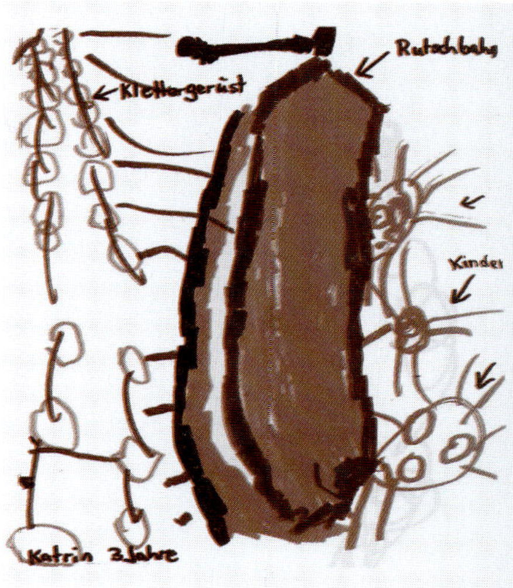

Abb. 6.6 Was ist das Schönste am Kindergarten? „Rutschbahn, Klettergerüst und Kinder!" (Katrin, 3 Jahre) (Quelle: Der PARITÄTISCHE Wohlfahrtsverband, Landesverband NRW)

Nach wenigen Minuten ist er plötzlich eine „Bombe": Er läuft mit weit ausgebreiteten Armen, so als ob er ein Flugzeug darstellt, um den „Mähdrescher" herum und stößt mehrmals mit einem Arm so gegen eine der oberen Kisten, dass sie sich verschiebt. Jedes Mal bringt eins der Kinder, die inzwischen auf dem „Mähdrescher" sitzen, die Kiste umgehend wieder in die richtige Position.

Abb. 6.7 Was ist das Schönste am Hort? „Rutschen auf der Wasserrutsche!" (Jean, 7 Jahre). (Quelle: Der PARITÄTISCHE Wohlfahrtsverband, Landesverband NRW)

An diesem Beispiel lässt sich auch die erhebliche Zeitersparnis ablesen, die mit ein paar Bleistiftstrichen und kurzen Erläuterungen dazu erzielt werden kann. Solche Konstruktionen und Variationen nur mit Worten zu beschreiben, kostet mindestens eine Viertelstunde und ist möglicherweise immer noch nicht so anschaulich. Wenn also eine Kamera nicht verfüg-

Abb. 6.8 und Abb. 6.9 Schematische Zeichnung einer Baukonstruktion („Mähdrescher") (li.). Perspektivische Zeichnung einer Baukonstruktion („Mähdrescher") (re.)

bar ist oder in dem Moment, in dem das Geschehen interessant wurde, gerade nicht greifbar war, leistet ein Bleistift oft wichtige Dienste.

6.5 Fotos

„Ein gutes Bild sagt mehr als tausend Worte." Dieser Satz klingt zwar sehr abgedroschen, bewahrheitet sich aber jeden Tag neu. Ob wir Zeitung lesen oder Bücher, ob wir durch die Stadt gehen oder mühsam Gebrauchsanweisungen studieren, ständig sind es die Bilder, die uns nicht nur „ins Auge stechen", sondern uns auch viele Dinge erst deutlich machen. Dabei hat ein gutes Foto zwei Funktionen: Es dokumentiert, was geschehen ist, und es regt an, weiter über das Geschehene nachzudenken.

6.5.1 Die dokumentierende Funktion von Fotos

Bilder sind oft nicht nur deutlicher und verständlicher als Texte, sie sparen auch viel Zeit. Wer versuchen sollte, die im abgebildeten Foto gezeigte Konstruktion (➛ Abb. 6.10) nur mit Worten zu beschreiben, wird wissen, was damit gemeint ist.

Abb. 6.10 Baukonstruktion von Kindern

Fotos (bzw. Fotoserien) können auch Verläufe zeigen, z.B. die Entstehungsgeschichte eines Bildes, das ein Kind gemalt hat, oder eines Bauwerks, das im Außengelände entstanden ist. Fotoserien erzählen Geschichten, genau wie die bei Kindern so beliebten Bilderbücher, die den Wechsel der Jahreszeiten oder die Veränderung eines Baches oder einer Straße im Lauf der Jahre (oder Jahrhunderte) erzählen.

Mit einem Dokumentationsfoto ist ein Ereignis abgeschlossen.

6.5.2 Die anregende Funktion von Fotos

Fotos können nicht nur dokumentieren, sie können darüber hinaus auch Weiterentwicklungen **anstoßen**. Sie laden nämlich dazu ein, noch einmal über das Geschehene nachzudenken, zu reden und neue Ideen zu entwickeln. Eine Fachberaterin berichtete dazu das folgende Beispiel: Alle Kinder schauen sich gern das Fotoalbum an, das in der Einrichtung ausliegt und in dem Ereignisse des letzten Jahres festgehalten sind. Eines Tages finden die Kinder, die bald eingeschult werden, die Bilder von der Abschlussfahrt im letzten Jahr und besprechen mit ihrer Erzieherin, dass sie selbst alles genau so haben wollen, wie es dort zu sehen ist. Im darauf folgenden Jahr sagen übrigens die Kinder des nächsten Jahrgangs, dass sie ihre Abschlussfahrt ganz bestimmt nicht so haben wollen.

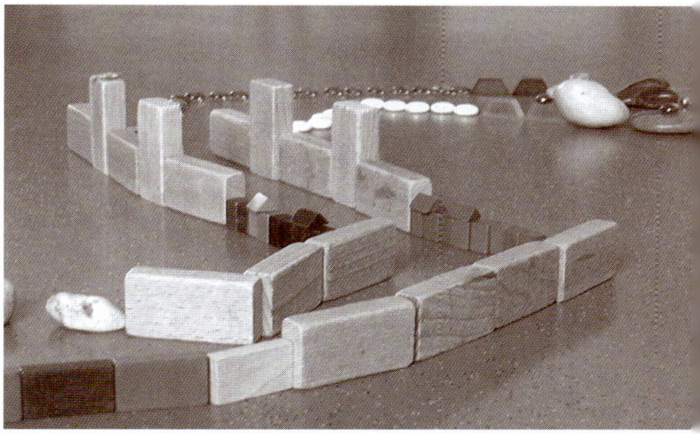

Abb. 6.11 und Abb. 6.12 Legearbeit aus der „Froschperspektive"

Fotoalben machen die Kinder auch auf ihre Entwicklungsschritte aufmerksam. Kinder finden es lustig, wie klein sie einmal waren und wie sie und ihre Freundinnen bzw. Freunde vor einem Jahr ausgesehen haben. Dabei wird ihnen deutlich, welche Entwicklungsschritte sie seitdem zurückgelegt haben, und sie sind entsprechend stolz.

Fotos zeigen ein bestimmtes Geschehen nur aus einem bestimmten Blickwinkel, in einem bestimmten Ausschnitt (gleich neben dem gezeigten Ort können wichtige Dinge passiert sein) und in einem bestimmten Moment. Für all das ist die Fotografin bzw. der Fotograf verantwortlich. Das heißt: Auch Fotografie ist subjektiv. Gerade die Subjektivität kann aber Fotos besonders anregend machen, wenn sie bewusst eingesetzt wird. Dazu gibt es verschiedene Möglichkeiten:

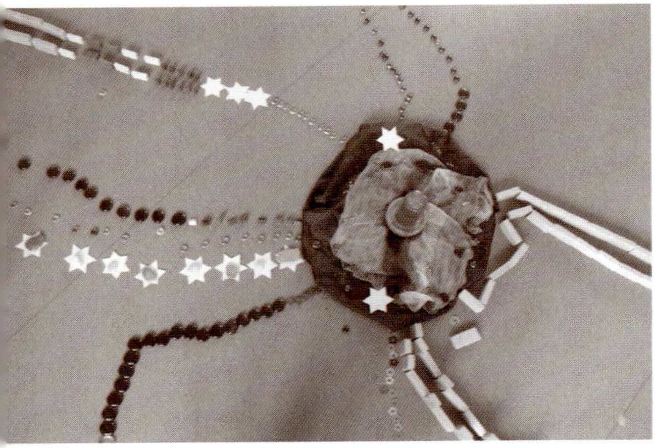
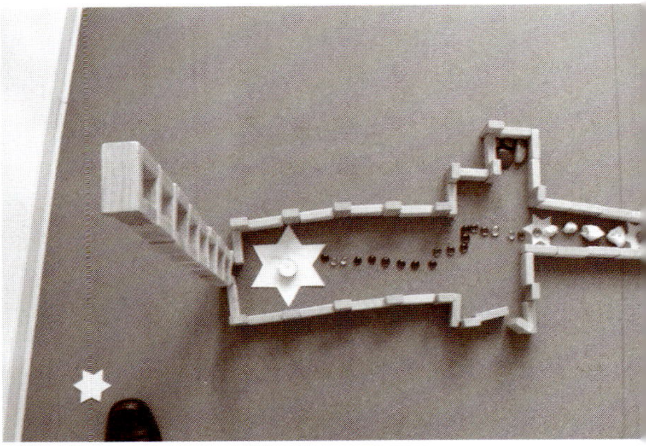

Abb. 6.13 und Abb. 6.14 Legearbeit aus der „Vogelperspektive"

Bewusst subjektive Fotografie

Sieben Kinder gestalteten gemeinsam eine Legearbeit, die bewusst aus möglichst vielen Perspektiven fotografiert wurde (➛ Abb. 6.11–6.15).

Zunächst auf dem Boden liegend, um so einerseits die Perspektive der Kinder einzufangen, andererseits aber auch wegen der Tiefenwirkung, die sich so besonders deutlich ergibt. (Das wurde dem Fotografen übrigens erst während des Fotografierens deutlich).

Dann von oben, um die Perspektive von Erwachsenen (oder die aus einem Flugzeug heraus) zu verdeutlichen.

Schließlich bei wechselndem Sonnenlicht, weil dabei insbesondere die durchsichtigen Materialien besonders interessante Farbspiele zeigten.

Abb. 6.15 Lichtreflexe

Diese Fotos (und ein Gespräch darüber) können die Kinder zu neuen Sichtweisen auf ihre Gestaltungsarbeit, aber auch auf optische Effekte anregen. Die Fotos sind dann eine Etappe im Verlauf des Bildungsprozesses, kein Endpunkt.

Foto-Assoziationen

Beim Fotografieren dessen, was die Kinder tun, oder später beim Anschauen der Fotos können Assoziationen auftauchen: „Das sieht ja aus wie…" Diese anderen Dinge können ebenfalls durch Fotos dargestellt

Abb. 6.16 Von Kindern gebautes „Schiebetor"

Abb. 6.17 Von Kindern gebaute Brücke

werden, die wiederum andere Betrachter – und nicht zuletzt die Kinder – zum Vergleich einladen. Drei Beispiele dafür (➤ Abb. 6.16–6.19).

Hier haben Kinder aus einem Brett und zwei Baumstammstücken ein Eingangstor zu einer „Auto-Werkstatt" gebaut, dessen Funktionsprinzip genau dasselbe ist wie bei einem industriell gefertigten Schiebetor.

Auf einer „Baustelle" im Sandspielbereich haben die Kinder das Problem, dass der trockene Sand ständig in den Graben, den sie ausheben wollen, nachrutscht. Nach einiger Zeit stellen sie Gerüstbretter senkrecht an den Rand des Grabens und erfinden damit das Prinzip der Spundwand neu.

Abb. 6.18 und 6.19 Von Kindern gebaute „Spundwand" (li.) und als Vorbild dienende Spundwand (Quelle: www.flensburg-online.de/offline/u-bahn-pferdewasser, 13.08.2004) (re.)

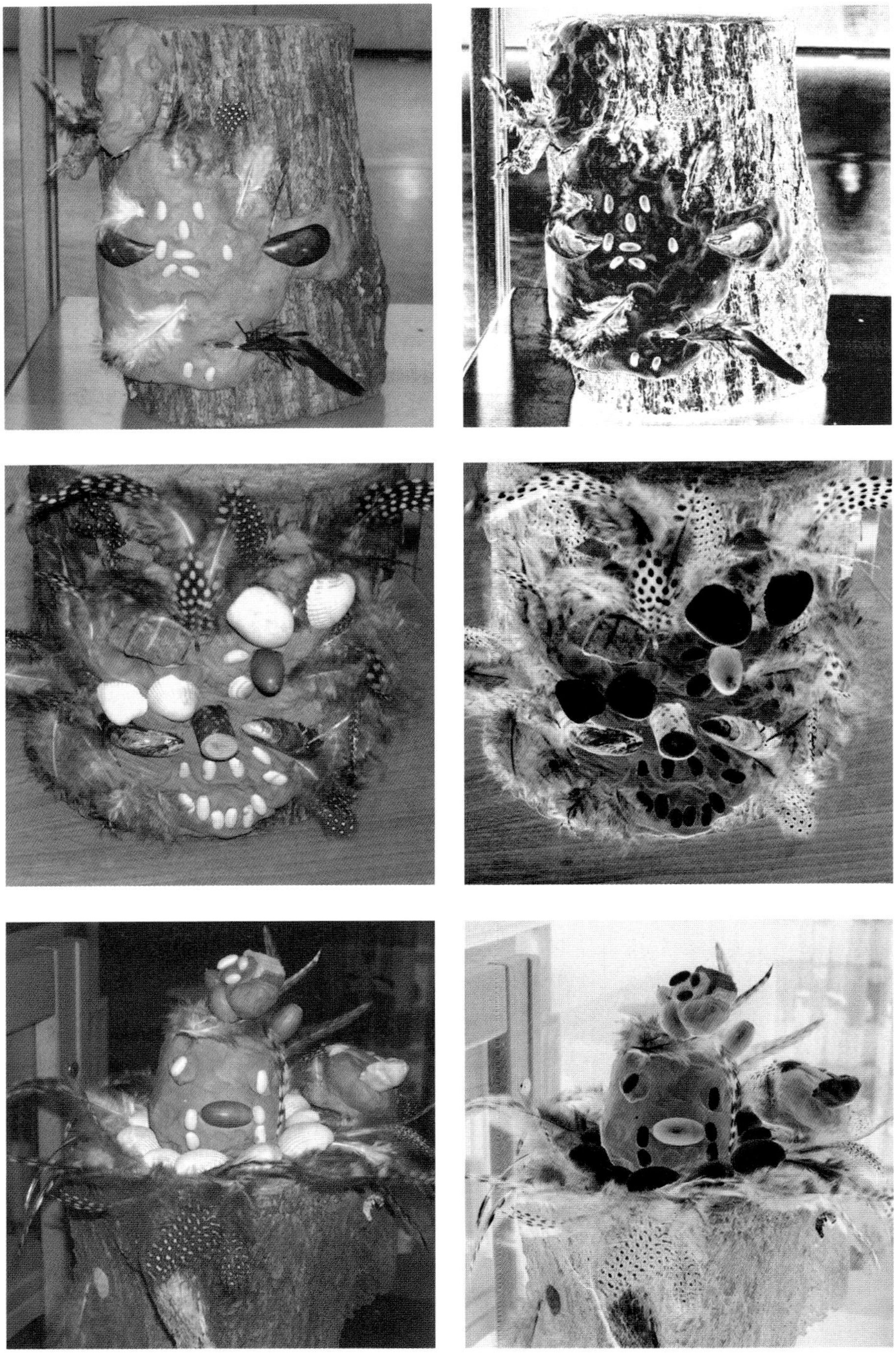

Abb. 6.20 bis 6.25 „Waldgeister“

Später konstruieren die Kinder eine Brücke über den Graben. Diese Brücke besteht nicht einfach aus einem darüber gelegten Brett, sondern aus einem Holzstück, das in die schrägen Flanken des Grabens eingepasst ist und so den Druck auf die Böschungen ableitet wie z.B. bei der berühmten Brücke über die Neretva in Mostar.

Die Assoziationen zeigen in diesem Fall, auf welch hohem Niveau sich Kinder schon im Kindergartenalter mit technischen Gegebenheiten und Zusammenhängen auseinander setzen.

Subjektive nachträgliche Bildbearbeitung

Fünf Kinder gestalteten aus Naturmaterialien Waldgeister. In ihrer Unterhaltung darüber betonten sie mehrfach, dass ihre Gestalten „richtig gruselig" sein sollten. Die Ergebnisse wurden fotografiert und beim Ansehen der Fotos auf dem PC ergab sich die Idee, durch nachträgliche digitale Bildbearbeitung und die dadurch möglichen Verfremdungseffekte die Figuren (jedenfalls aus Erwachsenensicht) noch gruseliger zu machen (➛ Abb. 6.20–6.25). Vielleicht können diese Bilder der Ausgangspunkt für weitere Gespräche mit den Kindern darüber sein, was gruselig eigentlich ist bzw. was eine Figur gruselig macht.

6.6 Videos und Tonbänder

Verglichen mit Fotos bedeuten Videoaufnahmen einen höheren Aufwand. Das gilt besonders dann, wenn die Filme bearbeitet und geschnitten werden sollen, obwohl die moderne Digitaltechnik und die Leistungsfähigkeit heutiger PCs beides auch den Amateur/innen möglich macht. Dem erhöhten Aufwand stehen aber auf der anderen Seite wichtige zusätzliche Anwendungsmöglichkeiten gegenüber:

Videoaufnahmen können beliebig oft abgespielt und betrachtet werden. Deshalb sind sie eine ideale Grundlage für die Analyse von Beobachtungen im Team (➛ Kap. 6.1). Viele Unsicherheiten können durch nochmaliges Anschauen beseitigt, viele Fragen können so geklärt werden. Außerdem fallen bei jedem Betrachten neue Einzelheiten auf, die vorher noch nicht sichtbar waren, weil zunächst andere Dinge ins Auge stachen. Alexander Sagi berichtet in diesem Zusammenhang das folgende eindrucksvolle Beispiel: „Eines Tages können wir folgende Szene beobachten (sie wurde glücklicherweise auf dem Videoband festgehalten): Die Erzieherin wird gebeten, aus einem neuen Buch vorzulesen. Sie ruft die Kinder, sie bilden mit ihren Stühlchen einen Kreis. Auch Uwe ist dabei, aber die Stühle links und rechts von ihm bleiben leer. Er schaut recht unglücklich nach den leeren Stühlen. Die Erzieherin sagt: ‚Weißt du, die anderen Kinder haben Angst, daß du sie beißen würdest,' – Uwe war gerade in einer ,Beißphase' – ,deshalb sitzt niemand neben dir. Wenn du versprechen könntest, mindestens so lange nicht zu beißen, bis ich euch vorlese, kämen sicherlich zwei Kinder zu dir.' Uwe überlegt lange, schaut dann mit großen Augen auf die Erzieherin, schüttelt den Kopf und sagt mit weinerlicher Stimme: ,Ich beiße immer!' Die beiden Stühle bleiben leer, die Erzieherin liest eine spannende Geschichte. Mitten in einer abenteuerlichen Szene springt Uwe auf, rennt zu dem Kind, das der Erzieherin gegenüber sitzt, und schlägt es mit der geballten Faust kräftig auf den Kopf. Das Kind beginnt zu weinen und läuft zur Erzieherin. Inzwischen sitzt Uwe bereits wieder friedlich auf seinem Stuhl. Der vorwurfsvolle Blick der Erzieherin lockt ihn herbei, sie erklärt ihm, wie der Schlag dem anderen Kind immer noch weh tut, Uwe scheint betroffen und streichelt über den Kopf des Kindes. Die Erzieherin ist zufrieden, der Bösewicht ist immerhin bekehrungswillig. In diesem Moment tritt Uwe das Kind mit voller Wucht vor das Schienbein. Wir haben das Videoband viermal angesehen, bis wir eine zuverlässige Analyse gefunden haben. Die Erzieherin hat natürlich nicht die ganze Zeit nach unten auf das Buch geschaut, sondern wie jede vernünftige Vorleserin ab und zu mal den Kopf gehoben und den Rest des Satzes so vorgetragen, um den Kontakt mit den Kindern nicht zu verlieren. Dabei schaute sie häufig in Richtung des gegenüber sitzenden Kindes; genau das konnte Uwe offensichtlich nicht ertragen. Als dann Uwe das ,verletzte' Kind zu streicheln begann, sicherlich in bester Absicht, war die Erzieherin vom unverhofften Entgegenkommen gerührt und legte die Hand auf die Schulter des Opfers: Das war wiederum für Uwe zu viel, er trat zu. Sollte jemand hier den voreiligen Schluß ziehen, die Erzieherin habe sich falsch verhalten, so müßte dem entgegengehalten werden: Welche Supermenschen müssen denn Erzieherinnen sein, wenn sie beim Vorlesen darauf achten müssen, alle Kinder im Durchschnitt gleich häufig anzuschauen und einem weinenden Kind nicht die Hand auf die Schulter zu legen, ohne zu überlegen, ob dies alle anderen akzeptieren können? Das hat mit dem erzieherischen Alltag nichts mehr zu tun. Vielmehr muß gefragt werden, was mit einem Kind geschehen muß, das solche geringfügige, letztlich unvermeidliche ,Ungerechtigkeiten' nicht ertragen kann" (Sagi 1990, S. 47 f.).

Mit dem ersten Vorteil von Videos hängt der zweite eng zusammen: Die kleinen Einzelheiten und die einzelnen Schritte im Geschehen werden in ihrer Bedeutung für die Kinder deutlich sichtbar. Videos können viel besser als Fotos eindrucksvoll zeigen,

- Wie komplex schon ein Bewegungsablauf von wenigen Sekunden Dauer sein kann
- Wie Kinder ihre Bewegungen im Detail miteinander koordinieren

- Wie Mimik und Gestik eines Kindes sich ständig mit dem verändern, was es wahrnimmt
- Wie ein Kind hartnäckig versucht, durch ständiges Variieren ein Problem zu lösen
- Was Kinder beim Spiel miteinander besprechen, und was auf andere Art und Weise, z. B. durch Gesten oder Blickkontakt, ausgetauscht wird.

Das bedeutet: Videoaufnahmen sind auch das ideale Medium, um Eltern (oder anderen interessierten Außenstehenden) die Bedeutung des Alltagsgeschehens für Kinder und für deren Entwicklung zu vermitteln. Keine Einrichtung wird angesichts der heutigen *Rahmenbedingungen* umfangreiche Videoarchive anlegen können, aber vielleicht gibt es durch eine Kollegin oder mit Hilfe von Eltern die Möglichkeit, einige Szenen aufnehmen zu lassen, die anschaulich (und am Beispiel der eigenen Einrichtung und der eigenen Kinder) zeigen können, was bestimmte Materialien oder Räume für die Kinder interessant macht, was die Kinder im Alltag der Einrichtung erleben, wie sie alltägliche Herausforderungen aus eigener Kraft meistern und dabei die nächsten, kleinen Entwicklungsschritte gehen.

Der dritte Vorteil von Videos ist technischer Art: Im Unterschied zu Fotos liefern sie automatisch auch den Ton mit – jedenfalls in einer gewissen Qualität. Vieles wird nämlich durch Nebengeräusche überlagert, manches ist unverständlich, weil mehrere Beteiligte gleichzeitig reden, einiges ist zu leise und bleibt deshalb rätselhaft. Wenn die Gespräche zwischen den Beteiligten wichtig sind, sollte deshalb durch Probeaufnahmen vorher herausgefunden werden, ob die Qualität des eingebauten Mikrofons und die Akustik des Raumes für diesen Zweck ausreichen. Dasselbe Problem entsteht auch bei Tonbandaufnahmen, besonders dann, wenn Diktiergeräte oder einfache Mikrofone verwendet werden. Wenn dieses Problem aber gelöst ist, sind Tonbandaufzeichnungen eine gute, unaufwändige Möglichkeit, den Umgang von Kindern (und Erzieherinnen!) mit der Sprache zu analysieren und zu reflektieren. „Es hat sich in der Praxis bewährt, zur Kontrolle des eigenen Sprachverhaltens ein Tonband mitlaufen zu lassen [...], um herauszufinden, welches sprachfördernde Verhalten im Alltag mit den Kindern schon umgesetzt ist und was noch stärker berücksichtigt werden sollte. Viele Erzieherinnen zeigen sich erstaunt, wie viele der Vorsätze doch im Alltagstrubel untergehen, obwohl sie der Meinung waren, schon vieles berücksichtigt zu haben. Es braucht allerdings Überwindung, die eigene Stimme auf dem Tonband zu hören. Die Erzieherinnen berichteten, dass der hörbare Erfolg dieser Reflexionsmethode sie dafür entschädigt. Der eigene Lernerfolg wird am deutlichsten sichtbar, wenn in regelmäßigen Zeitabständen immer wieder ein Tonband aufgenommen und ausgewertet wird" (Militzer et al. 2002, S. 213).

6.7 Mind-Maps

Mithilfe von Mind-Maps können Gedanken und Zusammenhänge visualisiert, also bildlich dargestellt werden. Der Begriff Mind-Map bedeutet soviel wie: Landkarte des Geistes oder der Gedanken. Entwickelt wurde die Methode des Mind-Mappings in den 70er Jahren von dem englischen Lernforscher Tony Buzan. Mind-Maps sind sowohl bei der Vorbereitung als auch bei der Dokumentation und Auswertung von Beobachtungen hilfreich. Sie eignen sich besonders „zur Vertiefung eines Themas, zum Aufzeigen von Aufbaustrukturen und zur Verdeutlichung von Beziehungen" (Seifert 1989, S. 122).

Das Grundprinzip des Mind-Mappings ist einfach: Von einer zentralen Fragestellung oder Aussage werden Haupt- und Nebenthemen abgeleitet. Es entstehen verschiedene Gedankenebenen, die über „Äste" und „Zweige" miteinander verbunden sind. Auf diese Weise können komplexe Themen in relativ kurzer Zeit strukturiert und übersichtlich dargestellt werden.

Dies kann entweder systematisch geschehen, z. B. auf der Grundlage des persönlichen Fachwissens oder auch mit Hilfe eines Fachbuchs, oder kreativ, spielerisch, mit Hilfe eines Brainstormings – sowohl allein als auch im Team.

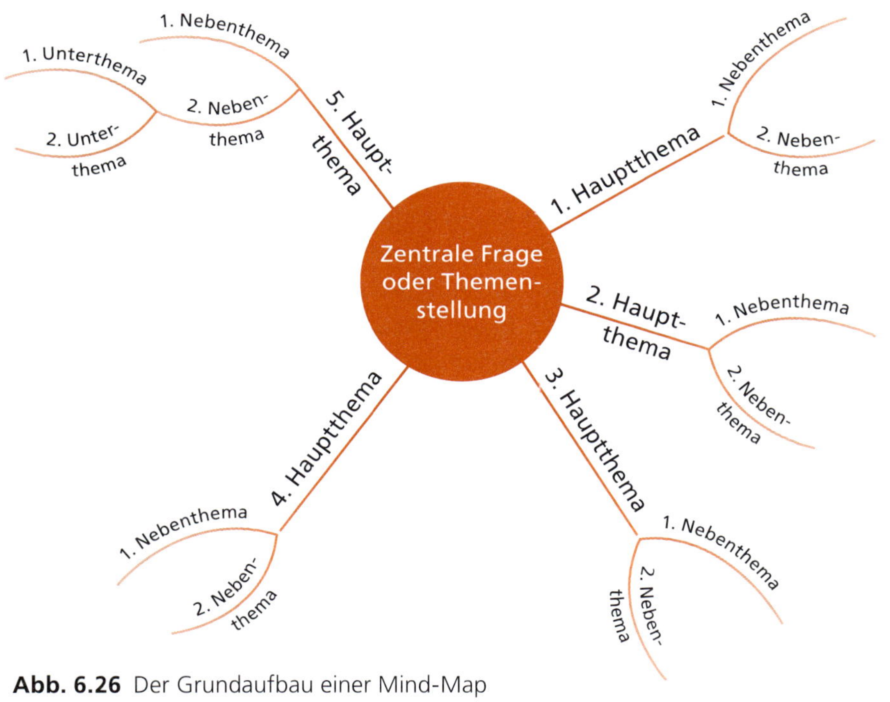

Abb. 6.26 Der Grundaufbau einer Mind-Map

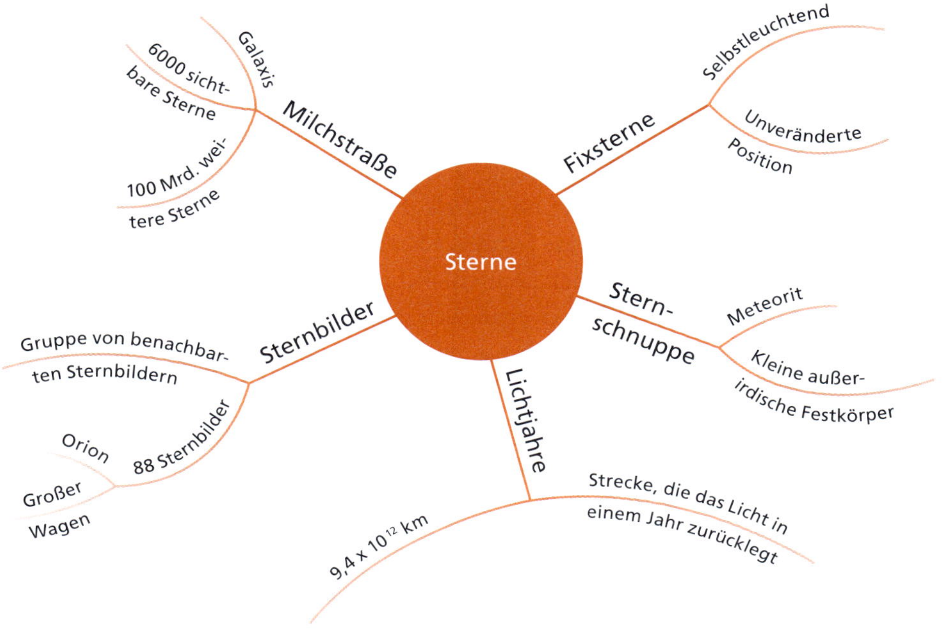

Abb. 6.27 Systematisch erarbeitete Mind-Map zum Thema „Sterne"

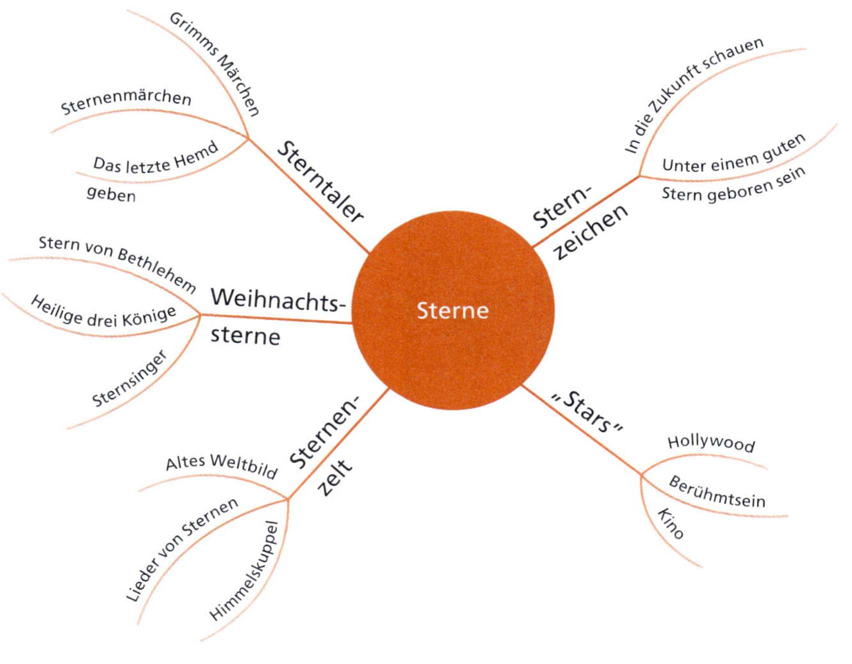

Abb. 6.28 In einem Brainstorming erarbeitete Mind-Map zum Thema „Sterne"

Im ersten Fall sähe eine Mind-Map zum Begriff „Sterne“ etwa so aus (➛ Abb. 6.27), im zweiten Fall vielleicht so (➛ Abb. 6.28).

In der ersten Variante gibt es in knapper und übersichtlicher Form Sachinformationen zum Thema, in der zweiten Variante ging es eher darum, sich auf ein Thema einzustimmen, es in seiner Vielfalt und Vielschichtigkeit zu erkunden und wahrzunehmen. Natürlich lassen sich beide Formen gewinnbringend miteinander kombinieren. In der pädagogischen Arbeit können solche Mind-Maps z. B. bei der Vorbereitung von Projekten die Gedanken strukturieren, dabei können auch die Kinder mit einbezogen werden, weil jeder Text durch Zeichnungen, Bilder oder Symbole ersetzt werden kann.

Eine mit Kindern entwickelte Mind-Map zum Thema „Sterne“ sähe dann vielleicht so aus (➛ Abb. 6.29).

Abb. 6.29 Mit Kindern erarbeitete Mind-Map zum Thema „Sterne“

Die Redewendung „Ich komme vom Hölzchen aufs Stöckchen“, beschreibt einen sehr kreativen Prozess, der für unser Denken charakteristisch ist: Unser Denken funktioniert nicht linear, sondern in komplexen Strukturen. Ein Begriff löst in der Regel eine Fülle an Assoziationen, Bildern, Erinnerungen, Empfindungen, Handlungsimpulsen, Fragen aus. Es entsteht ein vielfältig verknüpftes Gedankennetzwerk, das in seiner Fülle manchmal auch lähmend wirkt: „Ich kann keinen klaren Gedanken mehr fassen.“ „Vor lauter Bäumen kann ich den Wald nicht mehr sehen.“

Mind-Maps können vernetzte Strukturen abbilden. Von einem Zentrum ausgehend, verzweigen sich die Wege zu neuen Zentren, die sich wiederum verzweigen und so fort. Im Prinzip kann eine Mind-Map beliebig erweitert und ergänzt werden. Und dies nicht nur in einer kontinuierlichen Vorwärtsbewegung „Schritt für Schritt“, sondern auch „hin und her“ oder „vor und zurück“.

Das heißt, Mind-Maps schaffen Überblick und Struktur, ohne die Vielfalt der Gedanken zu beschneiden. Im Gegenteil, bereits die Arbeit an Mind-Maps, also der Prozess selbst, stößt häufig weitere Gedankenketten an, führt auf neue, überraschende (Lösungs-)Wege. Es „aktiviert das ganzhirnige und ganzheitliche Denken. Es ist logisch und phantasiebetont zugleich. Es regt sämtliche Kapazitäten und Schätze des Gedächtnisses an und führt zu regelrechten Gedankenfeuerwerken“ (Beyer 1998, S. 13). Diesen Effekt machen sich auch Schriftsteller zunutze, z. B. um ein Thema in seiner Fülle auszuloten und erste inhaltliche Impulse zu gewinnen.

Benötigte Materialien

Zur Entwicklung einer Mind-Map im Team benötigt man ein großes Blatt Papier, z. B. Flipchart-Papier oder einen Bogen Packpapier, das – am besten im Querformat – an der Wand oder auf einer Moderationswand befestigt wird, dazu dicke Filzstifte, möglichst in 3–4 verschiedenen Farben und Klebeband, um ggf. den Papierbogen zu vergrößern. Arbeitet man alleine, tut es notfalls auch ein DIN-A4-Blatt.

In die Mitte des Blattes wird ein Kreis oder ein rechteckiges Feld gezeichnet und die Ausgangsfrage oder das Thema darin eingetragen. Und dann kann es losgehen: Von diesem Mittelpunkt gehen Äste ab, die jeweils zu einem Hauptthema führen, die wiederum in einen Kreis oder ein rechteckiges Feld eingetragen werden. Von dieser Ebene führen weitere Verzweigungen zu Nebenthemen usf. Dies kann im Team auf Zuruf erfolgen, d. h. die Teilnehmerinnen äußern ihre Gedanken und Einfälle, eine Kollegin trägt sie in die Mind-Map ein. Es entsteht ein Bild, das „von innen nach außen wächst“ (Seifert 1993, S. 122).

Während einer Beobachtungsphase ist es sinnvoll, die Mind-Map an exponierter Stelle im Teamraum auszuhängen. Sie bildet den Bezugspunkt im Prozess, indem sie den Stand der Diskussion abbildet, auf zu erledigende Aufgaben hinweist, weitere Perspektiven eröffnet und Kolleginnen, die nicht anwesend waren, über den Gesprächsverlauf informiert.

In Zusammenhang mit Beobachtungen können Mind-Maps auf vielfältige Weise zum Einsatz kommen. Dies wird im Folgenden anhand von Beispielen dargestellt.

6.7.1 Der Einsatz von Mind-Maps zur Vorbereitung einer Beobachtung

Bei der Vorbereitung einer Beobachtung kann die Arbeit mit Mind-Maps helfen, die verschiedenen Aspekte eines Beobachtungsthemas aufzuschlüsseln. Abb. 6.30 zeigt dies in zwei Schritten am Beispiel „Beobachtungsreihe zum Tagesablauf".

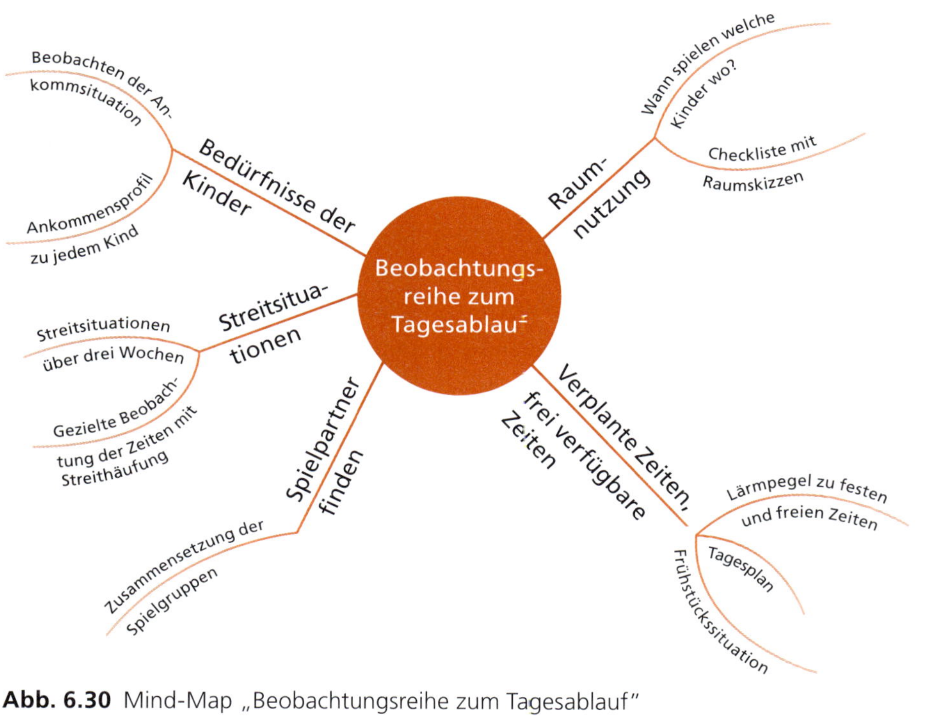

Abb. 6.30 Mind-Map „Beobachtungsreihe zum Tagesablauf"

Abb. 6.31 Mind-Map „Bedürfnisse der Kinder im Tagesablauf"

Durch die Entwicklung dieser Mind-Map entfaltete sich das Thema „Tagesablauf" in seiner ganzen Komplexität. Das hatten die Erzieherinnen so nicht erwartet und sie waren zunächst etwas erschlagen. Gleichzeitig merkten sie, dass allein der Prozess zu einer Wissenserweiterung zum Thema geführt hatte. Einige Gesichtspunkte und Problematiken, die vorher nicht so bewusst gewesen waren, rückten ins Blickfeld und lieferten Beobachtungsthemen. Die zahlreichen Verzweigungen boten inhaltliche Ansatzpunkte, um sinnvolle Prioritäten zu setzen. Das Team entschied sich, mit dem Aspekt „Bedürfnisse der Kinder im Tagesverlauf" zu beginnen.

Zur Entwicklung dieser Mind-Map (➤ Abb. 6.31) haben die Erzieherinnen den Tag aus der Perspektive der Kinder Revue passieren lassen und vermutete Bedürfnisse der Kinder den einzelnen Phasen des Tagesablaufs zugeordnet. Dabei wurde deutlich, dass die Bedürfnisse wohl sehr unterschiedlich sind. Es entwickelte sich die Fragestellung, inwieweit diese Unterschiede bereits berücksichtigt werden, ob dies ausreichend ist oder ob hier pädagogischer Handlungsbedarf besteht.

6.7.2 Der Einsatz von Mind-Maps während der Beobachtung

Dieses Beispiel (➛ Abb. 6.32) zeigt, dass Mind-Maps auch als Beobachtungsschema eingesetzt werden können. In diesem Fall wollten die Erzieherinnen jeweils zur vollen Stunde einen Eindruck davon gewinnen, welche Aktivitäten in welchem Raumbereich mit welchen Personen stattfinden. Sie wählten das Mind-Map-Schema aufgrund der Überlegung, gleichzeitig mit der Beobachtung bereits eine strukturierte Dokumentation zu gewinnen, an der man weiter arbeiten, aus der weitere Fragestellungen und Ideen („Äste") erwachsen können. Auf dem Beobachtungsschema war als Vorlage der Mittelkreis mit dem Ausgangsthema „Raumnutzung" eingetragen, sowie die Außenkreise mit den Raumbereichen. Die Beobachtungen wurden als „Zweige" an die Außenkreise geschrieben. Die Beobachtungen erfolgten jeweils zur vollen Stunde und jeweils auf einem neuen Schema. Interessant war nach dem Ende der Beobachtungsphase zu vergleichen, wie stark oder schwach verzweigt sich die einzelnen Raumbereiche zu verschiedenen Tageszeiten darstellten.

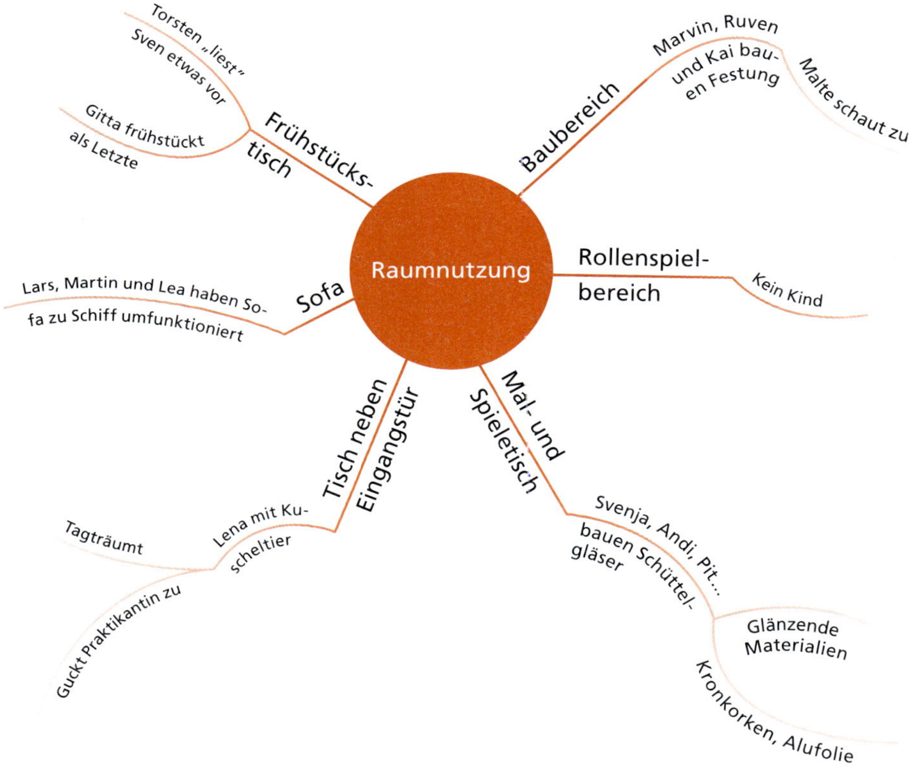

Abb. 6.32 Mind-Map Beobachtung zur Raumnutzung

Abb. 6.33 Mind-Map „Schilderung eines Kindes: Lisa"

Abb. 6.34 Mind-Map „Konfliktlösung der Kinder untereinander"

6.7.3 Der Einsatz von Mind-Maps zur Dokumentation von Beobachtungen

In diesem Beispiel (➛ Abb. 6.33) diente die Mind-Map dazu, die vielfältigen Informationen, die durch eine freie Schilderung über Lisa gewonnen worden waren, sichtbar zu machen, zu bündeln und zu ordnen. Darüber hinaus bot sie vielfältige Anknüpfungspunkte für eine Reflexion der Beobachtungsergebnisse im Team. Die Verzweigungen führten auch hier wiederum zu erhellenden Aspekten und neuen Fragestellungen.

6.7.4 Der Einsatz von Mind-Maps zur Auswertung und Reflexion von Ergebnissen

Diese einfache Mind-Map (➛ Abb. 6.34) mit zunächst nur einer Ebene entstand auf dem Hintergrund einer Beobachtung zu Konfliktlösungsmöglichkeiten der Kinder untereinander. Die Beobachtungsergebnisse wurden zu Hauptpunkten zusammengefasst und visualisiert. Im nächsten Schritt wollten die Erzieherinnen mit Hilfe von Mind-Mapping überlegen, wie die verschiedenen Konfliktstrategien unter pädagogischen Gesichtspunkten zu bewerten sind (zweite Ebene) und wodurch sie unterstützt bzw. verhindert werden könnten (dritte Ebene).

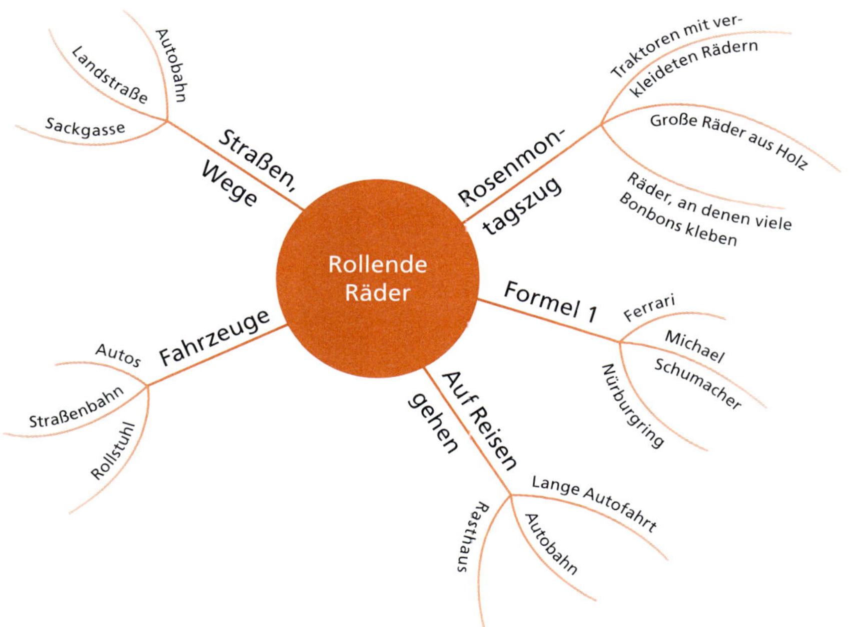

Abb. 6.35 Mind-Map „Rollende Räder"

6.7.5 Der Einsatz von Mind-Maps zur Weiterführung von Beobachtungsergebnissen

Diese Mind-Map (➛ Abb. 6.35) wurde gemeinsam mit Kindern gestaltet. Es lässt sich sehr schön ablesen, welche Themen für die Kinder besonders interessant waren, welche weniger. Sie diente als Ausgangspunkt für ein Projekt zum Thema „Rollende Räder“ und erhielt ihren Platz im Gruppenraum. Hier konnten die Kinder weitere Ideen mithilfe von Bildern, Zeichnungen, Zeitungsausschnitten, Fundstücken einbringen und auf diese Weise das Projekt mit immer neuem Leben erfüllen.

6.8 Checklisten zur Beobachtung

Schon im 4. Kapitel wurden Beispiele für nützliche Schemata vorgestellt, die Beobachtungen strukturieren und die Dokumentation erleichtern. Im Folgenden soll der allgemeine Aufbau eines solchen Schemas vorgestellt werden. Vier Aspekte sind von Bedeutung: Wer, wann, wo und was soll beobachtet werden?

Wer soll beobachtet werden?

Je nach Fragestellung werden alle Kinder der Einrichtung oder nur bestimmte Kinder in die Beobachtungen einbezogen, z. B. nur die neu aufgenommenen Kinder oder nur die Kinder mit Migrationshintergrund.

Das dazugehörige einfache Beobachtungsschema ist die **Namensliste** (➛ Abb. 6.36).

Name des Kindes	Beobachtungen

Abb. 6.36 Namensliste

Namenslisten sind eine wirkungsvolle Hilfe gegen ein eventuelles Ungleichgewicht in der Verteilung der Aufmerksamkeit. Bestimmte Kinder werden bei freien Beobachtungen häufig wahrgenommen, andere geraten kaum einmal ins Blickfeld. Logbuchaufzeichnungen zeigen diesen Effekt manchmal recht deutlich.

Kinder in besonderen Situationen erfordern – zu Recht! – erhöhte Aufmerksamkeit. Jede Erzieherin beobachtet z. B. neu aufgenommene Kinder besonders intensiv, um sich möglichst bald ein Bild von ihnen machen zu können. In anderen Fällen lenken Eltern oder Kolleginnen ihre Aufmerksamkeit auf bestimmte Kinder. Eltern wollen vielleicht wissen, ob ihr Kind bestimmte Verhaltensweisen auch im Kindergarten zeigt oder ob der Erzieherin auch bestimmte Verhaltensänderungen beim Kind auffallen. Kolleginnen schätzen das Verhalten eines Kindes möglicherweise ganz anders ein als die Erzieherin selbst, die diese Unterschiede zum Anlass für Beobachtungen nehmen muss. Schließlich stellen sich bestimmte Kinder von selbst in den Vordergrund. Das können Kinder sein, die besonders häufig Trost, Hilfestellung oder Unterstützung bei der Erzieherin suchen, oder solche, die sie durch ihr Verhalten besonders oft zum Eingreifen zwingen.

So verständlich und wichtig die erhöhte Aufmerksamkeit für einzelne Kinder ist, die damit verbundene Gefahr liegt auf der Hand: Die Beobachtung anderer Kinder kann zu kurz kommen. Dies können stille, zurückgezogene Kinder sein, die eher am Rand des Gruppengeschehens stehen und deshalb relativ leicht übersehen werden. Das können auch die Kinder sein, die gut allein zurechtkommen, ständig eine interessante Tätigkeit finden und wenig Anregung und Hilfestellung brauchen. Es gibt aber auch Kinder, die von sich aus die Aufmerksamkeit der Erzieherin eher zu meiden versuchen. Die Unauffälligkeit einzelner Kinder kann so weit gehen, dass sich die Erzieherin am Ende eines Tages fragen muss: „War … heute überhaupt in der Einrichtung?" Diesem Effekt begegnet eine Erzieherin sehr wirkungsvoll, wenn sie von Zeit zu Zeit mit Namenslisten arbeitet, denn die weißen Flecken fallen deutlich auf.

Wann sollen Beobachtungen durchgeführt werden?

Bei strukturierten Beobachtungen wird vorher festgelegt, wann beobachtet werden soll. Das dazugehörige einfache Beobachtungsschema ist das **Zeitraster** (➤ Abb. 6.37).

Uhrzeit	Beobachtungen

Abb. 6.37 Zeitraster

Die Festlegung eines Zeitrasters verhindert erstens, dass verschiedene Personen ihre Beobachtungen zu unterschiedlichen Zeiten durchführen und so die Ergebnisse nicht vergleichbar sind. Zweitens sorgt es dafür, dass Beobachtungen nicht nur (oder vorwiegend) zu „günstigen Zeiten" durchgeführt werden, z. B. am frühen Morgen, wenn erst wenige Kinder in der Einrichtung sind. Auch das würde zu Einseitigkeiten führen, denn diese Situation ist eine besondere, und die Kinder, die besonders früh kommen, sind auch nicht unbedingt repräsentativ für alle Kinder der Einrichtung.

In einem Zeitraster wird entweder ein Beobachtungs**zeitraum** vereinbart (z. B. 10:00 bis 10:30 Uhr) oder ein **Zeitpunkt**, an dem die Beobachtungen beginnen sollen. Die Festlegung braucht nicht schematisch zu sein, manchmal sind flexible Vereinbarungen sinnvoller. Im Zusammenhang mit Häufigkeitsauszählungen wird später ein Beispiel berichtet, in dem das Team der Einrichtung die Beobachtungen dann begann, wenn in der jeweiligen Gruppe alle an diesem Tag erwarteten Kinder eingetroffen waren. Dieser Zeitpunkt kann von Gruppe zu Gruppe und von Tag zu Tag unterschiedlich sein, aber eine solche flexible Bestimmung war inhaltlich sehr sinnvoll.

Eine andere, zweidimensional aufgebaute Form des Zeitrasters erinnert an den **Stundenplan** in einer Schule (➛ Abb. 6.38).

Beobachtungen zu .... (Name) in der Woche von .... bis					
Uhrzeit	**Montag**	**Dienstag**	**Mittwoch**	**Donnerstag**	**Freitag**

Abb. 6.38 Stundenplan

Statt eines festen Zeitpunkts können auch **Standardsituationen**, die sich täglich wiederholen, für Beobachtungen genutzt werden. Sie sind besonders gut geeignet, ein Kind besser kennen zu lernen, weil deutlich wird, was es anders macht als andere Kinder. Auch Veränderungen im Verhalten eines Kindes sind bei solchen Gelegenheiten deutlicher zu erkennen. Zu Standardsituationen gehören Spiele, in denen Kinder nacheinander oder gleichzeitig „dasselbe" tun ebenso wie Fixpunkte im Tagesablauf, z. B.:

- **Ankommen in der Einrichtung**
  Wie verabschiedet sich das Kind von der Person, die es bringt? Was bringt es mit in die Einrichtung? Wen begrüßt es zuerst? Wie tut es das? Was erzählt es

spontan? Wartet es erkennbar auf das Eintreffen bestimmter anderer Kinder? Findet es schnell in eine Tätigkeit? Beginnt es den Tag in der Einrichtung jeden Tag in gleicher Weise?

- **Frühstück**
  Verabreden sich Kinder, gemeinsam zu frühstücken? Äußern sich Sympathien durch ein gemeinsames Frühstück? Worum drehen sich die Unterhaltungen am Frühstückstisch? Lässt sich ein Kind leicht ablenken durch Dinge, die es sieht oder durch Kinder, die vorbeilaufen? Machen sich Kinder gegenseitig auf Regeln aufmerksam wie z. B. die, das Geschirr selbst abzuräumen und für das nächste Kind nachzudecken?
- **Umziehen zum Spiel im Außengelände**
  Verabreden sich Kinder zu gemeinsamem Spiel? Helfen sie sich gegenseitig bei Anziehen? Nehmen sie Rücksicht auf ein Kind, das an ungünstiger Stelle auf dem Boden sitzt, um sich die Schuhe anzuziehen? Wie geschickt ist ein Kind mit Reißverschlüssen oder Knöpfen? Bemüht es sich aktiv um Hilfe, wenn es Probleme hat?
- **Abgeholt werden**
  Was erzählt ein Kind spontan der Person, die es abholt? Kommt es vor, dass ein Kind nicht sofort gehen will, weil es mit seiner Tätigkeit noch nicht fertig ist? Kommt es vor, dass ein Kind der abholenden Person etwas zeigen oder erklären will? Verabreden sich Kinder schon für den nächsten Tag in der Einrichtung?

Wo soll beobachtet werden?

Räume beeinflussen das Geschehen oft wirkungsvoller als Personen – das ist ein bekannter elementarpädagogischer Erfahrungssatz. Deshalb ist es wichtig festzuhalten, wo bestimmte Ereignisse passiert sind.

Das dazugehörige einfache Beobachtungsschema ist die **Ortsliste** (➛ Abb. 6.39).

Ort	Beobachtungen

Abb. 6.39 Ortsliste

Bei manchen Fragestellungen richtet sich das Interesse von vornherein auf einen bestimmten Ort, z. B. einen neu eingerichteten Funktionsraum oder auf den Flur, der stärker als bisher in das Geschehen einbezogen werden soll. Wenn das nicht der Fall ist, sollten zunächst alle Räume einbezogen werden, in denen sich Kinder aufhalten. Das Außengelände z. B. bietet den Kindern Möglichkeiten, die sie nur dort haben: ausgedehnte Bewegungsspiele, noch mehr Kontakte mit Kindern aus anderen Gruppen, aber auch bessere Möglichkeiten, bestimmten anderen Kindern oder Erzieherinnen aus dem Weg zu gehen. Vielfach verhalten sich Kinder an unterschiedlichen Orten verschieden, oft treten bestimmte Ereignisse, etwa Auseinandersetzungen zwischen Kindern, gehäuft an bestimmten Orten auf.

Was soll beobachtet werden?

Die Abgrenzung der Beobachtungsthemen beschränkt zunächst die Arbeit der Beobachtung auf ein handhabbares Maß; es ist schlichtweg unmöglich, alles im Auge zu haben, was passiert. Außerdem wurde bereits vorher diskutiert und vereinbart, welche Aspekte bei einem bestimmten Thema unterschieden werden sollen.

Das dazugehörige einfache Beobachtungsschema ist die **Themenliste** (➛ Abb. 6.40).

Themen	Beobachtungen

Abb. 6.40 Themenliste

Beispiele für die Anwendung von Themenlisten wurden bereits im Kapitel 4 besprochen.

Diese vier einfachen Schemata legen jeweils einen der vier Aspekte bei systematischen Beobachtungen (Wer? Wann? Wo? Was?) durch die Zeile fest, in der die Beobachtung eingetragen wird; dieser Aspekt braucht also in der Schilderung nicht mehr enthalten zu sein. Die anderen drei aber müssen im Text der Schilderung deutlich werden; in einer Namensliste z. B. muss also geschildert werden, **wann** das beobachtete Kind **wo was** gemacht hat.

Zweidimensionale Tabellen

Um den Aufwand bei der Abfassung des Textes weiter zu verringern, werden oft jeweils zwei Grundformen zu einer zweidimensionalen Tabelle zusammengefasst. Dabei sind die folgenden sechs verschiedenen Formen möglich:

Namen und Zeiten		
Namen und Orte	Zeiten und Orte	
Namen und Themen	Zeiten und Themen	Orte und Themen

Abb. 6.41 Formen zweidimensionaler Tabellen

Das bedeutet, dass nur noch zwei Aspekte im Text einer Tabelle festgehalten werden müssen. Ein Beispiel für eine zweidimensionale Tabelle, die nach Namen und Zeiten gegliedert wurde, ist die folgende (➛ Abb. 6.42).

Kind / Zeitpunkt	Stefanie	Sabine	Thomas	Martin
9.30 Uhr	Beim Frühstück	Beim Memory-Spiel	Faltet und beklebt einen Luftvogel	Faltet und beklebt einen Luftvogel
10.00 Uhr	Malt allein	Mit Georg an der Wasserkiste	Mit Michael, René und Ingo in der Bauecke	Faltet und beklebt einen Luftvogel
10.30 Uhr	Geht im Raum umher	Baut mit Yalan mit Noppersteinen	Mit Michael, René und Ingo in der Bauecke	Faltet und beklebt einen Luftvogel
11.00 Uhr (draußen)	Sitzt allein im Sandkasten	Mit Marina an der Rutsche	Fährt mit Ingo Roller	Spielt allein im Sand mit Autos
11.30 Uhr (draußen)	Fährt mit Nurcan Dreirad	Versucht, auf Stelzen zu gehen	Spielt mit Martin und 3 weiteren Jungen mit Autos im Sand	Spielt mit Thomas und 3 weiteren Jungen mit Autos im Sand

Abb. 6.42 Zweidimensionale Tabelle. Beobachtung von vier Kindern im Verlauf eines Vormittags

Vier Kinder sind im halbstündigen Rhythmus beobachtet worden. Stefanie und Martin kamen erst kurz nach 9 Uhr in die Einrichtung, so dass die ersten Notizen erst um 9:30 Uhr gemacht wurden. Die Beschreibung der Orte wurde dadurch erleichtert, dass sich bis kurz vor 11 Uhr alle Kinder in den Gruppenräumen befanden, danach waren alle Kinder im Außengelände.

6.8.1 Die Funktion von Stichwortprotokollen

Die Beschreibungen in der letzten Tabelle (➛ Abb. 6.45) beschränken sich auf kurze Stichworte, die aber einige typische Eigenarten der einzelnen Kinder wiedergeben, wie die Erzieherinnen bestätigen könnten:

- Stefanie beschäftigt sich häufig allein, nur selten ist sie im gemeinsamen Spiel mit anderen Kindern zu beobachten.
- Sabine ist öfter mit anderen Kindern zusammen und zwar mit wechselnden. Sie gehört nicht zu den Kindern, die sich stundenlang mit ein und derselben Sache beschäftigen, sondern wechselt die Aktivitäten relativ häufig.
- Thomas spielt häufig mit anderen Kindern zusammen, vorzugsweise mit Jungen. Besonders mit Ingo unternimmt er viele Dinge gemeinsam, was zumindest ansatzweise zum Ausdruck kommt.
- Martin beschäftigt sich länger als eine Stunde mit seinem Luftvogel. Auch bei anderen Gelegenheiten zeigt er Ausdauer und Geduld.

Die Aufzeichnungen könnten in gleicher Weise über mehrere Tage fortgeführt werden, damit die Eindrücke des ersten Tages bestätigt, korrigiert oder differenziert werden können. Diese Tätigkeit aktiviert außerdem das **Hintergrundwissen** der Erzieherinnen; ihnen fallen andere Situationen ein, die sie früher oder bei anderen Gelegenheiten beobachtet haben. Deshalb sind sie Außenstehenden in der Einordnung von Beobachtungen immer überlegen.

Bald wird allerdings der Zeitpunkt gekommen sein, an dem die Stichwortprotokolle durch ausführliche ergänzt werden müssen. Für die Details blieb zunächst kein Raum, und sie sind oft besonders interessant. Beispielsweise sah das Spiel mit Autos im Sand, das Martin begann und an dem später auch Thomas teilnahm, so aus: Martin lässt zwei Autos den Abhang hinunterfahren und prüft, welches weiter gekommen ist. Thomas kommt hinzu und fragt Martin, ob er ein Auto haben kann. Bald entwickelt sich ein Wettfahren. Drei weitere Jungen schauen zunächst nur zu, später beteiligen sie sich aktiver: Sie wetten vorher, welches Auto gewinnt, sie klatschen, wenn eins besonders weit fährt, und rufen „Unfall, Unfall!“, wenn eins umkippt. Als die drei gehen, versucht Martin, drei andere Kinder zu überreden, diese Rolle zu spielen. Er preist das Spiel in höchsten Tönen an: „Das ist toll! Da könnt ihr wetten!“, hat jedoch keinen Erfolg.

Stichwortaufzeichnungen eröffnen zudem keine pädagogischen Handlungsmöglichkeiten:

- „Stefanie beschäftigt sich häufig allein.“ Um diesen Tatbestand pädagogisch zu reflektieren, sind mehr Detailinformationen notwendig: Wie verbringt Stefanie ihre Zeit? Füllt sie sie aus oder „schlägt sie sie tot“? Beachtet sie Einladungen anderer Kinder nicht? Oder umkreist sie immer wieder eine Spielgruppe, ohne eins

der Kinder anzusprechen? Bei welchen Gelegenheiten und mit welchen Kindern bahnen sich am ehesten Kontakte an?
- „Sabine spielt oft mit wechselnden Kindern." Auch hier schließen sich entscheidende Fragen an: Zeigt Sabine ein Verhalten, das es anderen Kindern nahe legt, nach kurzer Zeit aus dem gemeinsamen Spiel auszusteigen? Oder wechselt Sabine von sich aus? Wenn ja: Wechselt sie die Spielpartner, nachdem das Spiel einen gewissen Abschluss gefunden hat oder „aus heiterem Himmel"?

Stichwortartige Notizen in vorher festgelegten Tabellen strukturieren die Beobachtungen und geben wichtige Hinweise darauf, wo es sich lohnt, im nächsten Schritt genauer hinzuschauen. Diese gezielten weiteren Beobachtungen werden dann besser in frei formulierten Protokollen festgehalten als in Tabellen.

6.8.2 „Dreidimensionale" Tabellen

Bei umfangreichen Vorhaben kann es zweckmäßig sein, zwei Aspekte in einer zweidimensionalen Tabelle unterzubringen und einen dritten dadurch zu berücksichtigen, dass mehrere Tabellen hergestellt werden. Ein Beispiel dafür wären Tabellen, die nach Zeiten und Orten unterteilt sind und von denen jeweils eine für jedes Kind erstellt wird, das beobachtet werden soll. Bei einem solchen Vorgehen braucht dann im Text nur noch ein einziger Aspekt berücksichtigt zu werden.

6.8.3 Raumskizzen

Oft ist der **Ort** des Geschehens von besonderem Interesse: Welche Räume in der Einrichtung, welche Bereiche eines Gruppenraums oder welche Teile des Außengeländes werden intensiv genutzt und welche nicht? Für Untersuchungen dieser Art bietet sich eine spezielle Aufzeichnungsform an: Auf einem Blatt (DIN A4-Größe reicht meistens aus) wird der Raum, der beobachtet werden soll, grob skizziert (➛ Abb. 6.43).

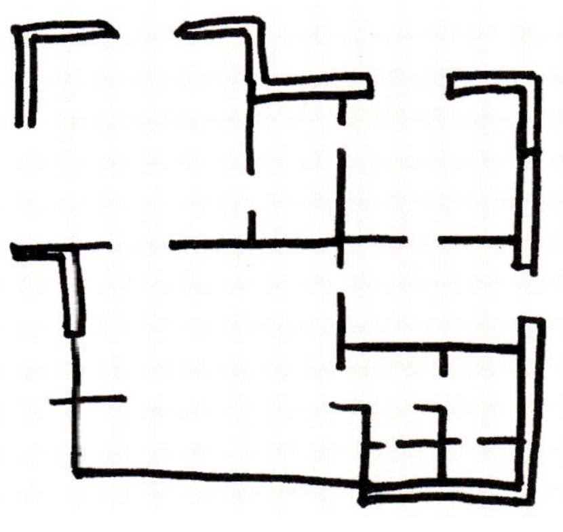

Abb. 6.43 Beispiel einer Raumskizze

Diese Skizze wird vervielfältigt und zu den vorher festgelegten Zeitpunkten wird auf jeweils einem Blatt durch Striche oder Kreuze markiert, wie viele Kinder sich an welchen Stellen gerade aufhalten.

Die Auswertung kann die beiden Fragen beantworten,
1. an welchen Orten sich im Durchschnitt besonders viele und wo sich nur wenige Kinder aufhalten und
2. ob sich die bevorzugten Aufenthaltsorte der Kinder im Lauf des Tages ändern.

Diese Aufzeichnungsform ist die zeitsparendste, hat allerdings eine Schwäche: Später ist nur noch erkennbar, wie viele Kinder sich zu einem bestimmten Zeitpunkt wo befunden haben. Nicht mehr abzulesen ist, ob es zu verschiedenen Zeitpunkten verschiedene Kinder waren oder immer dieselben. Wenn dies erkennbar sein soll, dann ist es notwendig, statt der Symbole (Strich oder Kreuz) die Namen der Kinder einzutragen.

Dadurch lässt sich auch die dritte mögliche Frage untersuchen,
3. ob bestimmte Kinder bevorzugte Aufenthaltsräume haben.

Es wäre ja möglich, dass ein Bereich, der nur von einzelnen Kindern genutzt wird, gerade für diese Kinder eine wichtige Funktion hat und deshalb beibehalten werden sollte. Im pädagogischen Bereich können Entscheidungen nicht allein von Häufigkeiten abhängen.

Auf einer mittleren Aufwandsstufe können durch verschiedene Symbole Teilgruppen von Kindern unterschieden werden, z. B. Mädchen von Jungen oder neu aufgenommene Kinder von Kindern, die schon länger in der Einrichtung sind. Diese Festlegung (z. B. Mädchen = Kreuz, Junge = Kreis) muss vor den Aufzeichnungen geübt werden, damit bei der Datenaufzeichnung keine Unsicherheiten, Zeitverzögerungen oder Fehler passieren.

6.8.4 Häufigkeitsauszählungen

Bei Häufigkeitsauszählungen wird der Aufwand dadurch verringert, dass das Geschehen nicht mehr in seiner Qualität festgehalten wird, sondern nur noch in seiner Häufigkeit. Jedes Ereignis wird nur noch als „ein" Ereignis protokolliert („Strichliste"). Nicht mehr die Namen von Kindern werden festgehalten, sondern nur noch ihre Zahl. Dafür zunächst ein einfaches Beispiel: Ein Team will wissen, in welcher Form bzw. Funktion die Erzieherinnen von den Kindern angesprochen werden. Die Teammitglieder legen zunächst fest, welche Frageformen sie inhaltlich unterscheiden und wann sie die Beobachtungen dazu durchführen wollen. Daraus entwickeln sie den folgenden Protokollbogen (➤ Abb. 6.44).

In diesen Bögen werden Strichlisten geführt, d. h. jede Frage eines Kindes wird von der betreffenden Erzieherin an der entsprechenden Stelle als Strich festgehalten, am Ende der Beobachtungszeit wird zusammengezählt.

Fragestellung In welcher Form bzw. Funktion werden wir von den Kindern angesprochen?	8–9 Uhr	9–10 Uhr	10–11 Uhr	11–12 Uhr
Mitteilungen, Erzählungen („Gestern hatte meine Oma Geburtstag")				
Bitten um Hilfe („Machst du mir mal den Anorak zu?")				
Bitte um Eingreifen bei Auseinandersetzungen („Komm du mal, der Tobias lässt mich nicht mitspielen?")				
Fragen um Erlaubnis („Kann ich mit dem Timo nach draußen?")				
Fragen nach Anregungen und Vorschlägen („Was kann ich jetzt machen?")				
Sonstiges				

Abb. 6.44 Beispiel einer einfachen Häufigkeitsauszählung

Als komplexes Beispiel für die Verwendung einer Häufigkeitsauszählung dient eine Untersuchung, die vom Team einer viergruppigen Tageseinrichtung für Kinder durchgeführt wurde (Bichsel et al. 1974). Ausgangspunkt war die im Team diskutierte Frage, ob die Kinder auch anderes Spielmaterial brauchten als das, was in der Einrichtung vorhanden war. Daher beschlossen die Erzieherinnen, über drei Wochen hinweg zu protokollieren, was und womit die Kinder spielten.

Elf Klassen von Spielmaterial bzw. Tätigkeiten wurden unterschieden; sie sind in der folgenden Tabelle (➛ Abb. 6.45) aufgeführt. Einmal am Tag wurde festgehalten, wie und womit sich die Kinder gerade beschäftigten. Der Beobachtungszeitpunkt wurde nicht auf die Minute genau festgelegt, da die Erzieherinnen das Ziel hatten, „möglichst den Moment abzupassen, in dem einerseits alle Kinder… anwesend, andererseits das Freispiel noch voll im Gange war." (Bichsel et al. 1974,

S. 116). Damit wurde gleichzeitig vermieden, dass noch fehlende Kinder die Aussagekraft der Daten beeinträchtigten. Festzuhalten bleibt jedoch, dass untersucht wurde: „Wie bzw. womit beschäftigen sich Kinder, kurz nachdem sie in die Einrichtung gekommen sind?"

Über einen Beobachtungszeitraum von 15 Tagen hinweg ergaben sich folgende Häufigkeiten (➛ Abb. 6.45).

Fragestellung: Was und womit spielen Kinder?																
Beobachtungstag / Spielform	**1.**	**2.**	**3.**	**4.**	**5.**	**6.**	**7.**	**8.**	**9.**	**10.**	**11.**	**12.**	**13.**	**14.**	**15.**	**Gesamtaktivitäten aller vier Gruppen**
Rollenspiele	8	10	25	18	8	21	6	19	11	7	11	14	10	13	20	**201**
Puppenspiele	2	1	3	2	1	2	5	0	5	1	2	3	1	2	0	**30**
Gesellschaftsspiele	8	6	7	0	3	10	10	0	0	8	0	4	6	11	2	**75**
Bauen	13	10	4	2	6	10	18	9	7	9	11	6	16	10	17	**148**
Konstruktionsmaterial	6	3	1	4	4	4	6	7	3	10	0	3	1	1	2	**55**
Allgemeines Spielmaterial	3	4	5	5	5	5	3	5	2	0	5	3	2	4	4	**55**
Falten/Werken/Basteln	14	10	14	17	4	1	15	18	12	12	7	11	26	11	5	**177**
Malen/Kneten/Experimentieren	12	7	9	17	19	13	5	19	9	15	20	18	8	4	5	**180**
Bilderbücher	4	10	10	8	0	2	8	5	6	2	4	5	4	12	6	**86**
Essen	2	6	2	2	8	4	1	3	7	1	4	6	6	6	8	**66**
Nichts tun	3	2	1	8	1	1	5	0	4	1	1	3	5	1	3	**39**
Häufigkeit aller Spielformen	**75**	**69**	**81**	**83**	**59**	**73**	**82**	**85**	**66**	**66**	**65**	**76**	**85**	**75**	**72**	**1.112**

Abb. 6.45 Beispiel einer Häufigkeitsauszählung. Die aufgeführten Zahlen sind Anzahlen beobachteter Kinder. Am ersten Tag waren acht Kinder im Rollenspiel zu beobachten, zwei spielten mit Puppen, acht mit Gesellschaftsspielen usw. Die Zahlen sind in der letzten Spalte über alle vier Gruppen der Einrichtung hinweg aufaddiert. (Quelle: Bichsel et al. 1974, S. 117)

Die Auswertung der Untersuchung

Die Zeilensummen, die in der Abb. 6.45 ganz rechts wiedergegeben sind, zeigen eine klare Beliebtheitsrangfolge der Spielformen: Am häufigsten (201 mal) waren Rollenspiele zu beobachten, besonders selten war das Spiel mit Puppen (insgesamt nur 30 mal beobachtet).

Da auch die Daten der einzelnen Tage aufgeführt sind, ist außerdem deutlich zu sehen, wie große Unterschiede zwischen den einzelnen Tagen bestehen: Jeder Tag hatte sein eigenes Gesicht; so dominiert an manchen Tagen das Rollenspiel eindeutig, während sich an anderen Tagen nur sechs oder sieben Kinder damit beschäftigen. Auch bei anderen Aktivitätsformen wie Falten/Werken/Basteln oder Malen/Kneten/Experimentieren sind deutliche Schwankungen zu beobachten.

Ein eindeutiger Trend, etwa ein typischer Verlauf innerhalb der Woche, ist nicht auszumachen. (Der erste, sechste und elfte Tag sind wahrscheinlich die Montage, auch wenn dies im Bericht nicht ausdrücklich erwähnt wird.)

So weit die Analyse der Zahlen. Die Beschreibungen und Kommentare der Autorinnen gehen jedoch – zu Recht – weit darüber hinaus. Sie zeigen, dass die Durchführung der Untersuchung nicht nur eine dokumentierende, sondern vor allem eine aktivierende Funktion gehabt hatte und den Anstoß zu weiteren Überlegungen, *Hypothesen* und Aktivitäten gab. Die Kommentare enthalten

- Vermutungen zu den Ursachen von besonders großen oder (für die Autorinnen) überraschend niedrigen Häufigkeiten: „Sicher liegt ein Grund für die Beliebtheit des Rollenspiels im Kommunikationsbedürfnis vieler Kinder“ (ebd., S. 118). „Ein weiterer, ausschlaggebender Faktor könnte sein, dass wir selbst über einige Grundkenntnisse hinaus wenig mit dem Material anzufangen wissen“ (ebd., S. 119).
- Pädagogische Beurteilungen der einzelnen Tätigkeitsformen als Grundlage für die Einordnung von beobachteten Häufigkeiten: „Da wir Rollenspiele für wichtig halten, unterstützen wir die Kinder in ihren diesbezüglichen Aktivitäten auch dann, wenn es dadurch unruhiger in der Gruppe zugeht“ (ebd., S. 118). „Wir waren sehr erstaunt, dass das Spiel mit Puppen in der Vorkommenshäufigkeit an letzter Stelle steht. Damit hatten wir nicht gerechnet und fanden es schade“ (ebd., S. 122).
- Bemerkungen, die beobachtete Häufigkeiten relativieren sollen: „Konstruktionsmaterial und allgemeines Spielmaterial [z. B. Perlen, Muggelsteine, Steckerchen, Legetäfelchen] haben den Zahlen nach den gleichen Häufigkeitswert in der Benutzung. In Wirklichkeit wird allgemeines Spielmaterial noch weniger seinem Zweck entsprechend gebraucht als Konstruktionsmaterial“ (ebd., S. 122).

- Zusatzinformationen zum Ablauf von Spielen und anderen Tätigkeiten sowie zu den vorwiegend beteiligten Kindern; Beispiele dafür: „Auch beim Malen sind die Kinder meistens in kleinen Gruppen anzutreffen. Für uns interessant sind die kleinen Unterhaltungen am Rande“ (ebd., S. 118). „Allein oder in kleinen Gruppen schauen sich die Kinder einzelne Bilder an und bilden nicht selten kleinen Gesprächskreise, in welchen sie sich über die Bilder unterhalten. Kommt es zu Meinungsverschiedenheiten, werden wir um Stellungnahme gebeten“ (ebd.). “Der Vorrang der Buben auf dem Bauteppich ist eindeutig. Mädchen werden nur bedingt in das Bauen miteinbezogen und greifen von sich aus lieber zu anderen Angeboten“ (ebd.).
- Zusatzinformationen zu „allgemeinem Spielmaterial“: „Allgemein glauben wir sagen zu können, dass viele Kinder, die neu in eine Gruppe kommen, zu Materialien aus dieser Kategorie greifen. Sobald sie Anschluss gefunden haben, bevorzugen sie andere Spiele“ (ebd., S. 122).

Einzelne Ergebnisse konnten auch Anlass für Gespräche mit den Kindern sein: „Wir fragten die Kinder direkt, warum sie wenig mit Baufix oder Constri spielten und bekamen mehrfach die Antwort: ‚Das machen wir hier nicht. Das dauert zu lange. Damit spielen wir daheim auch immer‘“ (ebd., S. 119).

Diese Formen der Auseinandersetzung mit den Ergebnissen bewirkten, dass die Autorinnen aus ihrer Beobachtungsarbeit Gewinn ziehen konnten, obwohl sie zunächst enttäuscht waren, als sie sich auf das Protokollieren von Häufigkeiten beschränkten: „In den ersten Tagen unserer Beobachtungsstichprobe vertiefte sich bei uns der Eindruck, dass wir kaum Neues erfahren würden und dass der Zeitaufwand im Verhältnis zum Ergebnis zu groß sei. Diese Meinung haben wir inzwischen revidiert, da uns die Zahlen Ausgangsmaterial für mehrere interessante Teambesprechungen lieferten. Alle Faktoren unserer Arbeit sind uns wieder neu bewusst geworden oder rücken in ein anderes Licht. Besonders wichtig erscheint uns, praktisch erfahren zu haben, dass wir durch unsere Haltung eine Vorentscheidung für die Spielauswahl der Kinder treffen. Wir werden in Zukunft versuchen, unsere Angebote im Freispiel mehr zu variieren und Akzente zu setzen, um möglichst vielen Kindern gerecht zu werden“ (ebd., S. 122).

Die Autorinnen haben schon aus der Häufigkeitsauszählung einiges Neue erfahren; manche Tätigkeitsformen waren für sie selbst überraschend häufig bzw. selten. Aber sie haben Recht mit ihrer Feststellung, dass sich der eigentliche Gewinn erst durch eine längere und differenzierte pädagogische Auseinandersetzung mit dem Thema ergibt. Schon die Festlegung eines Kategorienrasters führt dazu, sich mit dem Gegenstand näher auseinanderzusetzen; in diesem Fall war die Frage, welche Spiele sich zu

Kategorien zusammenfassen lassen. Während der Datenerhebung fiel den aufmerksamen Beobachterinnen auch auf, was alles in den Protokollbögen *nicht* festgehalten wird. Gespräche bei der Auswertung führten zu weiterführenden Fragestellungen. Häufigkeitsauszählungen führen nicht von selbst zu interessanten Ergebnissen. Vielmehr ist es wichtig, diese als Grundlage für die gedankliche Auseinandersetzung mit einem Problem zu begreifen, sie also souverän und kritisch zu handhaben.

6.8.5 Instrumente zur Beurteilung von Kindern: Fragebogen und Einschätzskala

Schon seit mehr als achtzig Jahren werden als Hilfsmittel zur Einschätzung und Charakterisierung von Kindern Fragebögen angeboten, die für Kinder im Kindergartenalter Fragen enthalten wie:

- „Ist das Kind oft mit anderen Kindern zusammen?"
- „Kann es sich über längere Zeit mit einer Sache beschäftigen?"
- „Ist das Kind unruhig?"
- „Verhält es sich aggressiv gegenüber anderen Kindern?"

Meistens werden diese Fragebögen zu so genannten Einschätzskalen weiterentwickelt, indem jeder Frage ein – mehr oder weniger differenziertes – Antwortraster beigefügt wird (z. B. „häufig – manchmal – selten – nie" oder eine Zahlenreihe).

Im Zusammenhang mit der aktuellen Diskussion um Bildungsdokumentationen sind diese Instrumente wieder verstärkt ins Gespräch gekommen. Sie haben jedoch mehrere Nachteile:

- Die Fragen fordern zu einer **Beurteilung** auf, nicht unbedingt zur Beobachtung.
  Als Antwort wird nur ein zusammenfassendes Urteil verlangt, das nicht belegt zu werden braucht. Schon J. Lichtenstein, die bereits im Jahr 1919 den ersten Fragebogen für den Kindergartenbereich entwickelte, forderte: „Bei der Beantwortung der einzelnen Fragen sind Tatsachen anzugeben, nicht etwa bloße Urteile oder Eigenschaftswörter." (Lichtenstein 1919, S. 316) Die Fragen waren also durch die Schilderung von Beobachtungen zu beantworten, und die Autorin gab bei jeder ihrer Fragen Hinweise, bei welchen Gelegenheiten entsprechende Beobachtungen gemacht werden könnten. Ihre Fragen sollten also vor allem zu Beobachtungen anregen. Aktuelle Fragenlisten von Laewen & Andres sowie von Schäfer, die ebenfalls nicht zur Beurteilung dienen, sondern wertvolle Anregungen für die Beobachtung von Bildungsprozessen geben, wurden bereits am Ende des Kapitels 5 vorgestellt. Mindestens ebenso problematisch bei

Beurteilungsbögen ist, dass es um die Beurteilung eines Kindes gehen soll und nicht um die Beurteilung einer Situation oder Wahrnehmung. Jede Erzieherin hat gelernt, Wahrnehmungen wie „Die Kinder sind unruhig." oder „Kinder verhalten sich aggressiv." *ergebnisoffen* zu analysieren: Wie könnte die Unruhe entstanden sein? Liegt es vielleicht an der Raumgestaltung (zu kleine Spielbereiche)? Oder am Materialangebot (das besonders interessante Material steht den Kindern nicht in ausreichender Menge zur Verfügung)? An der Gestaltung des Tageablaufs (Kinder werden immer wieder aus ihren Aktivitäten herausgerissen)? Vielleicht an der Erzieherin selbst, die ihr hektisches Verhalten auf die Kinder überträgt? Es kann natürlich auch mit bestimmten Kindern zu tun haben – aber *das weiß die Erzieherin nicht von vornherein*. Fragebögen ermuntern jedoch die Erzieherin geradezu, auf den Prozess der Reflexion zu verzichten und statt dessen einfach alles, was sie wahrnimmt, dem Kind als Eigenschaft zuzuschreiben: „Das Kind *ist* unruhig" statt „Ich nehme Unruhe wahr. Woran kann das liegen?"
Dass Skalen auch anders eingesetzt werden können, zeigt das interessante Beispiel der „Leuvener Engagiertheitsskala für Kinder" (Laevers 1993). Dieses Konzept erfordert detaillierte Beobachtungen von Kindern, lenkt den Blick auf einen zentralen Aspekt bei Bildungsprozessen, nämlich die Engagiertheit eines Kindes bei dem, was es gerade tut. Es schult die Erzieherinnen, die das Instrument einsetzen wollen, intensiv in der Beobachtung der Signale von Engagiertheit und setzt eine Skala erst am Ende des Prozesses ein, um das Ergebnis der Beobachtung festzuhalten.

- Die Fragen sind **stichprobenartig**. Einschätzskalen sind in der Regel kurz gehalten, um den Zeitaufwand in vertretbaren Grenzen zu halten. Das bedeutet, dass für jeden Entwicklungsbereich, z.B. zum sozialen Verhalten eines Kindes, nur wenige (sechs bis zehn) Fragen vorgesehen sind. Auch wenn der Anspruch erhoben wird, dass damit die wichtigsten Aspekte angesprochen werden, sei die Frage erlaubt, ob so wenige Fragen ausreichen, um ein realistisches und ausgewogenes Bild zu vermitteln.
- Die Fragen sind für alle zu beurteilenden Kinder **gleich**. Um die Angaben vergleichbar zu machen, sollen zu jedem Kind dieselben Fragen beantwortet werden. Die Beurteilerin hat dadurch nicht die Möglichkeit, zu gewichten oder sich auf die Dinge zu konzentrieren, die bei diesem Kind besonders wichtig sind. (Das können übrigens auch Dinge sein, nach denen gar nicht gefragt wird.)
  Außerdem wird der Anspruch erhoben, dass die Beurteilungen „objektiv" seien, weil sie nach einem vorgegebenen, standardisierten Verfahren zustande gekommen sind. Jede Erzieherin, die solche Bögen ausprobiert hat, weiß aber, welche Zweifel, Unsicherheiten und selbstkritischen Fragen oft auftauchen. Sie wird

auch häufig erst Beobachtungsphasen einschieben müssen, um eine fundierte Antwort geben zu können. Einschätzbögen sparen also keine Zeit.
Auch in dieser Hinsicht waren manche alten Instrumente besser als einige Skalen, die in letzter Zeit entwickelt wurden. Die „Fels-Child-Behavior-Scales" von Richards & Simons aus dem Jahr 1941 enthielten z. B. auch die Fragen: „Wie wichtig ist dieses Merkmal für das Gesamtbild des Kindes?", „Wie veränderlich ist das Verhalten des Kindes von einer Situation zur nächsten?" und „Haben Sie den Eindruck, dass Ihr Urteil auf genügend Belegen beruht?"
Die Frage der Vergleichbarkeit spielt auch bei der heutigen Debatte um die Form einer Bildungsdokumentation eine Rolle. Eine gewisse Vergleichbarkeit kann sehr sinnvoll durch allgemein gehaltene Leitfragen gesichert werden, die der Erzieherin dennoch erlauben, bei ihren Antworten die notwendigen Schwerpunkte zu setzen. Die folgenden Leitfragen sind z. B. in einem Vorschlag des Caritasverbandes Münster enthalten, der sich an einem Bogen des Evangelischen Fachverbandes für Tageseinrichtungen für Kinder in Westfalen-Lippe orientiert hat: „Welche Stärken und individuellen Talente bzw. Vorlieben hat das Kind?" „Womit beschäftigt sich das Kind besonders gern? Welche Themen/Anliegen sind momentan für das Kind wichtig?" (Caritasverband für die Diözese Münster 2004)

- Es wird nach **Zuständen**, nicht nach Entwicklungsprozessen gefragt. Fragen wie „Weint das Kind, wenn die Eltern, die es gebracht haben, gehen?" beziehen sich auf ein Verhalten, das sich schnell ändern kann. Fragen wie „Spricht das Kind mit lauter Stimme?" sprechen dagegen ein Merkmal an, das über längere Zeit hinweg konstant bleiben dürfte. Einschätzskalen suggerieren, dass ein konstantes Merkmal des Kindes beurteilt wird, auch wenn dies gar nicht der Fall ist. Antworten des Beurteilers bekommen also leicht einen unangemessen endgültigen und überdauernden Charakter.
  Jede Erzieherin weiß zudem, dass das Verhalten eines Kindes nur auf dem Hintergrund seiner Entwicklung eingeordnet werden kann. Wird sie gefragt: „Spricht das Kind nur mit wenigen anderen Kindern?", könnte sie antworten: „Ja, aber das ist schon ein Fortschritt; früher hatte es kaum Kontakt mit anderen Kindern." Sie könnte auch sagen: „Ja, und so ist es, seit es in den Kindergarten gekommen ist." Schließlich könnte sie antworten: „Ja, aber erst in der letzten Zeit. Früher war es viel kontaktfreudiger." Dreimal ein „ja", aber drei verschiedene Antworten. Im Fragebogen käme dies wohl nicht zum Ausdruck.

Nach der Arbeit mit einer Einschätzskala dürfte Erzieherinnen häufig der Satz auf den Lippen liegen: „Was ich zu dem Kind eigentlich sagen wollte...". Wenn sie daher mit solchen Instrument arbeiten muss (weil z. B. der Träger Einschätzskalen als Bildungsdokumentation einsetzt oder wenn es eine Vereinbarung gibt, in der Zusammenarbeit mit Frühförderstellen oder Erziehungsberatungsstellen solche Bögen zu verwenden), dann sollte sie sich die Gelegenheit zu einem Gespräch nicht nehmen lassen, bei dem sie nähere Erläuterungen geben kann. Ein Fragebogen, der Informationen „abruft", darf nicht das Gespräch zwischen Fachleuten – gemeinsam mit den Eltern! – ersetzen, die für ein Kind und seine Förderung gemeinsam zuständig sind. Das gilt auch beim Übergang des Kindes in die Grundschule.

7. Beobachtung als Prozess

Inhalt

Nur ein Teil der Beobachtungsgelegenheiten ist unwiederholbar. Häufig können erste Eindrücke durch weitere Beobachtungen überprüft und dabei bestätigt, differenziert oder widerlegt werden.

Beobachtung ist vielfach ein Prozess, der sich über Wochen oder Monate hinziehen kann. Dabei wird die Erzieherin, wie K. Utz es formuliert, zwischen „Beobachtungsphasen" und „Reflexionsphasen" abwechseln, um die bisherigen Beobachtungen zu ordnen, neue oder präzisere Fragestellungen zu entwickeln oder um festzulegen, nach welchen Ansatzmöglichkeiten für erzieherisches Handeln sie suchen will.

Dieser Vorgang kann in zwei Richtungen verlaufen: Er führt entweder von einem konkreten Ereignis hin zu einer allgemeinen Fragestellung oder umgekehrt von einer allgemeinen Fragestellung hin zu einem konkreten Ereignis.

Bei der ersten Variante wird die Erzieherin zunächst auf ein Ereignis aufmerksam, das sie fachlich einordnen möchte. Sie kann zu diesem Zweck versuchen,

- Häufigkeiten zu erfassen („Ist das immer so?" „Oder meistens?" „Wenn ja: Unter welchen Bedingungen ist es anders?")
- Abläufe des Geschehens bei Folgebeobachtungen präziser wahrzunehmen als beim ersten Mal
- Das Geschehen noch einmal auf Handlungsmöglichkeiten hin zu betrachten.

Hier stellt die anfängliche, spontane Beobachtung den Anlass zur Reflexion und zu weiteren, gezielten Beobachtungen dar. Es geht dabei darum, konkrete Ereignisse aus dem Praxisalltag in einen größeren pädagogische Rahmen zu stellen und hieraus Impulse, Anregungen, hilfreiche Hinweise für das pädagogisches Handeln zu gewinnen.

Bei der zweiten Variante ist eine allgemeine Fragestellung der Ausgangspunkt, zu der entsprechende Beobachtungen gesammelt werden. Solche Fragestellungen können die Eingewöhnung neuer Kinder, die soziale Funktion von Spielmaterial, die Raumgestaltung oder Ähnliches sein. Hier geht der Weg von der allgemeinen Fragestellung zum konkreten Geschehen in der Gruppe oder Einrichtung: Sind z. B. regelmäßig wiederkehrende Abläufe zu beobachten? Ist ein bestimmtes Verhalten bei allen Kindern zu beobachten oder nur bei Kindern einer bestimmten Altersstufe? Die allgemeine Fragestellung wird also anhand konkreter Praxisbeispiele beleuchtet, unter dem Aspekt: „Was bedeutet das für unsere Einrichtung, für unsere Kinder? Finden wir das hier wieder und in welcher Form?".

Beide Richtungen werden sich abwechseln, je nachdem, ob neues Beobachtungsmaterial einzuordnen ist oder neue Gesichtspunkte im Gruppengeschehen aufzusuchen sind. Daher lässt sich von einem Kreis- oder besser *Spiralprozess* sprechen, da „die globale, umfassende Beobachtung von Alltagssituationen im Kindergarten einzelner Kinder oder der ganzen Gruppe immer mehr differenziert und auf einzelne Verhaltensmuster zentriert" wird (Utz 1986, S. 111). Jede Beobachtung ist mit einem Erkenntnisgewinn verbunden. Folgebeobachtungen finden also auf einer neuen, höheren Stufe statt, auch wenn sie ähnliche Situationen zum Gegenstand haben.

Beobachtung stellt somit einen wechselseitigen Prozess zwischen der Erzieherin und den Kindersituationen dar, und zwar einen Prozess mit „offenem Ende", denn sie wird immer wieder zu neuen, pädagogisch bedeutsamen Fragestellungen führen.

Manchmal erhalten einzelne Beobachtungen im Verlauf eines solchen Prozesses erst im Nachhinein ihren Stellenwert.

Ein Beispiel: Der Baubereich ist gewöhnlich von vier älteren Jungen besetzt, von denen mindestens zwei ständig dort zu finden sind. Eines Morgens fehlen drei von ihnen, der vierte beschäftigt sich im Nebenraum. An diesem Tag verbringt Sabine, die sonst recht schnell und oft ihre Tätigkeiten wechselt, anderthalb Stunden im Baubereich, wo sie allein Straßen und Parkplätze aus Bauklötzen legt und mit Autos herumfährt. An den Tagen vorher war kein Versuch von ihr zu beobachten, in den Baubereich eingelassen zu werden. Allerdings fällt jetzt dem Beobachter wieder ein, dass sie vor zwei Tagen einmal beiläufig angesichts des vollbesetzten Bereichs zu ihm gesagt hat: „Ich kann da nicht rein."

Einzelne Schritte innerhalb einer Beobachtungsspirale

Ein Beobachtungsprozess in dieser Spiralform kann vier Aspekte enthalten:

- **Aufsuchen allgemeiner Begriffe oder Etiketten im tatsächlichen Gruppengeschehen.** Ein Kind kann beim Aufnahmengespräch von den Eltern als „scheu" oder als „robust" beschrieben werden. Damit hat die Erzieherin eine Suchrichtung für erste Beobachtungen: Sie fragt sich, ob konkrete Verhaltensweisen des Kindes mit solchen Begriffen tatsächlich passend beschrieben sind oder nicht.

- **Zurechtrücken, Einordnen in das Gesamtgeschehen.** Zwei Beispiele für Versuche, einen vorherrschenden Eindruck zurechtzurücken: „Der malt den ganzen Tag nur", sagt eine Erzieherin über ein Kind ihrer Gruppe. Erst als sie mehrere Tage lang stichprobenartig jede halbe Stunde aufschreibt, womit sich dieses Kind gerade beschäftigt, wird ihr bewusst, dass es sehr viele verschiedene Dinge tut. Nur am Morgen, wenn es in die Gruppe kommt, malt es tatsächlich meistens erst einmal ein Bild – dieser Eindruck war bei der Erzieherin haften geblieben. „‚Jan und Thorsten haben sich ständig in den Haaren.' Wir sitzen während einer Fortbildungsveranstaltung zusammen, und eine Erzieherin hat diese Feststellung vorgebracht… Bleiben wir bei Jan, Thorsten und ihrer Erzieherin. Die hatte sich nämlich vorgenommen, die Kinder genauer zu beobachten; mehrere Tage lang, jeweils am Vormittag. Und bei unserem nächsten Treffen räumte sie ein: ‚Ich habe Jan und Thorsten früher immer nur streiten *gesehen*. Ihre Beobachtungen hatten gezeigt, dass die beiden tatsächlich recht häufig um Spielzeug oder Spielplätze rivalisierten, sich gegenseitig neckten, oder auch handfeste Auseinandersetzungen ausfochten. Aber diese Beobachtungen hatten auch die positiven Seiten dieser Beziehung ins Blickfeld der Erzieherin gerückt. Sie überlegten gemeinsam, mit wem sie spielen wollten, sagten sich, was ihnen aneinander gefiel, kamen zusammen zum Kindergarten oder trafen sich auch nachmittags zu Hause. Die Erzieherin wusste jetzt mehr über das Verhältnis der beiden zueinander, und sie sah sich nicht mehr genötigt, in jeden Konflikt ausgleichend einzugreifen, solange der Streit nicht auch andere Kinder belastete" (Haucke 1986, S. 1).
- **Bewusstes Umkehren der Fragerichtung.** Die Erzieherin sucht nach Ereignissen, die dem bisher gewonnenen Eindruck widersprechen, indem sie die bisherige Fragerichtung umkehrt. Ein Beispiel: „Die Erzieherin meint, bei den Kindern ein Defizit auszumachen – was sind denn nun Jans und Thorstens Stärken?" (Haucke 1986, S. 1). Bei Versuchen, die Persönlichkeit eines Kindes zu erfassen, sind solche Versuche wichtig, um den ersten Eindruck, von dem zunächst ausgegangen wird, zu korrigieren.
- **Suche nach Ansätzen.** Es kann geschehen, dass die Erzieherin bei der bewussten Umkehrung der Fragerichtung zunächst nicht fündig wird. In diesem Fall kann sie nach Ereignissen oder Verhaltensweisen suchen, die zumindest ansatzweise in die gesuchte Richtung gehen.

Diese vier Aspekte finden sich in einem Beispiel von Utz: Ausgangspunkt für die gezielte Beobachtung eines vierjährigen Mädchens ist die beim Anmeldegespräch geäußerte Sorge der Mutter, dass es „eigentlich noch viel zu klein und zu sensibel für den Kindergartenbesuch sei“ (Utz 1986, S. 110).

Die Erzieherin nimmt sich vor, zu beobachten, wie sich das Kind in die Gruppe einlebt und wie die anderen Kinder auf das Mädchen reagieren. Sie registriert: „Jeden Morgen ist der Abschied zwischen Tamara und ihrer Mutter ein kleines Drama. Nach erfolgter Loslösung von der Mutter sitzt Tamara zumeist, mit ihrer mitgebrachten Puppe auf dem Schoß, in der Ecke. Obwohl sie jetzt schon drei Wochen in der Gruppe ist, wird sie von den meisten Kindern noch nicht angenommen. Will sie mitspielen, wird sie von den Buben aus der Bauecke herausgejagt, etwa mit den Worten: ‚Du darfst nicht mitspielen, du bist ja doof, du Brillenschlange.‘ Bei den Mädchen ist sie entweder isoliert oder sie wird höchstens als Baby, als Hund usw. im Rollenspiel eingesetzt. Macht Tamara bei einer Beschäftigung mit, ist sie sehr ungeduldig, will sofort fertig sein – schafft sie die Anforderung nicht, wirft sie schnell z. B. das Gebastelte weg (‚das ist ja blöd‘) und verweigert auch bei weiterer Ermunterung die Mitarbeit“ (ebd.).

Diese Beobachtungen bestätigen die Erzieherin, „dass Tamara Schwierigkeiten hat, sich in die Gruppe einzufinden, die Gruppe ablehnend, abstoßend reagiert. Die Erzieherin stellt die Vermutung auf, dass Tamara aufgrund ihrer fehlenden Integration in der Gruppe große Angst vor Misserfolgen hat und deshalb auch bei Anforderungen sehr schnell verweigert“ (ebd.).

Der erste Satz ist wohl zu rigoros formuliert, da vorher Ansätze zu gemeinsamem Spiel zumindest mit einigen Mädchen berichtet wurden. Die danach beschriebene Vermutung („große Angst vor Misserfolgen“) kann die Erzieherin weder beweisen noch widerlegen, da sie es ja mit einer individuellen Situation zu tun hat, deren Merkmale sie nicht beliebig verändern und manipulieren kann wie in einem Experiment. Die Vermutung wird noch nicht weiterverfolgt; stattdessen findet die Erzieherin einen Zugang zum Problem, indem sie die Fragerichtung umkehrt und nach Ansätzen sucht: „Die Erzieherin will jetzt ihre Beobachtungen bei Tamara zentrieren auf die Frage: Gibt es Verhaltensweisen bei Tamara, die bei den anderen Kindern der Gruppe akzeptiert werden? … Die Erzieherin kann in den folgenden zwei Wochen beobachten, dass die sehr schöne immer noch von zu Hause mitgebrachte Puppe von Tamara eine *Vermittlungsfunktion* bekommt. Sie legt beispielsweise ihre Puppe in die Wiege am Rand der Puppenecke. Ein anderes Mädchen kommt zu ihr und spielt mit. Zu zweit gehen sie mit der Puppe im Raum spazieren usw. Ein anderes Kind bringt einen Puppenwagen mit, Tamara darf (als gleichberechtigte Mutter) ihre Puppe auch reinlegen“ (ebd., S. 110 f.).

Was der Erzieherin jetzt ins Blickfeld geraten ist, kann sie als ersten kleinen Schritt in die angestrebte Richtung werten, der von den Kindern ausgeht und den sie fördern kann. Möglicherweise wäre sie von selbst auf „Selbstheilungsbewegungen“ (Utz) dieser Art nicht gekommen. Wichtig ist auch, dass ihr ein Gegenstand in seiner besonderen sozialen Funktion deutlich geworden ist. Eine Puppe wird zum Puppenspiel benutzt, das ist selbstverständlich; hier hat sie aber für die Teilnahme eines Kindes am Gruppenleben eine Bedeutung gewonnen, die über die übliche weit hinausgeht.

7.1 Die Schilderung eines Kindes

Das Bild, das sich die Erzieherin von einem Kind macht, kommt erst im Lauf der Zeit durch einen Prozess des Suchens und Ordnens zustande. Der erste Eindruck wird zunächst als Ausgangspunkt festgehalten. Es folgen Versuche, die Verhaltensweisen, die zu diesem Eindruck geführt haben, genauer zu erfassen und zu differenzieren. Schon dabei werden sich Korrekturen und Erweiterungen ergeben. Die Erzieherin wird weiter die Fragerichtung bewusst umkehren und nach Ereignissen Ausschau halten, die dem bisher gewonnenen Bild widersprechen und ihr dadurch andere Seiten der Persönlichkeit des Kindes eröffnen. Schließlich kann sich die Erzieherin fragen, ob sie zu allen bedeutsamen Gesichtspunkten für die Beschreibung eines Kindes (Verhältnis zu Gleichaltrigen, zur Erzieherin, zu Sachen und sachlichen Aufgaben, zu sich selbst, zu Werten) genügend Aussagen machen kann oder wo sie noch weiteres Beobachtungsmaterial braucht.

Als Beispiel folgt die Schilderung von Thomas, einem 5;7 Jahre alten Jungen, der seit 2;2 Jahren den Kindergarten besucht. Der erste Eindruck eines Beobachters, der Thomas in seiner Gruppe kennen lernt: Thomas ist dasjenige Kind, das von der Erzieherin besonders häufig zur Ordnung gerufen werden muss, weil er andere Kinder stört bzw. sich nicht an Gruppenregeln hält. Er geht Streitigkeiten und Raufereien mit anderen Kindern nicht aus dem Weg.

Dies lässt sich in der Folgezeit in verschiedenartigen Situationen beobachten, wobei sich der erste Eindruck bestätigt, aber auch differenziert:

These 1

Thomas ist an Auseinandersetzungen mit anderen Kindern in unterschiedlicher Weise beteiligt.

Beobachtungen

- Yalan setzt sich auf den Rand eines Stuhles, auf dem schon Sabine sitzt. Nach und nach versucht sie, Sabine vom Stuhl zu drängen. Plötzlich und ohne ein Wort zu sagen, schlägt Sabine Yalan ins Gesicht. Sofort danach schlägt Thomas, der mit am Tisch sitzt, seinerseits Sabine ins Gesicht.
- Thomas setzt sich mit Georg und Jens zum Mittagessen an einen Tisch. Nach einer halben Minute hat er Georg einen Löffel weggenommen und streitet sich mit ihm darum. Nachdem die Erzieherin eingegriffen hat, dauert es nur kurze Zeit, bis er und Jens die Tischdecke hin und her zerren; Thomas hatte einen größeren Zipfel der Decke für sich beansprucht, Jens wollte dies nicht zulassen.
- Thomas und Ingo fahren draußen mit Rollern hinter Sabine her, die auf einem Dreirad fährt. Sie versuchen, Sabine den Weg zu versperren oder sie an eine Hauswand zu drängen.
- Thomas und Ingo balgen sich draußen fast täglich mit Mario und dessen kleinerem Bruder Jens herum. Meist zettelt Thomas die Rauferei an, etwa indem er Mario reizt: „Mario, dumme Nuss, hier bin ich!" Wenn dieser auf Thomas losstürzt, wird er von Ingo zu Boden geworfen oder festgehalten, während Thomas leichtes Spiel mit Jens hat.
- Edith macht eine spöttische Bemerkung über Ulrikes Kleidung; Thomas, der öfter betont, dass Ulrike und er Freunde sind, schlägt Edith auf den Rücken.
- Thomas schlendert durch den Gruppenraum und bringt im Vorbeigehen Puzzleteile, die Raffael auf dem Tisch liegen hat, durcheinander.

Differenzierungen der These anhand der Beobachtungen

Zusammengenommen ergibt sich:

- Thomas gerät nicht nur mit bestimmten, sondern mit vielen verschiedenen Kindern in Auseinandersetzungen.
- Er zieht kaum einmal den Kürzeren.
- Oft ist er derjenige, der den Streit auslöst.
- In den Mitteln, die er einsetzt, ist er nicht wählerisch.
- Wenn er mit Ingo zusammen ist, scheint er besonders rauflustig zu sein.
- Man kann vermuten, dass er manchmal in Situationen, die er als langweilig empfindet, Streitigkeiten auslöst.

Abb. 7.1 Der erste Eindruck: These 1

These 2

Thomas muss oft ermahnt werden und hält Gruppenregeln nicht ein.

Beobachtungen

- Bei der Bilderbuchbetrachtung rutscht Thomas als erster nach vorn und nimmt damit anderen Kindern die Sicht. Öfter fällt er anderen Kindern, die sich zu einem Bild äußern, ins Wort. Auch nach mehrmaliger Ermahnung platzt er immer wieder heraus.
- Beim Memory-Spiel sagt Thomas anderen Kindern vor: „Nimm die Karte da, dann kriegst du ein Pärchen!". Er versucht, Karten, von denen er weiß, wo das Gegenstück ist, unter anderen Karten oder unter seinem Unterarm zu verstecken. Er wartet allerdings regelmäßig, bis er an der Reihe ist, versucht nicht, sich vorzudrängeln.
- Anlässlich einer Geburtstagsfeier wird auch gespielt: „Und wer im ... geboren ist, tritt ein ...". Thomas ist das erste Kind, das die im Liedtext enthaltenen Anweisungen nicht befolgt.
- Thomas spielt mit Gina im Gruppenraum Nachlaufen, das er nach Ermahnung der Erzieherin in den Flur verlagert und erst nach einer Viertelstunde ganz einstellt.

Differenzierungen der These anhand der Beobachtungen

Zusammengenommen ergibt sich:

- Thomas fällt es immer wieder schwer, sich Regeln oder Anweisungen unterzuordnen.
- Eine einmalige Ermahnung oder Erinnerung bewirkt meist wenig.

Abb. 7.2 Der erste Eindruck: These 2

In beiden Hinsichten hat sich der erste Eindruck bestätigt. Schon nach kurzer Beobachtungszeit allerdings kristallisieren sich Züge heraus, die darüber hinausgehen und die ebenfalls zum Bild von Thomas und seiner Stellung in der Gruppe gehören.

These 3

Thomas setzt zwar öfter handgreifliche Mittel ein, um sich zu behaupten oder durchzusetzen. Er ist deswegen aber keine Anführerfigur in der Gruppe.

Beobachtungen

- Gegenüber kleineren Kindern setzt Thomas sich öfter eindeutig und rabiat durch. Mit einem knappen Befehl „Raus hier!" schickt er z. B. Jens aus dem Baubereich, in den Jens einen Schritt weit hereingekommen ist. Mit einem kurzen „Gib her!" veranlasst er Anne, ihm unverzüglich eine Schere zu geben.
- Gegenüber gleichaltrigen Kindern macht er wesentlich mehr Worte und begründet auch, warum er etwas möchte. Wortreich überredet er z. B. drei Jungen aus einer anderen Gruppe, bei einem „Autorennen" im Sandkasten, das er mit Martin veranstaltet, Zuschauer zu spielen. (Allerdings sind die drei Jungen nach fünf Minuten wieder verschwunden.)

- Gegenüber bestimmten älteren Kindern, wie z. B. Ingo, verlegt sich Thomas notfalls auch aufs Bitten: „Komm, Ingo, Webrahmen!" lädt er ihn zur gemeinsamen Beschäftigung ein. Als dieser ablehnt, geht Thomas zu ihm hin, legt ihm einen Arm um die Schulter und sagt: „Ach bitte, Ingo!" und noch einmal: „Bitte!", woraufhin dieser sich erweichen lässt. (Allerdings geht Ingo nach wenigen Minuten wieder.)

Differenzierungen der These anhand der Beobachtungen

Zusammengenommen ergibt sich:
- Thomas stellt sich recht gut auf das Kind ein, das er gerade vor sich hat. Gegenüber manchen Kindern zeigt er ein Verhalten, das er sich gegenüber anderen wahrscheinlich nie erlauben würde.

Abb. 7.3 Thesendifferenzierung: These 3

These 4

Thomas zeigt sich auch rücksichtsvoll und hilfsbereit,
gerade gegenüber den jüngsten Kindern in der Gruppe.

Beobachtungen

- Marina, das jüngste Kind der Gruppe, hat beim Würfeln eine ‚Sechs' gewürfelt und könnte daher sechs Holzkirschen auf den gemalten Baum legen. Thomas, der mitspielt, bemerkt offenbar, dass sie nicht weiß, wie viel Kirschen sie nehmen muss; er zählt sechs ab und drückt sie ihr in die Hand.
- Marina setzt sich zu Thomas auf das Lesesofa; er blättert in einem Bilderbuch. Sie greift herüber, um auf ein Bild zu zeigen. Thomas schiebt ihre Hand ruhig und sanft, ohne Gewaltanwendung, beiseite.
- Thomas versucht, Stefanie (3;5 Jahre) zu helfen, indem er ihr Worte in den Mund legt: „Du musst zu Frau Schmidt sagen: ‚Mach mir die Hose zu!'" Als Stefanie nicht reagiert, versucht er es noch einmal: „Sag: ‚Hose zu!'"

Differenzierungen der These anhand der Beobachtungen

Zusammengenommen ergibt sich:
- Thomas nimmt gerade auf die jüngsten Kinder Rücksicht und versucht ihnen zu helfen. Dabei geht es ihm ganz offensichtlich nicht darum, einen eigenen Vorteil herauszuschlagen. [Wichtig wäre zu wissen, ob Thomas jüngere Geschwister hat und wenn ja, wie er mit ihnen umgeht – was wissen wir über seine familiäre Situation?]

Abb. 7.4 Thesendifferenzierung: These 4

Schließlich ist zu beobachten, dass sich Thomas auch öfter allein beschäftigt.

These 5

Thomas wechselt zwar öfter die Aktivitäten und die Spielpartner recht schnell, kann sich aber auch mit einer Sache sehr ausdauernd und intensiv beschäftigen.

Beobachtungen

- Mehrere Kinder der Gruppe haben begonnen, mit einem kleinen Webrahmen ein Deckchen zu weben. Eines Morgens holt Thomas seinen Rahmen und beschäftigt sich fast eine Stunden im Gruppenraum damit. Als die Gruppe nach draußen geht, nimmt Thomas einen Stuhl und einen kleinen Tisch mit und webt draußen weiter. Nach dem Mittagessen nimmt er den Webrahmen mit nach Hause; am nächsten Morgen berichtet er der Erzieherin, dass er fertig sei.
- Eines Morgens ist Thomas das einzige Kind der Gruppe, das vom Eintreffen im Kindergarten bis zum Hinausgehen auf das Außengelände im Bauraum bleibt (abgesehen vom Frühstück). Alle anderen Kinder verlassen den Bauraum nach einiger Zeit wieder bzw. stoßen erst später dazu.

Differenzierungen der These anhand der Beobachtungen

Zusammengenommen ergibt sich:
- Thomas findet besonders im technisch-handwerklichen Bereich bzw. beim Konstruktionsspiel immer wieder Gelegenheiten, sich zu engagieren und in eine Tätigkeit zu vertiefen.

Abb. 7.5 Thesendifferenzierung: These 5

Schon diese kurzen Schilderungen machen deutlich, dass man der Persönlichkeit von Thomas unrecht täte, wenn man sie auf einen besonders markanten Zug oder auf einen „*Typ*“ reduzieren würde. Auch wenn einzelne Eigenarten besonders hervortreten, heißt das nicht, dass es an einem Kind nicht auch noch andere Seiten zu entdecken und zu beschreiben gäbe. Verschiedene Verhaltensweisen können sehr wohl widersprüchlich wirken, bei Thomas beispielsweise sein leicht rücksichtsloses Sich-Durchsetzen einerseits und seine Rücksichtnahme gegenüber deutlich kleineren Kindern andererseits. Beides ist jedoch zu beobachten, und es wäre ein Rückschritt, wenn man versuchen wollte, die Vielfalt der Verhaltensformen um der „Geschlossenheit des Gesamtbildes“ willen einzuschränken. Die Erzieherin kann ein Kind nur in einem bestimmten Ausschnitt seines Tagesablaufes beobachten, das Bild, das sie auf diese Weise gewinnt, wird immer unvollständig bleiben. Was sie aber erreichen kann, ist, über einen ersten, pauschalen Eindruck hinauszugehen, indem sie bewusst auf andere, diesem ersten Eindruck widersprechende Merkmale achtet. Dies sollte sie trotz des Bewusstseins tun, dass jede Beschreibung oder Charakterisierung eines Menschen eine Vereinfachung und Vergröberung darstellt (die hier von Thomas versuchte eingeschlossen). *Kein Mensch, auch kein Kind, ist so einfach beschaffen wie das Bild, das sich andere von ihm machen.*

Aspekte, auf die eine Schilderung eingehen kann

Auf welche Bereiche der Persönlichkeit sollte die Schilderung eines Kindes eingehen? Auf welche Verhaltensformen hat sich dementsprechend die Aufmerksamkeit des Beobachters zu richten? Verschiedene Autoren haben auf diese Fragen unterschiedlich detaillierte und verschieden akzentuierte Antworten gegeben; hier zwei Beispiele:

- Nach Thomae können betrachtet werden (vgl. Thomae 1971, S. 48 ff.):
  - Das Verhalten im Spiel (Art und Verlauf von Spielen)
  - Das Verhalten zu Gleichaltrigen (Kontaktbereitschaft, Einordnung, Rücksichtnahme auf andere, Beitrag zum Leben in der Gruppe)
  - Das Verhalten zu Erzieherinnen (Anerkennung von Regeln und Ordnungen)
  - Das Verhalten des Kindes zu sich selbst (Stimmung, Wünsche, Ängste)
  - Das Verhalten zu Sachen und sachlichen Aufgaben (Umgang mit Gegenständen)
  - Das Verhältnis zu Werten (Verhältnis zum Elternhaus, zur Heimat, zu Tieren, zur Natur überhaupt, zur Welt der Kunst, zum Religiösen).
- Just führt folgende Stichworte an:
  - Äußeres Erscheinungsbild
  - Sozialverhalten
  - Emotionales Verhalten
  - Spielverhalten
  - Aufgabenverhalten
  - Motorisches Verhalten
  - Sprachverhalten
  - Denkverhalten
  - Wertverhalten
  - Besondere Verhaltensauffälligkeiten
  - Erzieherverhalten.

Das letzte Stichwort wird aufgeführt, um den Gesichtspunkt hervorzuheben, dass für das Verhalten des Kindes auch von Bedeutung ist, wie es das Verhalten der Erzieherin ihm gegenüber erlebt. Bestimmte Verhaltensweisen des Erziehers erlebt das Kind unangenehm, als Strafe, andere erlebt es als Nicht-Beachten, wieder andere als angenehm, als Belohnung (vgl. Just 1980, S. 150). Darauf wird das Kind dann reagieren: Manchmal wird das „ungewöhnliche“ Verhalten eines Kindes sofort verständlich, wenn die Erzieherin sich fragt (bzw. von einer beobachtenden Kollegin hört), was sie unmittelbar vorher gesagt und getan hat und wie das Kind dies vermutlich erlebt hat.

Verglichen mit den beiden zitierten Themenkatalogen wirkt die Beispielbeschreibung von Thomas bruchstückhaft und unfertig. Selbst einem Besucher der Gruppe, der sich ausschließlich auf das Sammeln und Ordnen von Beobachtungen konzentrieren konnte, war es nicht möglich, innerhalb von zwei Wochen eine vollständigere Beschreibung auszuformulieren. Eine Erzieherin wird solche Kataloge noch stärker als Zielgrößen ansehen, an denen sie sich orientiert, die sie aber nicht vollständig „erfüllen" kann und muss.

7.2 Bildungsdokumentationen

In fast allen Bundesländern sind in den letzten Jahren *Bildungspläne*, -empfehlungen oder -vereinbarungen entwickelt und erprobt worden, mit deren Hilfe die Bildungsarbeit in den Tageseinrichtungen für Kinder verdeutlicht und weiterentwickelt werden soll. In diesen Papieren wird nicht nur auf die Bedeutung der Beobachtung hingewiesen, sondern auch auf die Wichtigkeit von Dokumentationen. Dies kann zunächst heißen, dass die Planung, Durchführung und Reflexion pädagogischer Aktivitäten, insbesondere von Projekten dokumentiert werden soll. In manchen Papieren ist aber auch von „Bildungsdokumentationen" die Rede, z.B. in der nordrhein-westfälischen „Bildungsvereinbarung". Hier geht es um eine Bildungsdokumentation für jedes Kind, das die Einrichtung besucht, als „Niederschrift des Bildungsprozesses des einzelnen Kindes". Als Grundlage dafür wird die „beobachtende Wahrnehmung des Kindes" angesprochen, die sich auf „die individuelle Vielfalt seiner Handlungen, Vorstellungen, Ideen, Werke, Problemlösungen ..." (Ministerium für Schule, Jugend und Kinder NRW 2003, S. 7) richten soll.

Eine Bildungsdokumentation in diesem Sinn soll also anhand von schriftlich festgehaltenen Beobachtungen und kommentiertem Bildmaterial vor allem verdeutlichen, womit sich das Kind beschäftigt, wofür es sich besonders interessiert, wie es sich mit Fragen und Problemen auseinandersetzt, die ihm begegnen, welche Kreativität es beim Spielen und Gestalten entfaltet.

Die Grundlagen dafür können sein

- **Alltagsbeobachtungen**, vielleicht von Spielszenen, die zeigen, welche Ideen das Kind in ein Spiel einbringt und wie es gemeinsam mit anderen ein Spiel ausgestaltet
- **Sprachprotokolle**, die zeigen, wie kreativ ein Kind mit der Sprache umgeht oder wie intensiv es versucht, seine Vorstellungen oder Ideen anderen Kindern zu vermitteln
- **Gezielte**, ggf. wiederholte **Beobachtungen**, die sich z.B. auf Bildungsbereiche beziehen, zu denen bisher noch keine Aufzeichnungen vorliegen

- Kommentierte **Kinderzeichnungen**, die anschaulich Aufschluss darüber geben, womit sich das Kind beschäftigt und wie es Themen gestaltet
- Kommentierte **Fotos** von Alltagssituationen oder aus Projekten.

Ziel einer Bildungsdokumentation kann – schon aus Zeitgründen – nicht sein, möglichst viel Material über ein Kind zusammen zu stellen und aufzubereiten. Es kommt stattdessen darauf an, aus – oft sowieso anfallendem – Material das auszuwählen, was für einen bestimmten Zeitraum besonders deutlich einige wenige, aber zentrale Aussagen zu einem Kind erlaubt.

Zwei Beispiele für den Wert von **Fotos** in diesem Zusammenhang (➤ Abb. 7.6 und 7.7).

Kurz bevor Jennifer den Kindergarten verließ, kamen Werkbänke in die Einrichtung, und an einer dieser Werkbänke hat sie in den letzten zwei Wochen ihrer Zeit im Kindergarten viel Zeit verbracht. Sie hatte den Ehrgeiz, einen Traktor zu bauen. Ihre hohen Ansprüche hat sie so formuliert: „Mein Traktor soll Räder haben, die sollen sich drehen und es soll nicht wackeln, wenn er fährt.“ Sie hat eine ganze Woche durchgehalten, und sie hat es geschafft. Sie musste dazu verschiedene Dinge herausfinden, z. B. wie man feststellt, wo in einer Scheibe die Mitte ist, oder wie fest man die Nägel einschlagen muss, damit das Rad nicht blockiert, aber auch nicht wieder abfällt. Sie konnte zwar ihren Namen nicht schreiben, als sie den Kindergarten verließ, aber sie hat viel mehr an Grundlagen für ihren weiteren Bildungsweg mitbekommen: Eine hohen Anspruch an sich selbst und die Bereitschaft, auch dann durchzuhalten, wenn es schwierig wird. Diese beiden im Zusammenhang mit Bildungsprozessen zentralen Dinge zeigen bereits ein Foto und ein paar kommentierende Sätze anschaulich.

Abb. 7.6 Jennifers Traktor

Abb. 7.7 Das „unsinkbare“ Schiff

Ebenfalls an der Werkbank hat ein Junge dieses Schiff gebaut, das zunächst nur aus dem Rumpf, dem (leicht nach links geneigten) Schornstein und Aufbauten rechts davon bestand. Als er sein Schiff im Waschbecken schwimmen lassen wollte, stellte sich allerdings heraus, dass es ständig auf die Seite kippte. Nach längerer Zeit kam er (allein!) auf die Lösung des Problems: Ein quer befestigter „Ausleger" (links vom Schornstein) hielt das Schiff zwar nicht genau in der Waagerechten, ließ es aber (mit eine gewissen Schräglage) tatsächlich schwimmen.

Abb. 7.8 Die Zeichnung eines Heizkreislaufs

Eine aufschlussreiche **Zeichnung** zeigt die nächste Abbildung (➛ Abb. 7.8).

Am Tag zuvor war ein Heizungsmonteur bei der Familie gewesen, um mit den Eltern des Kindes über eine neue Heizungsanlage zu sprechen. Dabei lag eine schematische Zeichnung auf dem Tisch, die sich das Kind offenbar genau angeschaut hatte. So genau, dass es am folgenden Tag im Kindergarten diese Zeichnung anfertigte und auch erklärte: Gelb bzw. orange sei der Heizkessel dargestellt, rot der Warmwasser- und blau der Kaltwasserkreislauf. Die Zeichnung veranschaulicht nicht nur das Interesse des Kindes an technischen Zusammenhängen, sondern auch, wie weit seine Fähigkeit, sie wiederzugeben und zu erläutern, schon entwickelt ist.

Zentrale Aussagen als Ausgangspunkt einer Bildungsdokumentation

Eine Erzieherin, die zu einem Kind eine Bildungsdokumentation erstellen will, hält zunächst die wenigen besonders wichtigen Aussagen fest, die sie zu diesem Kind machen und verdeutlichen will. Dabei kann sie sich von dem vorhandenen Material oder von Gesprächen mit einer Kollegin anregen lassen, und sie sollte sich die Zeit nehmen, dieses Kind mehrere Male bei verschiedenen Gelegenheiten gezielt zu beobachten.

Wichtige und manchmal unerwartete Hinweise kann auch das Kind selbst geben. Ein Gespräch mit ihm über das, was die Erzieherin „gesammelt" hat, zeigt ihm nicht nur ihr Interesse an dem, was es tut und wie es das tut, sondern ermuntert es auch, Dinge aus seiner Sicht zu schildern. (Auch die Eltern, denen die Bildungsdokumentation ausgehändigt wird, werden würdigen, wieviel Mühe die Erzieherinnen darauf verwenden, den Bildungsprozess ihres Kindes zu beobachten und zu verdeutlichen.)

Solche Dokumentationen, die in regelmäßigen Abständen, z. B. halbjährlich angefertigt werden, machen fast zwangsläufig Entwicklungen deutlich. Sie zeigen der Erzieherin anschaulich, welche Fortschritte die Kinder machen – Fortschritte, die sie nicht allein bewirkt hat, an denen sie aber sicher einen Anteil hat. Dann sind Bildungsdokumentationen nicht mehr nur eine schwierige (Pflicht-)aufgabe, sondern wirken bestätigend und motivierend.

Ein **Arbeitsblatt** zur Erstellung einer Bildungsdokumentation zeigt die folgende Abbildung (➛ Abb. 7.9).

Welche **positiven Eindrücke** habe ich von dem Kind? Was fällt mir spontan ein, was davon ist mir besonders wichtig? (Nicht mehr als fünf Aspekte sollten übrig bleiben)

Welches **Material** (Beobachtungen, Fotos, Video, Zeichnungen) zeigt das, was ich ausdrücken will, besonders deutlich?

Was sagt eine **Kollegin** bzw. sagen Kolleginnen
- zu meinen Eindrücken
- zum Material?

Was ist zu ändern, was ist zu ergänzen?

Was sagt das **Kind** spontan zu dem Material?
- Woran erinnert es sich?
- Was ist ihm wichtig?

(Gespräche mit dem Kind sollten nur dann stattfinden, wenn es über sich sprechen möchte.)

Was ist gegenüber der letzten Dokumentation **gleich geblieben**? Was hat sich **verändert**?

Abb. 7.9 Arbeitsblatt zur Stichwortsammlung für eine Bildungsdokumentation

7.3 Beobachtungen bei „auffälligem" Verhalten

Was ist mit „auffällig" gemeint? Ein Beispiel: Stefanie (3;5) überraschte bei ihrem Eintritt in den Kindergarten ihre Erzieherinnen damit, dass sie kein Wort mit ihnen sprach. Sie beantwortete Fragen mit Gesten, nickte oder schüttelte z. B. den

Kopf, aber sie sagte nichts. Wünschen und Aufforderungen der Erzieherin kam sie nach, aber wortlos.

Die Erzieherinnen waren zunächst ratlos. Sie wussten nicht, ob hinter dieser Auffälligkeit vielleicht ein ernstes Problem steckte. Deshalb stellten sie in einer Besprechung zunächst Fragen zusammen, die ihnen bei den notwendigen Beobachtungen helfen sollten. Nach und nach erhielten sie auf diese Fragen die folgenden Antworten:

Fragen	Antworten durch Beobachtung
Ist Stefanie unglücklich im Kindergarten?	Stefanie zeigt keine Gefühlsregungen, die uns besorgt machen sollten. Sie weint in der Gruppe nicht, auch nicht frühmorgens, wenn sie gebracht wird. Sie macht keinen nach innen gekehrten Eindruck, sondern beobachtet mit weit geöffneten Augen und – soweit erkennbar – mit Interesse, was in der Gruppe passiert und wie bzw. womit die anderen Kinder spielen. Sie scheut nicht die Nähe anderer Kinder. Bei Singspielen singt sie zwar selten mit, aber sie lächelt häufig und klatscht den Takt mit.
Hat Stefanie Angst vor uns?	Stefanie geht keiner Erzieherin aus dem Weg. Sie lässt sich von den Erzieherinnen anziehen, wenn es nach draußen geht, und lässt nicht erkennen, dass ihr das unangenehm wäre. Sie vermeidet keinen Blickkontakt, sie schaut die Erzieherin an, wenn sie angesprochen wird.
Ist Stefanie unsicher oder gehemmt?	Stefanie wirkt im Gegenteil eher selbstsicher; sie entscheidet offenbar gern selbst, was sie tut und was nicht: Sie folgt nicht jeder Anregung der Erzieherin Sie folgt auch nicht jeder Einladung anderer Kinder. Sie räumt ihr gemaltes Bild sofort in ihre Mappe, auch wenn ihr die Erzieherin gesagt hat, dass sie das auch später noch tun kann. Eines Mittags zeigte sie einer Erzieherin, dass ihr Pullover und ihr Hemd halb aus der Hose gerutscht waren. Die Erzieherin meinte, das könne so bleiben, denn gleich ginge Stefanie doch zum Mittagsschlaf. Stefanie nickte – und ging postwendend zu einem anderen Erwachsenen, um sich die Kleidung in Ordnung bringen zu lassen.
Hat Stefanie Schwierigkeiten, uns ihre Wünsche begreiflich zu machen?	Stefanie kann ihre Wünsche auch ohne Worte verständlich machen: Einmal stellte sie sich neben den Stuhl, auf dem Georg saß, dem die Schuhe zugebunden wurden. Als er fertig war und aufstand, setzte sie sich sofort auf den Stuhl, stellte ihre Schuhe vor ihre Füße und schaute die Erzieherin wortlos an.

Fragen	Antworten durch Beobachtung
	Öfter stellte sie sich wortlos vor eine Erzieherin und schaute sie fortdauernd an. Wenn der Grund nicht offensichtlich war (z. B. die laufende Nase oder der offene Anorak), dann musste die Erzieherin so lange fragen, bis sie richtig geraten hatte. Nach wenigen Wochen hatten wir ein gutes Gespür für den jeweiligen Grund entwickelt.
Spricht Stefanie auch mit den Kindern nicht?	Ab und zu spricht Stefanie mit anderen Kindern. So setzte sie sich eines Tages zu Marina, die einen Klumpen rote Knete in der Hand hielt, an den Tisch, und plapperte, ohne eine Pause zu machen, drauflos: „Das ist ein Mond, nein, ein Stern. Das ist rot. Das war auch so, wo ich beim Arzt war. Der hat am Finger so gemacht (dreht den Nagel des rechten Ziegefingers auf der Kuppe des linken hin und her), dann kam das raus, das war auch so (meint vermutlich die Farbe). Ich mach auch so was." Sie stand auf und holte sich ebenfalls Knete. Stefanie kann also mindestens altersgemäß sprechen und sich mit anderen Kindern unterhalten.
Wie verhalten sich die Kinder? Weisen sie Stefanie ab?	Stefanie erfährt keine gehäufte Ablehnung oder Zurückweisung. Sie wird nicht weggeschickt, nicht gehänselt, nicht verspottet. Sie ist zwar häufig allein oder schaut anderen Kindern zu, aber das liegt nicht daran, dass sie mitspielen wollte, aber von anderen Kindern zurückgewiesen wurde.

Abb. 7.10 Beobachtungen bei auffälligem Verhalten

Diese Beobachtungen nahmen den Erzieherinnen nach und nach ihre Sorgen. Sie nahmen Stefanies „auffälliges“ Verhalten ihnen gegenüber einfach als gegeben hin und warteten auf eine Änderung, die auch nach zwei Monaten einzusetzen begann.

Ein Nachtrag: Als der Beobachter ein halbes Jahr später wieder in die Gruppe kommt, scheint die Zeit auf den ersten Blick stillgestanden zu sein: Stefanie kommt in die Gruppe, begrüßt kurz die Erzieherin, schaut einer Gruppe von Kindern beim Memory-Spiel zu, geht allein frühstücken, setzt sich danach an einen Tisch und schaut in die Bauecke. Später malt sie zusammen mit vier anderen Kindern, mit denen sie sich kaum unterhält. Keine deutlichen Veränderungen gegenüber damals – so scheint es zunächst. In den nächsten Tagen geschieht u. a. aber folgendes: Stefanie hat eine Puppe mitgebracht und gibt sie Sabine. Sie sagt: „Du darfst immer damit spielen. Du bist meine Freundin, ja?“ Als Sabine während des Spiels die Puppe auf dem Tisch ablegt, nimmt Stefanie sie wieder auf und legt sie in Sabines Arm.

Stefanie malt mit Anne an einem Tisch. Als sie fertig ist, räumt sie Papier, Stifte und Unterlage auf, kommt dann zurück, setzt sich wieder auf ihren Stuhl und sagt zu Anne: „Ich warte auf dich!"

Stefanie und Sabine sitzen in der Leseecke auf dem Sofa und haben jede ein Buch vor sich, in dem Hühner, Hähne, Küken und Eier dargestellt sind. Sie zeigen sich gegenseitig Bilder: „Da ist ein Kükchen!" „Willst du das mit mir gucken?" Stefanie: „Dann kannst du das mit mir gucken!" „Da ist ein kleines, da sind zwei Kükchen!" „Sabine, guck mal da, da ist das … [unverständlich]."

Es ist etwas in Bewegung gekommen: Stefanie versucht, Kontakte zu anderen Kindern zu knüpfen. Das Thema „Freundschaft" beschäftigt sie. Die geschilderten Episoden ändern zwar nichts daran, dass Stefanie nach wie vor den größeren Teil des Tages allein oder neben anderen Kindern verbringt, aber sie hat begonnen, Beziehungen zu anderen Kindern zu entwickeln. Und wahrscheinlich schlägt sie dabei das ruhige und sichere Tempo an, das weder sie noch die anderen Kinder überfordert.

Das Beispiel zeigt, dass für die Beobachtung und Beschreibung „auffälliger" Verhaltensweisen zumeist keine speziellen Techniken und Formen notwendig sind. Zwar sind die **Anlässe** der Beobachtung oft ungewöhnlich; meist geht es dabei um

- Verhaltensweisen, die durch ihre Seltenheit auffällig sind (z.B. aggressives Verhalten, das ein Kind gegen sich selbst richtet, oder beharrliches Schweigen über Tage hinweg, auch gegenüber anderen Kindern) oder um
- Abrupte Verhaltensänderungen, wenn beispielsweise ein lebhaftes und geselliges Kind plötzlich Einladungen zum Mitspielen ablehnt und den Vormittag mit Tagträumereien auf der Fensterbank verbringt, oder um
- Verhaltensweisen, mit denen ein Kind bei den anderen mit hoher Wahrscheinlichkeit auf Ablehnung oder Unverständnis stoßen wird wie im folgenden Beispiel: „Wenn neue Kinder in der Gruppe sind, dauert es nicht lange, bis Frank sich mit ihnen balgt. Anschließend sagt er ihnen: ‚So, jetzt weißte Bescheid!'" (Verlinden & Haucke 1990, S. 32).
- Schließlich können auch Verhaltensbesonderheiten, die sich durch chronische Krankheiten oder Behinderungen ergeben, Beobachtungsanlässe sein.

Verhaltensbesonderheiten als Folge von Krankheiten und Behinderungen haben in der Regel typische Auswirkungen, wenn auch in unterschiedlich ausgeprägten Schweregraden. Auch hier sind aber zunächst die Auswirkungen auf das Leben des Kindes in der Gruppe von Bedeutung – und die können sehr unterschiedlich aussehen.

Vor allem bei plötzlichen Verhaltensänderungen des Kindes muss gemeinsam mit den Eltern überlegt werden, welche besonderen Erlebnisse das Kind in der letzten Zeit gemacht hat – in der Familie, im Kindergarten oder an anderen Orten.

Die weiteren Schritte sind weitgehend dieselben wie bei anderen Beobachtungen auch:

Gelegenheiten zur Beobachtung bietet wie auch sonst das Alltagsgeschehen. Es ist ja gerade die Frage, wie sich Besonderheiten eines Kindes im alltäglichen Leben in der Einrichtung zeigen und auswirken.

Die **Technik der Schilderung** kann ebenfalls die gewohnte sein. Besonders anschaulich werden Schilderungen dann, wenn keine Fachausdrücke als Etikettierungen verwendet werden, sondern Geschehnisse und Verhaltensweisen gerade in ihrer Besonderheit, vielleicht sogar Fremdheit so detailliert wie möglich geschildert werden. Oft stellt sich dann übrigens heraus, dass solche Verhaltensweisen oder Handlungsabläufe auch bei anderen Kindern zu beobachten sind, nur nicht so häufig bzw. nicht so überspitzt. Dann verliert das „auffällige" Verhalten viel von seiner Fremdartigkeit. Die ungewöhnlichen Komponenten gehen bei einem solchen Vorgehen nicht unter, wie vielleicht befürchtet werden könnte, sondern treten umso deutlicher hervor. Zwei Beispiele dafür:

- „… auch bei Fremden, denen er sich jedoch, wenn auch voller Angst, zuwendete. Seine Frage war nachher stets: ‚Wo kommt der her? Ist der lieb?'" (Schepping 1980, S. 18). Nicht der Wortlaut der Fragen ist auffällig. Nur der ständige Gebrauch weist darauf hin, welches Gewicht sie für das Kind haben.
- „Ulrike, 5;8 Jahre, ist sehr aggressiv. Sie hat keinen Freund im Kindergarten, worunter sie leidet. Die ganze Gruppe wird von ihr tyrannisiert. Durch ihre auffallend gute sprachliche Ausdrucksfähigkeit, der die anderen (Land-)Kinder nicht gewachsen sind, können sie ihr nicht erwidern und lassen sich dann sehr viel bieten. Ulrike nutzt ihre ‚Stärke' aus, greift dabei Kinder auch tätlich an. Sie schneidet anderen Haare ab, schüttet ihnen beim Essen die Gläser aus, spuckt auf den Boden" (ebd., S. 11). Die Etikettierungen und Interpretationen in den ersten Sätzen wirken wenig überzeugend. „Woran zeigt sich das?" muss immer wieder gefragt werden und: „Wie kommt die Autorin darauf?" Mit dem letzten Satz ändert sich das schlagartig; jetzt werden die Überspitzungen im Verhalten des Kindes deutlich.

Im **Prozess der Beobachtung** wird die Verhaltensweise, die den Anlass zu den weiteren Beobachtungen gegeben hat, eingeordnet. Die leitende Frage ist dabei, welche Auswirkungen sie auf das Verhalten und die weitere Entwicklung des Kindes selbst und auf das Verhalten der anderen Personen hat, mit denen das Kind zu tun hat.

Eine „auffällige“ Verhaltensweise hat in der Regel keine feststehende Bedeutung. Stottern z. B. kann auf Hemmungen des Kindes hindeuten, muss es aber nicht. Ein anderes Kind fest zu schlagen, kann der unbeherrschte Versuch sein, Macht oder (vermeintliche) Stärke zu demonstrieren, oder die fast schon verzweifelte Reaktion auf lang andauernde Hänseleien oder Spott, wodurch „das Fass jetzt übergelaufen“ ist.

Unterscheidungsmöglichkeiten bei „auffälligen“ Verhaltensweisen

In der Literatur werden im einfachsten Fall gehemmte (neurotische, psychisch gehemmte oder gestörte, „emotionally disturbed“) Kinder einerseits und solche, die „ausagieren“ (sozial auffällige, verwahrloste, „acting out, maladjusted“), andererseits unterschieden (vgl. z. B. Bittner u. a. 1974).

Alexander Sagi schlägt vor, auch diese Unterscheidung noch aufzulösen, er vermutet Angst als gemeinsamen Faktor. Unter der Überschrift „Wer Angst hat, schlägt leichter zu.“ argumentiert er: „Angst ist eine Grundbefindlichkeit, bei der der Mensch bereit ist, entweder den Umweltkontakt aufzugeben oder aggressiv zu reagieren. In beiden Fällen ist seine soziale Existenz gefährdet“ (Sagi 1990, S. 50). Langjährige Erfahrungen aus entsprechenden Beobachtungen von Kindern fasst er so zusammen: „Hinter demonstrativ aggressivem Verhalten fanden wir immer Angst. So gesehen, scheint es ein Kunstfehler zu sein, wenn man bei einem aggressiven Kind nicht von vornherein die Frage stellt: Wovor hat es Angst?“ (ebd., S. 55).

7.4 Langzeitbeobachtungen zur Nutzung von Material und Räumen

Raumgestaltung und Materialangebot entscheiden oft darüber, wie interessant das Leben in der Einrichtung für die Kinder ist, und wie stark sie sich im Spiel engagieren. Wenn die Räume umgestaltet oder neue Materialien angeboten werden, sind deshalb besonders aufschlussreiche Beobachtungen möglich.

Als Beispiel folgen Beobachtungen, die im Lauf eines halben Jahres gemacht werden konnten, nachdem die Kinder im Außengelände der Einrichtung – neben vielen anderen Materialien wie z. B. Kanthölzern, Gerüstbrettern, Drainagerohren usw. – etwa 30 Getränkekisten vorfanden. Aus diesen Beobachtungen ergab sich eine umfangreiche Beschreibung der vielen Eigenschaften, die diese Kisten zu einem so wichtigen Konstruktionsmaterial für Kinder unterschiedlichen Alters machen.

Beobachtungen zur Nutzung von Material	
Was ist zu beobachten? Wie gehen die Kinder mit dem Material um?	**Welche Eigenschaft des Materials ist dabei von Bedeutung?**
Kinder tragen Kisten an verschiedene Stellen im Außengelände.	Die Kisten sind leicht genug, um von den Kindern bewegt werden zu können.
Kinder setzen sich auf Kisten und unterhalten sich.	Eine Kiste ist gerade so hoch, dass Kindergartenkinder darauf bequem sitzen können.
Kinder nutzen vier Kisten als Stühle und stellen in die Mitte eine fünfte hochkant als Tisch.	Die Kisten haben eine Quaderform, die (im Gegensatz zu einem Würfel) unterschiedliche Bauhöhen ermöglicht.
Ein Kind stapelt zwei Kisten (mit der Unterseite nach oben) aufeinander, stellt zwei weitere gestapelte Kisten daneben und richtet auf der oberen Fläche einen „Kaufladen" ein.	Zwei aufeinander gestapelte Kisten sind gerade so hoch, dass Kinder bequem Dinge darauf ablegen können. Auf den Unterseiten können auch kleinere Gegenstände abgelegt werden, ohne durchzufallen.
Nach einiger Zeit stellt das Kind eine dritte Kiste so auf eine Seite des Stapels, dass die Oberseite zu ihm zeigt. In das Gitter in der Kiste (das sonst die Flaschen aufnimmt) schiebt es Holzstücke, die es verkaufen will.	Das innere Gitter der Kiste erhöht nicht nur die Stabilität, sondern kann im Spiel auch dazu dienen, Gegenstände zu lagern und zu ordnen.
Ein jüngeres Kind stapelt mehrere Male hintereinander drei Kisten aufeinander, nimmt den Turm wieder auseinander und beginnt umgehend von neuem.	Die Kisten sind durch die umlaufende Nut auch für jüngere Kinder gut und stabil zu stapeln. Sie müssen sich jedoch beim Hochheben anstrengen und beim Stapeln sorgfältig vorgehen. [Die beobachtete Tätigkeit stellt bei Dreijährigen hohe Anforderungen an die Koordination von Wahrnehmung und Bewegung.] Die Kisten haben abgerundete Kanten und sind so leicht, dass schwere Verletzungen ausgeschlossen sind.
Kinder lehnen Bretter schräg an eine einzelne Kiste und balancieren auf den Brettern herauf und herunter.	Die Kisten sind so stabil, dass sie die Last mehrerer Kinder (und darauf gelegter anderer Materialien) tragen können.
Kinder stellen zwei Kisten in ca. 2,50 m Abstand auf den Boden und legen ein Brett darüber, auf dem sie hin und her laufen.	Die Kisten sind gleich hoch, so dass das Brett automatisch waagerecht liegt.

Was ist zu beobachten? Wie gehen die Kinder mit dem Material um?	Welche Eigenschaft des Materials ist dabei von Bedeutung?
Zwei Kinder stellen eine Kiste auf den Boden, legen ein Brett darüber und wippen damit.	Die Kiste ist zwar stabil genug, aber die Oberseite ist nicht abgerundet, so dass das Wippen zu einer holprigen, mühsamen Angelegenheit wird. (Bald finden die Kinder bessere Unterlagen für eine Wippe.)
Ein Junge baut aus insgesamt 18 Kisten einen „Mähdrescher" (s. Kap. 6.4).	Weil die Kisten genormt sind, werden auch komplizierte Bauwerke möglich. Die geraden Seitenflächen ermöglichen ein „fugenloses" Bauen.
Drei Kinder bauen eine Bude aus Kisten, Brettern und Holzklötzen.	Die Kisten sind so groß, dass sogar Bauwerke entstehen können, in denen Kinder sich bewegen können. Sie sind mit anderen Materialien kombinierbar, die auf die Kisten gelegt oder in Zwischenräume eingeschoben werden können. Dabei entstehen stabile Bauwerke, wenn die Kinder sorgfältig vorgehen.
Ein im Außengelände gespanntes, etwa sechs Meter langes Tau, auf dem Kinder balancieren, dehnt sich und berührt nach kurzer Zeit in der Mitte den Boden. Ein Kind kommt auf die Idee, eine Kiste in der Mitte unter das Seil zu stellen, so dass zwei (kürzere) Teilstücke entstehen, auf denen wieder balanciert werden kann.	Die Kisten sind in ihrer Bedeutung und Funktion so offen, dass Kinder sie zu kreativen Problemlösungen nutzen. [Ob Erwachsene auch bzw. auch so schnell auf diese Lösung gekommen wären?]

Abb. 7.11 Beobachtungen zur Nutzung von Material

Auch bei der Gestaltung von Räumen kommt es auf die Details an. Deshalb müssen in einem längeren Prozess möglichst viele Beobachtungen zusammengetragen werden, damit reflektiert werden kann: Was soll beibehalten werden, wo sollten versuchsweise Veränderungen stattfinden?

In der folgenden Anekdote aus „Meine Kinderjahre" von Theodor Fontane geht es auch um ein interessantes Detail im Raum. (Es geht um das neue Haus der Familie in Swinemünde.) „Ja, hässlich eng und vernachlässigt war alles, am vernachlässigten aber war die Kinderstube, drin, grad in der Mitte, ein großes Stück Diele fehlte, so dass der Dünensand, darauf das Haus ohne Untermauerung stand, zum Vorschein kam. Später söhnte ich mich mit diesem Dielenloch freilich aus, denn gerade diese Sandstelle wurde, wenn wir bei schlechtem Wetter nicht hinaus konnten, zum bevorzugten Spielplatz für uns Kinder, wo wir mit vier würfelförmigen Steinen unser Lieblingsspiel spielten. Dies Lieblingsspiel hieß „Knut", war also vielleicht dänischen Ursprungs und lief darauf hinaus, dass man, den vierten Stein hoch in die Luft werfend, ihn im Niederfallen unter gleichzeitigem Aufraffen der im Sande liegenden drei anderen Steine, wieder auffangen musste" (Fontane 1979, S. 38).

7.5 Eine Beobachtung zum Tagesablauf

Im folgenden Beispiel geht es um eine Beobachtung im Rahmen einer umfassenden *Situationsanalyse* zum Tagesablauf in einer Kindertageseinrichtung. Anlass war die grundlegende konzeptionelle Überlegung, ob die Struktur des Tagesablaufs ausreichend auf die Bedürfnisse der Kinder abgestimmt ist. Fragen hierzu waren:

- Gibt es unnötige Unterbrechungen von Spielsituationen?
- Ist der Anteil gemeinsamer und differenzierter Angebote stimmig?
- Haben die Kinder genügend freie Zeit zur Entfaltung ihres Spiels?

Eine Teilbeobachtung betraf die Ankommsituation der Kinder am Morgen. Die Erzieherinnen wollten für jedes Kind herausfinden: Was findet es vor, wenn es morgens die Einrichtung betritt, ist es das, was es dann braucht?

Sie formulierten als **pädagogisches Ziel**: Wir wollen von jedem Kind ein „Ankommensprofil" erstellen und überlegen, ob jedes Kind das findet, was es benötigt, um „anzukommen", also in sein Spiel oder eine andere Aktivität zu finden.

Beobachtungsziel: Die Beobachtung soll ein individuelles Bild der Ankommsituation jedes Kindes erbringen.

Die Beobachtung sollte beschreibend, in Form einer freien Schilderung erfolgen und Dialoge möglichst wortgetreu wiedergegeben werden. Wichtig war den Erzieherinnen auch, sich ihre Vorannahmen bewusst zu machen. Durch ihre Erfahrung hatten sie ja bereits eine Vorstellung davon, auf welche Weise die Kinder morgens ankommen: fröhlich und tatendurstig oder noch müde und zögerlich. Bei der Beobachtung wollten sie sich darauf einstellen, sich überraschen zu lassen, also evtl. auch Neues im Verhalten der Kinder zu entdecken.

Sie entwickelten ein einfaches und zweckmäßiges **Schema** für die Beobachtung (➤ Abb. 7.12).

Jedes Kind sollte in einem Zeitraum von vier Wochen möglichst dreimal beobachtet werden, und zwar vom Zeitpunkt seines Ankommens ca. 15 Minuten lang.

Die Ergebnisse der Beobachtung waren vielfältig. Die Erzieherinnen waren erstaunt, wie viele verschiedene Arten des Ankommens es gibt. Die Beobachtungen

Beobachtungsbogen zur Ankommsituation am Morgen

Name: Verena

Alter: 5;8

Datum: 12.05.

Uhrzeit: 9.10 Uhr

Mein Bild *vor* der gezielten Beobachtung

Verena ist erst seit zwei Wochen in unserer Einrichtung. Die Familie ist umgezogen. Verena wird meist kurz nach 9 gebracht. Sie wird vom Vater im Auto verabschiedet und kommt alleine in die Gruppe. Sie wirbelt zunächst durch den Gruppenraum, zieht sich dann eine Zeitlang zurück, ehe sie sich für ein Spiel oder ein Angebot entscheidet.

Freie Schilderung der Ankommsituation

Verena betritt um 9.10 Uhr den Gruppenraum. Sie erwidert den Gruß der Erzieherin nur mit einem flüchtigen Nicken, ohne Blickkontakt, geht dann schnurstracks zu Gitte (3;5) die mit einem Steckspiel hantiert.
Verena: „So geht das nicht"
Sie nimmt Gitte ein Holzteil aus der Hand und steckt es in die richtige Öffnung.
Verena: „So geht das."
Dann nimmt sie auch die anderen Steckteile, die vor Gitta auf dem Boden liegen und steckt sie ganz schnell in die richtigen Öffnungen.
Sie geht wortlos weiter zu Stefani und Murat, die auf dem Bauteppich einen Bauernhof aufbauen.
Verena: „Ich geh jetzt ins Ballett. Ich hab auch schon ein Trikot. Könnt ihr auch Ballett? Das geht so:"
Sie nimmt die Arme über den Kopf und hebt ein Bein nach vorne. Stefani und Murat schauen kurz auf, bauen dann weiter.
Verena: „Nein, ihr könnt das nicht, ihr geht ja nicht ins Ballett und ihr habt auch kein Trikot."
Mit der Fußspitze tippt sie leicht gegen den Zaun der Kuhweide.
Murat: „Hör auf."
Er rückt den Zaun wieder gerade. Verena dreht eine Pirouette, dabei verrutscht der Bauteppich etwas, so dass einige Figuren umkippen.
Murat: „Manno du machst ja alles kaputt."
Stefanie und Murat machen sich sofort an die Reparaturarbeiten und beachten Verena nicht weiter. Verena geht zum Fenster, schaut hinaus, macht Atembilder auf der Scheibe, setzt sich dann an die Seite des Frühstückstisches, an dem keine anderen Kinder sitzen. Sie schaut auf ihre Hände und „malt" mit dem Finger auf der Tischplatte. Meine Kollegin setzt sich zu ihr und spricht sie an.

Abb. 7.12 Ausgefüllter Beobachtungsbogen zur Ankommsituation am Morgen

lieferten vielfältige Anregungen für verschiedene Ebenen der pädagogischen Arbeit. Es gab auch Überraschungen, wie z. B. in Bezug auf Verena, ein Mädchen, das erst seit kurzem die Einrichtung besuchte. Die Erzieherinnen hatten von ihr den Eindruck eines selbstbewussten Mädchens, das kontaktfreudig war und sich schnell in der neuen Umgebung zurechtgefunden hatte. Deshalb tauschten sie verwundert die folgenden Beobachtungen aus (➤ Abb. 7.12).

Die Beobachtungen an zwei folgenden Tagen zeigten ein ähnliches Bild: Verena versuchte zunächst forsch und bestimmend Kontakt zu anderen Kindern aufzunehmen, um dann – wie es schien – resigniert den Rückzug anzutreten.

Bei der Reflexion der Beobachtungsprotokolle entwickelten die Erzieherinnen folgende *Hypothesen*:

Hypothesen in Bezug auf Verena: Wir vermuten, dass Verena morgens unter Stress steht. Vielleicht ist die morgendliche Situation zu Hause anstrengend und hektisch. Sie agiert so, als müsse alles schnell und ruck-zuck gehen. Gleichzeitig wirkt sie erschöpft, müde, überfordert. Sie sucht nach einem Weg, sich ins Gruppengeschehen einzufädeln und trifft dabei auf eine – aus ihrer Sicht – geschlossene Gesellschaft. Die meisten Kinder sind bereits – allein oder mit anderen – in ein Spiel vertieft. Vielleicht hat sie Sorge, keinen „Platz" mehr zu finden. Die Art und Weise, wie sie versucht, Kontakt aufzunehmen, hat etwas Hektisches und führt nicht zum Erfolg. Sie holt sich keine „Eintrittskarte", indem sie z. B. fragt, ob sie mitspielen darf, eigene Ideen, die zum Spiel passen, einbringt oder erstmal zuguckt (➤ Kap. 6). Dass sie durchaus kontaktfähig ist, zeigt sich im weiteren Tagesverlauf. Hier scheint das Frühstück für sie ein Wendepunkt zu sein. Danach kann sie entspannter auf Kinder zugehen, findet auch recht häufig Resonanz, weil sie gute Ideen einbringt. Ihre leicht dominante Art kann sie dann gewinnbringend – z. B. im Rollenspiel – einsetzen: sie achtet auf Regeln, verteilt Rollen, hat ein Drehbuch im Kopf, das das Spiel über längere Zeit trägt. Sie wirkt insgesamt selbständig und selbstbewusst, vielleicht war es uns aus diesem Grund bisher nicht so aufgefallen, dass das Ankommen am Morgen für sie schwierig ist.

Die Beobachtungen führten zu weiterführenden Überlegungen in verschiedenen Hinsichten.

Resümee in Bezug auf Verena: Verena braucht in der Ankommsituation ein deutliches Signal, dass sie mit Freude erwartet wird und in der Gruppe herzlich willkommen ist. Dieses Signal muss eine Erzieherin geben, z. B. indem sie Verena beim Eintreffen persönlich in Empfang nimmt, mit ihr Kontakt aufnimmt durch Berührung, durch Blickkontakt, durch persönliche Ansprache, die über „Hallo Verena" hinausgeht. Auf diese Weise würde Verena ganz selbstverständlich mit „aufgenommen" und könnte sich zunächst in Ruhe orientieren. Es könnte ihr auch gut tun, zunächst einen attraktiven Rückzugsbereich zu finden, in dem sie noch ein bisschen tagträumen kann. Ideal wäre eine Ecke, die zugleich Rückzug bietet und trotzdem den Blick auf das Gruppengeschehen ermöglicht. Wenn die Gruppensituation dies zulässt, wäre es gut, wenn eine Kollegin sich ein paar Minuten zu ihr setzte, vielleicht einfach nur schweigend oder mit ihr zusammen überlegt, was sie denn heute machen könnte. Es wäre auch wichtig, Verena frühzeitig einen Anstoß zu geben, ihr Frühstück einzunehmen, denn danach scheint es ihr besser zu gehen.

In einem Gespräch mit Verenas Eltern sollte die morgendliche Situation zu Hause angesprochen werden und evtl. gemeinsam nach Möglichkeiten einer positiven Veränderung gesucht werden. Hieraus könnten sich auch noch wichtige Hinweise ergeben, Verenas Verhalten zu verstehen.

Resümee in Bezug auf die Kinder im Allgemeinen: Es kommen immer mal Kinder später, manche regelmäßig, andere aus einem bestimmten Anlass, z. B. nach einem Arztbesuch. Sie finden dann eine Gruppe vor, in der bereits vielfältige Aktivitäten im Gang sind. Für manche ist das kein Problem, sie haben Freunde und Freundinnen, die auf sie gewartet haben, die sie mit ins Spiel nehmen. Für andere ist es vielleicht schwieriger, sie fühlen sich vielleicht verunsichert und ausgeschlossen, brauchen einen Brückenschlag. Es ist wichtig, darauf zu achten, diese Kinder in besonderer Weise in Empfang zu nehmen, damit sie das sichere Gefühl haben: Jemand freut sich, dass ich da bin, hier ist mein Platz, ich brauche nicht darum zu kämpfen.

Resümee in Bezug auf die Raumkonzeption: Manche Kinder scheinen mit der Fülle des Gruppenlebens am frühen Morgen erst einmal überfordert. Es gibt zwar den Nebenraum, der als Rückzugsmöglichkeit geeignet wäre, häufig ist dieser aber, wenn die späteren Kinder kommen, schon belegt. Ideal wäre ein kleiner Rückzugsbereich im Gruppenraum, wo einzelne Kinder in Ruhe ankommen können und sich gleichzeitig einen Überblick verschaffen können, was gerade so läuft. Die Erzieherinnen denken an das „Atembild", von dem in der freien Schilderung die Rede ist und sie überlegen, dass es wohltuend sein kann, einfach nur nach draußen zu schauen, den Blick schweifen zu lassen. Folgende Idee entsteht: Die große Fensterfront reicht von Wand zu Wand. In einer Ecke könnte man zwischen Wand und Fenster ein kleines Podest schaffen, ausreichend für zwei bis drei Kinder. Mit Sitzpolstern, kleinen Kissen, einem transparenten Vorhang, einer kleinen Bücherauswahl, vielleicht zwei, drei Kuscheltieren oder Handpuppen könnte man diese Ecke gemütlich und einladend gestalten. Ein Kind kann sich an die Wand anlehnen oder aus dem Fenster gucken oder das Gruppengeschehen betrachten und ist doch für sich. Darüber hinaus haben die Erzieherinnen noch die Idee, diese Ecke von Zeit zu Zeit persönlich auf ein Kind zuzuschneiden. Für Verena z. B. könnte man Bilder von Baletttänzerinnen oder Ballettszenen (aus alten Kalendern oder Zeitschriften) an die Wand heften.

Resümee in Bezug auf die zeitliche Konzeption: Die Ankommzeit endet nicht um 9.00 Uhr, sondern, wenn das letzte Kind angekommen ist! Wenn Eltern ihr Kind (regelmäßig) zu spät bringen, ist dies auf der Erwachsenenebene auszuhandeln, für das Kind darf dies keinerlei Nachteile mit sich bringen.

Die Erzieherinnen setzen die Überlegungen, die sich aus der Beobachtung ergaben, zügig in die Praxis um. Die besonders gestaltete, persönliche Begrüßung Verenas, verbunden mit Körper- und Blickkontakt hatte bereits nach kurzer Zeit den gewünschten Effekt: Verena wirkte ruhiger, entspannter. Sie stürzte nicht mehr sofort auf die Kinder los, sondern blieb zunächst etwas für sich oder bei einer Erzieherin. Der Fensterplatz mit Podest konnte mit vorhandenen Materialien hergestellt werden. Dieser Platz wurde schnell ein Lieblingsplatz für alle Kinder. Die Idee der persönlichen, auf ein Kind hin zugeschnittenen Gestaltung der Wand wurde zunächst von den Erzieherinnen in die Tat umgesetzt (dazu wurden zwei Magnetleisten in unterschiedlicher Höhe angebracht). Bald beteiligten sich auch Kinder an der Gestaltung, die sich z. B. überlegten, wie sie einem anderen Kind eine Überraschung bereiten könnten: „Wir hängen da jetzt mal so Fische hin für den Clemens und blaue Bänder, die sind das Wasser. Der wünscht sich doch ein Aquarium zum Geburtstag."

Nach einiger Zeit schien sich Verena ihres Platzes in der Gruppe sicher zu sein, so dass sie des besonderen Brückenschlages nicht mehr bedurfte. Als äußeres Zeichen dafür nahmen die Erzieherinnen die Beobachtung, dass Verena von sich aus beim Betreten des Gruppenraums den Blickkontakt zu ihnen suchte, häufig auf die Erzieherinnen zuging und sie begrüßte, etwas von zu Hause erzählte oder von ihrem Ballettunterricht, um sich dann entspannt und aufmerksam dem Gruppengeschehen zuzuwenden.

7.6 Die Beobachtung einer Spielgruppe

Das folgende Beispiel zeigt, dass gezielte Beobachtung auch ein Mittel sein kann, **kurzfristig** auf Spielsituationen zu reagieren. Es geht dann darum, eine *Hypothese* und die damit verbundenen Überlegungen – etwa die Anschaffung von Materialien – abzusichern oder zu konkretisieren. Dabei wird man ein einfaches Beobachtungsschema wählen und es bei einer oder wenigen Beobachtungssequenzen bewenden lassen.

Anlass für die gezielte Beobachtung war ein Spiel auf dem Außengelände, das schon seit mehreren Tagen im Gange war und sich um eine Gruppe von drei älteren Kindern herum aufbaute. Es fand auf dem durch Weidenbüsche etwas verdeckten Teil im hinteren Bereich des Außengeländes statt. Es ging wohl darum, ein „richtiges“ Haus zu bauen. Die Erzieherinnen hatten den Eindruck, dass dieses Spiel kurzzeitig von hoher Intensität war, dann aber schnell wieder im Sande verlief. Es gab immer interessierte kleine Zuschauer als Zaungäste. Im Zusammenhang mit dieser Aktivität kam es hin und wieder zu Regelverletzungen, weil die Kinder alles Mögliche nach draußen schleppen wollten: die Bänke aus dem Turnraum, Decken, Polster, Tücher aus dem Rollenspielbereich, Spielfiguren aus dem Baubereich, eine Malstaffelei sollte als Baugerüst dienen usw. Diese Materialien waren für das Spiel draußen nicht geeignet, waren zur Zweckentfremdung als „Baumaterial“ auch zu schade.

Die Erzieherinnen überlegten, den Kindern ‚richtige‘ Baumaterialien zur Verfügung zu stellen, die ihnen auf dem Außengelände auch frei zugänglich sein sollten. Mit einer gezielten Beobachtung wollten sie zuvor ein genaueres Bild des Spiels und der verwendeten bzw. vermissten Materialien gewinnen. Dies sollte durch eine einzelne, gezielte Beobachtung erkundet werden.

Bei der Vorbereitung der Beobachtung wurde schnell deutlich, dass sich von dieser Spielsituation noch weitere Fragestellungen ableiten ließen: Wie schaffen es die Hauptakteure, das Interesse an diesem Spiel immer wieder zu wecken, und das, obwohl augenscheinlich die *Rahmenbedingungen* nicht gerade optimal sind? Welche weiteren Kinder kommen dazu, wodurch werden sie eingeladen, mitzuspielen? Was ist mit den Zaungästen? Stimmt der Eindruck dass dies eher die Jüngeren sind? Kommen die auch zum Zuge, oder reicht ihnen das Zuschauen und Kommentieren aus der zweiten Reihe, im Sinne eines *„Lernens von der Seite“*? Diese Fragen sollten aber erst einmal zurückgestellt werden, man wollte sich zunächst auf die Materialfrage konzentrieren und möglichst kurzfristig darauf reagieren.

Als **pädagogisches Ziel** wurden formuliert: Wir möchten die Spielfreude und das hartnäckige Engagement der Kinder bei ihrem „Hausbau“ unterstützen, indem wir ihnen geeignetes Material zur Verfügung stellen.

Als **Beobachtungsziel** wurde formuliert: Die Beobachtung soll ein Bild der Spielsituation vermitteln und Informationen dazu liefern, welche Materialien die Kinder verwenden, inwieweit sie improvisieren, also fehlendes Material durch etwas anderes ersetzen können und wo das Spiel durch fehlendes Material ins Stocken gerät oder ganz aufgegeben wird.

Die Erzieherinnen entwickelten folgenden Beobachtungsbogen (➛ Abb. 7.13).

Die gezielte Einzelbeobachtung hat die Vermutung der Erzieherinnen bestätigt, dass sich hier ein interessantes und intensives Spiel aufbaut, das aber durch fehlende Materialien immer wieder ins Stocken gerät und vielleicht auch aus diesem

Freie Schilderung	Verwendete Materialien	Welches Material hätte das Spiel vermutlich weitergeführt (spontane Einschätzung)?
Auf dem Gelände liegen Äste auf dem Boden, die den Grundriss des Hauses darstellen. An den Ästen entlang haben die Kinder – Lars, Svenja und Felix – begonnen, mit kleinen Kieselsteinen und mit Wasser befeuchtetem Sand aus dem Sandkasten zu „mauern". Einige Kinder schauen zu. Lars (6;2): „Das hält so nich, der Sand is zu dünn. Kommt wir nehmen Schnur, die binden wir dann so fest (Lars breitet die Arme aus und zeigt eine Linie zwischen dem Zaun und dem Weidenbusch) und das wär dann die Mauer." Svenja (5;8): "Nein wir tun richtig mauern – so Mörtel anrühren und dann das so verstreichen. Das hab ich mal gesehen bei einer Baustelle." Sie macht mit der Hand eine hin und her streichende Bewegung über den Boden.	• Stöcke, Äste • Feiner Sand aus dem Sandkasten • Kieselsteine • Wasser	• Ziegelsteine • Maurerkellen • Schubkarre • Große Mischbütten • Grober Sand • Große Bretter • Gießkannen • Wasserpumpe/ Wasserstelle
Felix (6;4): „Wir müssen erst ein Loch graben für den Keller, da kommt die Heizung rein." Die Kinder kratzen mit den Plastikschäufelchen in der Erde, sie stöhnen dabei, als würden sie große Erdklumpen bewegen. Deborah (4;1) von der Seite: „Das ist aber große Arbeit."	• Plastikschaufel und kleine Eimer	• Spaten
Lars: „Nein Leute, wir machen einen großen Ofen im Wohnzimmer, wie die Ritter, mit Feuer." Svenja: „Kamin heißt das. Ja wir machen einen Kamin und dann braten wir Fleisch." Lars hält einen Stock in die Höhe, wickelt einen Zweig mit Blättern drum herum: „Ich hab ein Wildschwein gefangen. Das braten wir jetzt. Kommt, das bringen wir zu Frau W. [die Hauswirtschaftskraft]." Lars und Svenja tragen den Stock mit dem Wildschwein, Felix läuft hinterher, die übrigen Kinder zerstreuen sich.	• Stock • Zweig mit Blättern	• Alte Decken • Holzscheite • Arbeitshandschuhe

Abb. 7.13 Beobachtungsbogen zur Beobachtung einer Spielgruppe

Grund vorzeitig aufgegeben wird. Die spontane Einschätzung während der Beobachtung zu den fehlenden Materialien („das hätten die jetzt gut gebrauchen können“) stellte die Grundlage der weiteren Planung dar.

Die Materialien wurden in drei Kategorien geordnet:
- Kleinere Anschaffungen aus dem Baumarkt:
  - Maurerkellen
  - Mischbütten (schwarze Plastikpflanztröge)
  - Grober Sand
  - Zollstöcke
  - Eimer, etwas größer als die vorhandenen Sandeimer
  - Kleine Spaten
  - Gießkannen
  - Kinder-Arbeitshandschuhe
- Dinge, die vielleicht Eltern oder Handwerker vor Ort zur Verfügung stellen könnten:
  - Alte Decken
  - Bretter
  - Ziegelsteine, Pflastersteine
  - Holzscheite
- Größere Anschaffung oder vielleicht auch als Spende:
  - Schubkarre
  - Wasserpumpe/Wasserstelle

Die kleineren Anschaffungen aus dem Baumarkt könnten unmittelbar getätigt werden. Für die Eltern sollte ein Aushang vorbereitet werden mit der Bitte um Materialspenden. Auf diesem Aushang sollte eine kurze Beschreibung der Spielsituation zu lesen sein, in etwa so, wie sie auf dem Beobachtungsbogen geschildert wird, und die pädagogischen Überlegungen dazu angefügt werden. Man könnte auch mit der Digitalkamera ein Foto dieses Bereichs des Außengeländes machen und den Aushang damit illustrieren. Die Anschaffung einer Schubkarre und die Einrichtung einer Wasserstelle oder Pumpe sollten langfristig in die Finanzplanung einbezogen werden. Vielleicht fände sich für die Schubkarre ja auch ein edler Spender.

Die Materialien sollten in erster Linie dazu dienen, die einzelnen Arbeitsgänge authentischer ausführen zu können; so lässt sich mit Ziegelsteinen wenigstens eine kleine Mauer aufschichten, und groben Sand kann man eher zu ‚Mörtel‘ anrühren als den feineren Sandkastensand. Um etwas Höhe zu gewinnen und ein Dach zu bauen, sind Bretter notwenig. Hierbei ist der Sicherheitsaspekt zu beachten, denn die Kinder könnten sich Splitter zuziehen. Die Bretter müssten zumindest etwas gehobelt sein und die Kinder sollten angehalten werden, beim Umgang mit den Brettern Arbeitshandschuhe zu tragen.

Es stellte sich noch die Frage, wo die Materialien untergebracht werden sollten. Hierzu würde sich das Gerätehäuschen anbieten, in dessen hinterem Bereich zwei kaputte Fahrzeuge und ein alter Kaninchenstall lagern. Diese Teile sollten repariert bzw. entsorgt werden, so wäre Platz geschaffen für die neuen Baumaterialien.

8. Anhang

Glossar

Bildungspläne

Als Folge des „PISA-Schocks" im Jahr 2001 haben alle Bundesländer Papiere entwickelt, mit denen die Bildungsarbeit in Tageseinrichtungen für Kinder verdeutlicht und weiterentwickelt werden soll. Diese Papiere haben verschiedene Bezeichnungen: Bildungsplan oder -vereinbarung, Empfehlungen, Leitfaden oder Orientierungshilfen für die Bildungsarbeit. Sie haben drei Funktionen:

- Fachpolitisch verdeutlichen sie die Bedeutung der Bildungsprozesse in der frühen Kindheit und den eigenständigen Bildungsauftrag der Tageseinrichtungen.
- Sie haben eine fachlich-integrierende Funktion, indem sie diejenigen elementarpädagogischen Prinzipien und Eckpunkte herausstellen, die derzeit einen träger- und konzeptübergreifenden Konsens darstellen. Die bewährten Prinzipien der Trägerautonomie und der Konzeptionsvielfalt in der Jugendhilfe bleiben dabei unangetastet.
- Sie bestätigen die schon bisher geleistete gute Bildungsarbeit vor Ort und schreiben gleichzeitig neue Herausforderungen fest, indem sie z. B. auf die Bedeutung naturwissenschaftlicher oder mathematischer Grunderfahrungen hinweisen – zwei bisher nicht immer genügend beachtete Themen.

Ein guter Bildungsplan ist kein starrer „Lehrplan", wie sie im schulischen System üblich sind. Er setzt zwar einen Rahmen, lässt aber gleichzeitig der pädagogischen Praxis vor Ort die notwendigen Freiräume.

Brainstorming

Der Begriff stammt aus dem Englischen (brainstorm bedeutet Geistesblitz) und bezeichnet einen Prozess im Team, der dazu dient, hilfreiche Ideen oder Problemlösungen zu finden. Dabei werden spontane, auch scheinbar abwegige Einfälle zu einem Thema – möglichst ungefiltert – gesammelt. Dieses Verfahren regt zu kreativem Denken an und führt oft – gerade auch in schwierigen oder verfahrenen Situationen – zu neuen, ungewöhnlichen Perspektiven und Lösungswegen.

Bronfenbrenner, Urie

Urie Bronfenbrenner wurde 1917 in Moskau geboren und emigrierte mit seiner Familie 1923 in die USA. Er studierte Musik und Psychologie, lehrte und forschte von 1948 bis zu seiner Emeritierung 1987 als Professor für Psychologie, Kinderentwicklung und Familienstudien an der Cornell-Universität. Er war Mitbegründer des Head-Start-Programms zur Frühförderung und wird in diesem Zusammenhang auch als „Vater der Sesamstraße“ bezeichnet. International bekannt wurde Bronfenbrenner durch seine „Theorie der menschlichen Entwicklung“. Hier weist er auf die Bedeutung von Verknüpfungen zwischen den verschiedenen Lebenswelten für die menschliche und insbesondere kindliche Entwicklung hin: Entwicklung von Kindern kann nur angemessen verstanden und gefördert werden, wenn die verschiedenen Lebenswelten (Systeme) berücksichtigt werden, in denen das Kind aufwächst. Wertschätzende und unterstützende Beziehungen zwischen den Systemen, also z. B. zwischen Kindergarten und Familie, wirken sich förderlich auf die kindliche Entwicklung aus. Beide Lebensbereiche müssen für das Kind miteinander vereinbar sein; dies gelingt, wenn die Erziehenden „gegenseitiges Vertrauen, positive Orientierung und Zielübereinstimmung“ anstreben (Bronfenbrenner, 1981, S. 202).

Defizite

Was bedeutet es, ein Kind zu erziehen? Heißt es eher seine Defizite, also seine Mängel, aufzuzeigen und zu beseitigen, oder heißt es eher, seine Stärken zu entdecken und deren Entwicklung zu unterstützen und zu fördern? Pädagogik hat sich über lange Zeit vorrangig an Defiziten orientiert. Dem liegt ein Menschenbild zugrunde, welches das Kind als unfertigen Menschen ansieht, als einen wilden Kerl, der durch Erziehung geläutert und gezähmt werden muss, ehe er wirklich Mensch wird. Aktuelle pädagogische Ansätze im Elementarbereich gehen stärker von individuellen Konzepten aus und schauen vorrangig auf das, was das Kind schon kann oder zumindest als Möglichkeit mitbringt (siehe auch: *Ressourcen*).

Deutscher Bildungsrat

Im Oktober 1957 startete die Sowjetunion den ersten Erdsatelliten und löste damit in den westlichen Industrieländern den so genannten „Sputnik-Schock“ aus: Die technologische Überlegenheit des Westens, die bisher als selbstverständlich galt, war plötzlich massiv in Frage gestellt. In der Folge wurde heftig diskutiert, wie das Bildungssystem in den westlichen Staaten verbessert werden könnte, die „Ausschöpfung der Bildungsreserven“ war ein vorrangiges politisches Ziel geworden. Bund und Länder der damaligen Bundesrepublik Deutschland riefen im Jahr 1965 den „Deutschen Bildungsrat“ ins Leben, ein Expertengremium, das Vorschläge für eine grundlegende Reform des westdeutschen Bildungssystems erarbeiten sollte. Im Jahr 1970 legte der Bildungsrat einen „Strukturplan für das Bildungswesen“ vor, in dem der Kindergarten erstmals in einem offiziellen Papier als die „Elementarstufe des Bildungssystems“ anerkannt und festgeschrieben wurde.

Diagnose

Der Begriff wird vorrangig im medizinischen und psychiatrisch/psychotherapeutischen Bereich verwendet und bezeichnet die sichere Erkenntnis eines Sachverhalts. So kann bei typischem Krankheitsverlauf und dem Nachweis entsprechender Viren im Blut die Diagnose „Masern" gestellt werden. Das Erstellen von Diagnosen im pädagogischen Bereich ist problematisch: es gibt wohl selten Erscheinungsformen kindlichen Verhaltens, die nur **eine** Erklärung zulassen. So müsste z.B. die Diagnose „Kai ist schüchtern" hinterfragt werden: Wie zeigt sich das? In welchen Situationen? Im Zusammenhang mit welchen anderen Kindern oder Erwachsenen? Diagnosen im pädagogischen Bereich können Kinder und Eltern sehr belasten. Sie haben die Tendenz, sich zu verselbständigen und dem Kind wie ein negatives Markenzeichen – oft auf viele Jahre – anzuhängen.

Ethik

Der Begriff Ethik leitet sich von dem griechischen „êthos" ab und bedeutet „Lehre von der Sittlichkeit und der Moral". In der Ethik geht es um die Art und Weise, wie Menschen ihr Leben führen. Dem Menschen ist im Gegensatz zum Tier seine Lebensweise nicht vorgegeben, deshalb muss er mit Hilfe seines Verstandes selbst Formen finden, die ein mitmenschliches Zusammenleben ermöglichen. Die Ethik setzt sich auseinander mit Fragen der Verantwortung des Menschen gegenüber sich selbst, den Mitmenschen und der Natur. Ethische Prinzipien gab es zu allen Zeiten und in allen Kulturen, sie sind nicht unveränderbar, sondern stehen in Wechselwirkung mit geistesgeschichtlichen Entwicklungen (vgl. Höffe 1998, S. 17 ff.).

Flecken, blinde

„Blinde Flecken" beschreiben ein Phänomen unseres Sehens: dort wo im Auge der Sehnerv austritt, ist die Netzhaut für Licht unempfindlich, das heißt, an dieser Stelle sind wir quasi „blind". Interessant dabei ist, dass wir nicht sehen, dass wir nicht sehen, weil unser Gehirn diesen Mangel ausgleicht. Wir nehmen also ein weißes Blatt Papier vollständig wahr, obwohl wir eigentlich zwei kleine Stellen gar nicht sehen können. Das Gehirn ergänzt einfach, vor dem Hintergrund seiner Erfahrung, die fehlenden Teile. Im übertragenen Sinne bezeichnen blinde Flecken (meist unangenehme) Bereiche oder Eigenschaften, die man bei sich selbst oder bei anderen einfach nicht wahrhaben will.

Hypothese

Eine Hypothese ist eine Vermutung, die auf der Basis von Erfahrung und Wissen formuliert wird, mit dem Ziel, sie durch weitere Untersuchungen – z.B. mit Hilfe von Beobachtungen – zu bestätigen oder zu widerlegen. Eine Hypo-These ist also weniger als eine These, aber mehr als ein reines Phantasieprodukt. Im empirisch-wissenschaftlichen Bereich stehen Hypothesen häufig am Beginn einer Forschungsreihe und zeigen die Richtung an, in die es zunächst gehen soll. Im pädagogischen Bereich haben Hypothesen die gleiche Funktion, wobei es hier weniger um eine Bestätigung oder Widerlegung der Hypothese geht – also um richtig oder falsch – sondern darum, zu einer Fragestellung oder einem Problem eine Vielfalt an Perspektiven und Möglichkeiten zu entwickeln. Während es für die Schülerin im Praktikum klar ist, dass das Abschiedsdrama morgens eine Inszenierung von Tim ist, der „nur unsere Aufmerksamkeit auf sich ziehen will", hat die Gruppenleiterin die Vermutung, dass es die Mutter ist, der der Abschied schwer fällt, die Tim „noch nicht loslassen kann". Diese Hypothese basiert auf der Beobachtung, dass Tim **kein** Theater macht, wenn der Großvater ihn bringt. Jede Hypothese für sich führt zu ganz unterschiedlichen pädagogischen Reaktionen. Je mehr Hypothesen entwickelt werden, desto wahrscheinlicher ist es, das die oder mehrere „richtige" dabei sind. Richtig in dem Sinne, dass sie die Bedürfnisse des Kindes berücksichtigen. (siehe auch: Diagnose)

Konzeption, pädagogische

Als pädagogische Konzeption bezeichnet man die schriftliche Darstellung der pädagogischen Arbeit einer Einrichtung mit all ihren Facetten: ihrem Menschenbild und den Zielen, denen sie sich verpflichtet fühlt, ihrem Selbstverständnis, das als Leitbild formuliert ist, den Rahmenbedingungen, ihrer konkreten Arbeitsweise, den Akzenten und Schwerpunkten, welche die Mitarbeiterinnen, aber auch der Träger setzen, sowie der Perspektiven, die auf zukünftige Aufgaben verweisen. Prozesse der Konzeptionsentwicklung können sich über einen längeren Zeitraum erstrecken und stehen in Wechselwirkung zur pädagogischen Arbeit. Das heißt, eine Konzeption dokumentiert nicht nur, was ist, sondern wirft auch Fragen und Anregungen auf, die Veränderung herbeiführen. In diesem Sinne ist der Prozess der Konzeptionsentwicklung nie wirklich abgeschlossen.

Korczak, Janusz

Janusz Korczak wurde 1878 in Warschau geboren. Er studierte Medizin und war zunächst als Kinderarzt in einem Kinderkrankenhaus und in eigener Praxis tätig, er verfasste in dieser Zeit bereits verschiedene Aufsätze für literarische Wettbewerbe und Feuilletons. In seinen Urlauben arbeitete er als Erzieher in verschiedenen Ferienkolonien, die für die ärmsten Kinder eingerichtet worden waren. Hier sammelte er erste pädagogische Erfahrungen. 1912 gründete er das jüdische Waisenhaus Dom Sierot, das er mit kurzen Unterbrechungen bis 1940 leitete. Nach der Einnahme Warschaus durch die Deutschen wurde das Waisenhaus ins Warschauer

Getto verlegt. Anfang August 1942 wurden Korczak, seine Mitarbeiterin und etwa 200 Kinder ins Vernichtungslager Treblinka deportiert. Der vermutete Todestag Janusz Korczaks ist der 5. August 1942.

Korczak entwickelte ein pädagogisches Verständnis, das sich deutlich unterscheidet von traditioneller bewertender und beurteilender Erziehungspraxis. Für ihn heißt Beobachten: in einen Dialog mit dem Kind treten, es durch Aufmerksamkeit und Empathie zu verstehen suchen. Seine Kernfrage lautet: „**Wer** ist dieses Kind?" Diese Frage geht nicht von einer „Normalversion" des Kindes aus, sondern im Gegenteil: sie respektiert kindliche Eigenart und kindlichen Eigenwert (vgl. Langhanky 1994, S. 96 ff.).

Legitimation, fachliche

Kinder sind ein kostbares Gut, sie sind weltoffen, neugierig, unerfahren, das heißt, sie sind in hohem Maße formbar und beeinflussbar. Jedes pädagogische Tun steht in dieser Verantwortung und muss von daher begründet und legitimiert sein. Emotionale Wärme und Einfühlungsvermögen sind wichtige Schlüsselkompetenzen einer Erzieherin, aber sie allein genügen nicht. Um etwas fachlich be-gründen zu können, muss ich es erst einmal er-gründen. Dies kann durch gedankliche Reflexion, durch Gespräche mit Kolleginnen, den Eltern, den Kindern oder durch gezielte Beobachtung erfolgen.

Leitbild

Das Leitbild einer Kindertageseinrichtung enthält Aussagen über die grundlegenden Wertvorstellungen der Einrichtung und des Trägers. Es bietet einen verbindlichen Orientierungsrahmen für das gesamte Handeln innerhalb der Organisation und auch für die Vertretung nach außen. Ein Leitbild beschreibt das Hauptanliegen, die übergeordneten Ziele der einzelnen Tätigkeiten. Es beantwortet die Fragen: „Was ist uns wirklich wichtig in unserer Arbeit?", „Worauf legen wir besonderen Wert?" und macht daher das Profil jeder einzelnen Einrichtung unverwechselbar. Durch den Prozess der Leitbildentwicklung werden Werte, die oft weniger bewusst das eigene Handeln steuern, offen gelegt, innerhalb des Teams, aber auch mit dem Träger und den Eltern diskutiert und verbindlich verabredet.

„Wenn über das Grundsätzliche keine Einigung besteht, ist es sinnlos, Pläne miteinander zu schmieden." (Konfuzius)

Lernen von der Seite

Lernen von der Seite stellt ein anschauliches Synonym für den Begriff „Parallelspiel" dar, bei dem Kinder nebeneinander spielen, sich gegenseitig beobachten, aber nicht in das Spiel des anderen eingreifen (vgl. Oerter, 1993, S. 96). So beobachtet eine Erzieherin z.B. Wendy (3;7), die fasziniert „von der Seite" die älteren Kinder beobachtet, die sich aus Stühlen einen Autobus gebaut haben, Fahrkarten verkaufen und losfahren. Kurze Zeit später sitzt sie für sich alleine auf einem Stühlchen, winkt der Erzieherin zu und ruft: „abfahn".

Moderationsmethoden

Moderationsmethoden helfen einer Gruppe oder einem Team, „ein Problem in kurzer Zeit auf den Punkt zu bringen und schnell zu gemeinsamen Ergebnissen zu kommen" (Pesch 2001, S. 8). Mithilfe von Schemata und Moderationsmaterialien, wie z.B. bunten Karten in verschiedenen Formen, können Themen oder Problemstellungen planvoll und zügig bearbeitet sowie anschaulich präsentiert werden. Abstimmungsverfahren, z.B. mithilfe roter Klebepunkte, helfen Entscheidungen herbeizuführen oder Prioritäten zu setzen (vgl. Seifert 1993, S. 114). Moderationsmethoden erleichtern es den Teilnehmerinnen, sich einzubringen (z.B. indem jede ihre Gedanken zum Thema auf Karten schreibt), und nutzen auf diese Weise das Potential eines Teams optimal aus.

Montessori, Maria

Maria Montessori wurde am 31. August 1870 in Italien geboren und starb am 06. Mai 1952 in den Niederlanden. Sie war die erste Frau Italiens, die ein Medizinstudium aufnahm. Sie arbeitete später u.a. als Ärztin in der Kinderpsychiatrie. Als Direktorin eines heilpädagogischen Instituts in Rom entwickelte sie eine pädagogische Methode, mit der sie bei den Kindern beachtliche Erfolge erzielte. Dabei setzte sie stark auf die Selbstbildungsfähigkeit der Kinder und entwickelte hierzu didaktische Materialien, die das Kind selbsttätig an verschiedene Problemlösungen heranführten. Die Kinder lernten schneller und leichter, als ihnen jemals zugetraut wurde. Maria Montessori orientierte sich in ihrer pädagogischen Auffassung an bestimmten Prinzipien: Sie stellte die Forderung nach der „neuen Lehrerin" auf. Dabei rückte sie die Grundhaltung in den Mittelpunkt, sich als Erwachsener zurückzunehmen und statt dessen das Kind zu beobachten, seine Fähigkeiten zu entdecken und selbst bereit zu sein, als pädagogische Fachfrau vom Kind zu lernen. Dies bedeutet, neugierig zu sein auf das Kind, auf seine Ansichten und Erklärungen, auf seine Fähigkeiten und Probleme.

Persönlichkeitsrecht

Im Grundrecht verankertes, allgemeines „Recht des Einzelnen auf Achtung und Entfaltung seiner individuellen Persönlichkeit (Freiheit der Person) gegenüber dem Staat und im privaten Rechtsverkehr" (Bucerius 2005, S. 266). Dieses Recht gilt auch für Kinder, dazu heißt es in Teil I, Artikel 2 des Übereinkommens der Vereinten Nationen über die Rechte des Kindes: „Die Vertragsstaaten achten die in diesem Übereinkommen festgelegten Rechte und gewährleisten sie jedem ihrer Hoheitsgewalt unterstehenden Kind ohne jede Diskriminierung unabhängig von der Rasse, der Hautfarbe, dem Geschlecht, der Sprache, der Religion, der politischen oder sonstigen Anschauung, der nationalen, ethnischen oder sozialen Herkunft, des Vermögens, einer Behinderung, der Geburt oder des sonstigen Status des Kindes, seiner Eltern oder seines Vormunds.“ (Der Kinderbeauftragte der Landesregierung beim Ministerium für Arbeit, Gesundheit und Soziales des Landes NRW Reinald Eichholz 1991, S. 17)

Piaget, Jean

Der Schweizer Entwicklungspsychologe Jean Piaget (1896–1980) wurde bekannt durch seine Untersuchungen zur Entwicklung geistiger Strukturen. Im Unterschied zu älteren Entwicklungstheorien beschreibt er das Kind als aktiven Faktor in diesem Geschehen: Indem es mit seinem Erkundungsdrang und Wissensdurst immer wieder sowohl vertraute als auch neue *Situationen* aufsucht und Handlungsmuster in ihnen erprobt, schafft es die Voraussetzungen dafür, dass sich kognitive Strukturen entwickeln und ausdifferenzieren können. Dem Kind stehen dabei zwei Möglichkeiten zur Verfügung: Es kann neue Erscheinungen seinen bereits vorhandenen Denkmustern einverleiben oder es muss – wenn neue Erfahrungen zu stark vom Vertrauten abweichen – seine Denkschemata erweitern und revidieren. Das Letztere ist zunächst mit Unsicherheit und Angst verbunden. Bewältigt das Kind die Situation, findet es auf neuem Niveau wieder zu seinem kognitiven Gleichgewicht. Dieser Akt ist kein Vorgang freier, souveräner Entscheidung (wie die These vom „Kind als Akteur seiner Entwicklung“ nahe legt), sondern erfolgt unbewusst.

Rahmenbedingungen

Unter Rahmenbedingungen versteht man die äußeren Voraussetzungen, unter denen die pädagogische Arbeit stattfindet, die sie günstig oder ungünstig beeinflussen können. Dazu gehören die räumlichen Bedingungen, der Personalschlüssel, die Öffnungszeiten, die Gegebenheiten des Umfeldes, die Gruppenstärke, die Trägerschaft und der gesetzliche Rahmen. Rahmenbedingungen sind relativ stabil und müssen von daher bei der konzeptionellen Arbeit berücksichtigt werden.

Reggio-Pädagogik

Dieser pädagogische Ansatz ist nach der italienischen Stadt Reggio/Emilia benannt. „Im Mittelpunkt der Denk- und Lebensweise in den kommunalen Krippen und Kindertagesstätten im norditalienischen Reggio/Emilia stehen wahrnehmende, forschende und lernende Kinder. Den Entwicklungsprozess unterstützt dabei ein starkes Beziehungsnetz zwischen Kindern, Familie und Pädagoginnen. Die Erwachsenen sehen sich selbst als lernende und forschende Wegbegleiter der Kinder" (Reggio Children, 1995, Klappentext). Der Begründer des Ansatzes, Loris Malaguzzi, spricht von den „Hundert Sprachen eines Kindes", die nur zum Ausdruck kommen können, wenn dem Kind entsprechende Entwicklungs- und Erfahrungsräume zur Verfügung stehen. Ein solcher Raum sind z. B. die Kinderversammlungen, in denen unter der Frage „Was tun?" Ideen der Kinder Gestalt annehmen und – auch mit Unterstützung der Erwachsenen – in Handeln und Experimentieren umgesetzt werden, z. B. in Form eines „Vergnügungsparks für die Vögel" (Reggio Children 1995, S. 12).

Ressourcen

Unter Ressourcen versteht man die Gesamtheit der Fähigkeiten eines Kindes (oder eines Erwachsenen): sowohl die, die bereits sichtbar sind, die es zum Einsatz bringen kann, als auch die, die noch im Verborgenen schlummern. Stärker auf die Ressourcen als auf die Defizite zu achten, hat eine enorme Wirkung sowohl auf das Kind als auch auf die Erzieherin. Das Kind erscheint in einem neuen Licht und kann sich selbst auch besser wertschätzen, was wiederum zu einer positiven Veränderung seines Verhaltens führt.

Rorschach-Test

Der Schweizer Psychiater Hermann Rorschach veröffentlichte im Jahr 1921 das nach ihm benannte psychodiagnostische Verfahren. Der Test besteht aus zehn Tafeln, auf denen jeweils eine symmetrische Klecksfigur zu sehen ist. Einige Figuren sind schwarz-weiß, andere schwarz-weiß-rot. Der Proband wird aufgefordert, jede Figur zu deuten: „Was könnte das sein?" Die Antworten werden nach Merkmalen und Regeln ausgewertet, die Rorschach selbst und später verschiedene andere Autoren entwickelten. Der Rorschach-Test war bis in die 70er Jahre des vergangenen Jahrhunderts hinein in der psycho-diagnostischen Praxis weit verbreitet.

Situation

Situationen beschreiben Beziehungen und Handlungen, sie ergeben sich stets aus der subjektiven Perspektive des Betrachters. In pädagogischen Zusammenhängen macht es einen großen Unterschied, ob ich ein Kind oder eine Kinder**situation** beobachte. Bei einer Kindersituation geht es um die Beziehung zwischen Kindern oder zwischen einem Kind und einem Spielzeug, Buch, etc. Das heißt, kindliches Handeln wird in einen größeren Zusammenhang gestellt – z. B. den des Gruppengeschehens – und von vornherein als mit bedingt durch diese Zusammenhänge gesehen. Der Blick ist auch auf die „Ränder des Geschehens“ gerichtet: was geschieht daneben, dahinter, dazwischen …?

Situationsanalyse
In der Situationsanalyse erfolgt eine genauere Betrachtung einer Alltagsbeobachtung im Hinblick auf ihren Sinngehalt für die pädagogische Arbeit. Dies geschieht mit Hilfe von Gesprächen (auch mit Kindern), Beobachtungen, Ortsbegehungen, Rollenspielen. Die Situationsanalyse ist ein Ort des Innehaltens und der Reflexion. Sie verhilft dazu, Situationen differenzierter, vielschichtiger zu betrachten, als dies im pädagogischen Alltag auf den ersten Blick möglich ist (vgl. Militzer; Demandewitz & Solbach 2000, S. 114 ff.).

Situations-Analyse-Schema
Das Situations-Analyse-Schema (➛ Abb. 6.3) begleitet das Team Schritt für Schritt auf dem Weg der Situationsanalyse. Es beginnt mit einer knappen und prägnanten Formulierung der Ausgangssituation, fragt nach der spontanen Einschätzung und der vorläufigen Zielbestimmung. Es fordert dann mit der Frage: „Was können wir tun?“ zur gemeinsamen Reflexion auf und fragt auf diesem Hintergrund nach der pädagogischen Zielsetzung: Was wollen wir erreichen? In der letzen Spalte „Wie gehe ich jetzt vor?“ geht es um die Formulierung konkreter Praxisschritte.

Situationsansätze
1970 wird der Kindergarten vom Deutschen Bildungsrat erstmals und ausdrücklich als erste Stufe unseres Bildungssystems ausgewiesen. In verschiedenen Bundesländern wird in groß angelegten Modellversuchen eine neue pädagogische Idee entwickelt und erprobt, die die Lebenssituationen der Kinder, ihre Interessen und Bedürfnisse in den Mittelpunkt aller pädagogischer Überlegungen stellt: Der Situationsansatz und seine länderspezifischen Varianten war geboren.

- *Situationsansatz des Deutschen Jugendinstituts (DJI – 1981)*
  - Ausgangspunkt der pädagogischen Planung: Die Lebenswirklichkeit des Kindes, sein soziales Umfeld.
  - Ziele der pädagogischen Arbeit: Autonomie, Sachkompetenz, Solidarität
- *Situationsorientierter Ansatz in Niedersachsen (Oertel – 1982)*
  - Ausgangspunkt der pädagogischen Planung: Die Erlebniswirklichkeit der Kinder
  - Ziele der pädagogischen Arbeit: Ichkompetenz, Sozialkompetenz, Sachkompetenz

- *Situationsbezogener Ansatz in Nordrhein Westfalen (SPI – 1982)*
  - Ausgangspunkt der pädagogischen Arbeit: Die jeweils konkrete, individuelle Lebenssituation der Kinder.
  - Ziele der pädagogischen Arbeit: Selbständiger, sachgerechter, verantwortungsvoller und kreativer Umgang mit gegenwärtigen und zukünftigen Lebenssituationen.

Spiralprozess

In einem Spiralprozess passiert man die einzelnen Stationen einer Schrittfolge in einer zweiten oder auch dritten Runde erneut, da man aber in der ersten Runde bereits Erfahrungen gesammelt hat, erfolgt dies auf jeweils neuem Kenntnisstand: „Man steigt nicht zweimal in den selben Fluss." (Heraklit).

Umfeldanalyse

Im Rahmen einer Umfeldanalyse wird erkundet, welche Bedingungen die Kinder in ihrem Wohnumfeld vorfinden und auf welche Weise die Kindertageseinrichtung – zum Wohle der Kinder – darauf antworten kann, z. B. mit kompensierenden oder verstärkenden Angeboten und Aktivitäten. Methoden der Umfeldanalyse sind unter anderem: Beobachtungen, Interviews mit Bewohnern und Geschäftsleuten, Ortsbegehungen (mit Kindern).

Literatur

Andresen, U. (2000). Ausflüge in die Wirklichkeit. Grundschulkinder lernen im Dreifachen Dialog. Weinheim: Beltz.

Beauftragte der Bundesregierung für Ausländerfragen (Hg.). (2000). Hallo, Hola, Ola. Sprachförderung in Kindertagesstätten. Berlin, Bonn.

Beyer, M. (1998). Mind-Mapping. In: Industriemeister, S. 13.

Beywl, W. & Schepp-Winter, E. (1999). Zielfindung und Zielklärung – ein Leitfaden. Materialien zur Qualitätssicherung in der Kinder- und Jugendhilfe Nr. 21. Hg. v. Bundesministerium für Familie, Senioren, Frauen und Jugend. Bonn.

Bichsel, Henßler, Hollerbach, Lippert & Wendle (1974). Was und womit spielen Kinder? Beobachtungen zum Gebrauch von Spielmaterial im Kindergarten. In: Kindergarten heute 3/74, S. 116–122.

Bittner, G. u. a. (1974). Schule und Unterricht bei verhaltensgestörten Kindern. In: Deutscher Bildungsrat (Hg.). Gutachten und Studien der Bildungskommission, Bd. 35, Sonderpädagogik 4: Verhaltensgestörte, Sprachbehinderte, Körperbehinderte. Stuttgart, S. 13–198.

Bleckmann, R. (1984). Soziales Verhalten im Kindergarten – die Praxis der kleinen Schritte. Freiburg.

Bronfenbrenner, U. (1981). Die Ökologie der menschlichen Entwicklung. 1. Aufl., Stuttgart: Klett-Cotta.

Bucerius, G. (Hg.) (2005). Die Zeit. Das Lexikon, Bd. 11. Hamburg: Zeitverlag.

Caritasverband für die Diözese Münster e. V. – Referat Tageseinrichtungen für Kinder (Hg.) (2004). Bildungsvereinbarung NRW. Beobachtung und Dokumentation in katholischen Tageseinrichtungen für Kinder. Bezugsadresse: Caritasverband für die Diözese Münster, Kardinal-von-Galen-Ring 45, 48149 Münster

Der PARITÄTISCHE Wohlfahrtsverband, Landesverband Nordrhein-Westfalen (Hg.). Denk-Anstösse. Zehn Plädoyers für Kinder und Familien. O. O. und o. J. Bezugsquelle: Der PARITÄTISCHE NRW, Loher Str. 7, 42283 Wuppertal.

Fite, M. D. (1940). Aggressive behavior in young children and children's attitudes toward aggression. Genetic Psychology Monographs 22, S. 151–319.

Fontane, Th. (1979/1893). Meine Kinderjahre. München: Carl Hanser.

Göppel, R. (1997). Kinder als „kleine Erwachsene"? Wider das Verschwinden der Kindheit in der modernen Kindheitsforschung. In: Neue Sammlung. 3/97, S. 373.

Haucke, K. (1986). „Versteh mich, bevor du mich erziehst" – Anregungen zur bewußten sozial-emotionalen Erziehung im Kindergarten. In: Sozialpädagogische Blätter 37, S. 1–5.

Heck, R. (1982). Systematisches Beobachten von Kindern in der Gruppe. Erfahrungsbericht über ein Fortbildungskonzept für Erzieherinnen im Kindergarten. In: Unsere Jugend 34, S. 115–122.

Höffe, O. (1998). Lesebuch zur Ethik. München: Beck.

Jauss, S. (1974). Hinweise zur Spielbeobachtung im Kindergarten. Kindergarten heute 3/74, S. 99–193.

Just, H. (1980). Beobachtungshilfen für Erzieher. In: Kindergarten heute 4/80, S. 147–150.

Juul, J. (1999). Das kompetente Kind. Reinbek bei Hamburg: Rowohlt.

Kinderbeauftragter der Landesregierung beim Ministerium für Arbeit, Gesundheit und Soziales des Landes Nordrhein-Westfalen, Reinald Eichholz (Hg.) (1991). Die Rechte des Kindes (2. Aufl.). Recklinghausen: Bitter.

Kirchner, M. (1997). Von Angesicht zu Angesicht. Janusz Korczak und das Kind. Heinsberg: Dieck.

Korczak, J. (1983). Wie man ein Kind lieben soll. Göttingen: Vandenhoeck und Ruprecht.

Laevers, F. (Hg.) (1993). Die Leuvener Engagiertheits-Skala für Kinder LES-K. Deutsche Fassung der Leuven Involvement Scale for Young Children. O.O., o.J., Leuven.

Laewen, H.-J. & Andres, B. (Hg.) (2002). Forscher, Künstler, Konstrukteure. Werkstattbuch zum Bildungsauftrag von Kindertageseinrichtungen. Weinheim: Beltz.

Langhanky, M. (1993). Die Pädagogik von Janusz Korczak. Neuwied, Kriftel, Berlin: Luchterhand.

Lichtenstein, J. (1919). Fragebogen zu psychologischen Ermittlungen im Kindergarten. Zeitschrift für Pädagogische Psychologie 20, S. 315–327.

Mansfield, K. (1983). Etwas Kindliches, aber sehr Natürliches. Frankfurt: Fischer Taschenbuch.

Martin, E. (1994). Didaktik sozialpädagogischer Arbeit. Weinheim: Beltz.

Merker, H.; Rüsing, B. & Blanke, S. (1980). Spielprozesse im Kindergarten. München: Kösel.

Militzer, R.; Demandewitz, H. & Solbach, R. (2000). Tausend Situationen und mehr! Die Tageseinrichtung – ein Lebens- und Erfahrungsraum für Kinder (2. Aufl.). Münster: Votum.

Militzer, R.; Fuchs, R.; Demandewitz, H. & Houf, M. (2002). Der Vielfalt Raum geben. Interkulturelle Erziehung in Tageseinrichtungen für Kinder. Münster: Votum.

Ministerium für Arbeit, Gesundheit und Soziales des Landes Nordrhein-Westfalen (Hg.) (1986). Arbeitshilfen zur Planung der Arbeit im Kindergarten (2. Aufl.) Köln. (zitiert als Arbeitshilfen).

Ministerium für Schule, Jugend und Kinder des Landes Nordrhein-Westfalen (Hg.) (2003). Bildungsvereinbarung NRW. Fundament stärken und erfolgreich starten. Düsseldorf.

Möcklinghoff-Vormweg, R. & Strätz, R. (1991). Natur und Kinderspiel. Köln: Sozialpädagogisches Institut NRW (SPI).

Montessori, M. (1931). Die Neue Erziehung XIII Jg. In: Ballauff, T. u.a. (1965). Grundlagen und Grundfragen der Erziehung. Band 18. Heidelberg: Quelle und Meyer.

Oerter, R. (1993). Psychologie des Spiels. Ein handlungstheoretischer Ansatz. München: Quintessenz.

Pausewang, F. (1994). Ziele suchen – Wege finden. Berlin: Cornelsen.

Pesch, L. (2001). Moderation und Gesprächsführung. Wie Kindergärten TOP werden. Neuwied, Kriftel und Berlin: Luchterhand.

Reggio Children (1998). Springbrunnen. Aus einem Projekt zur Konstruktion eines Vergnügungsparks für Vögel. Neuwied, Kriftel, Berlin: Luchterhand.

Richards, T.W. & Simons, M.P. (1941). The Fels child behavior scales. Genetic Psychology Monographs 24, S. 259–309.

Rico, G.L. (2000). Garantiert Schreiben lernen (10. Aufl.). Reinbek bei Hamburg: Rowohlt.

Sächsisches Landesamt für Familie und Soziales (Hg.) (2001). Mit Kindern Hort machen. Modellprojekt „Weiterentwicklung des sozialpädagogischen Profils in Kindertageseinrichtungen mit Hortkindern" – Abschlußbericht. O.O. und o.J.; Bezugsquelle: Sächsisches Landesamt für Familie und Soziales, Abtlg. 4 – Landesjugendamt, Reichsstraße 3, 09112 Chemnitz.

Sagi, A. (1990). Verhaltensauffällige Kinder im Kindergarten. Ursachen und Wege zur Heilung (5. Aufl.). Freiburg: Herder.

Schäfer, G.E. (1999). Frühkindliche Bildungsprozesse. Herausforderungen einer Pädagogik der frühen Kindheit. In: Neue Sammlung 2, S. 213–226.

Schäfer, G.E. (2004). Beobachten und Dokumentieren. Professionelle Instrumente, um Lern- und Forschungsprozesse des Kindes herauszufordern und mitzugestalten. In: KiTa aktuell NW 7/8, S. 148–152.

Schäfer, G.E. (Hg.) (2005). Bildung beginnt mit der Geburt. Förderung von Bildungsprozessen in den ersten sechs Lebensjahren (2. erweit. Aufl.). Weinheim: Beltz.

Schepping, J. (1980). Verhaltensstörungen im Kindergarten, Hort und Heim (5. Aufl.). Donauwörth.

Schmaus, M. & Schörl, M. (1973). Die sozialpädagogische Arbeit der Kindergärtnerin (5. Aufl.). München.

Seifert, J.W. (1993). Visualisieren – Präsentieren – Moderieren (5. Aufl.). Bremen: Gabal.

Singer, W. (2003). Was kann ein Mensch wann lernen? In: W.E. Fthenakis (Hg.). Elementarpädagogik nach PISA. Wie aus Kindertagesstätten Bildungseinrichtungen werden können (S. 67–75). Freiburg: Herder.

Stern, W. (1971). Psychologie der frühen Kindheit (10. Aufl.). Heidelberg.

Strätz, R. (1992). Erziehung planen ohne Plan? In: S. Ebert (Hg.). Mit Kindern leben im gesellschaftlichen Umbruch (S. 90–100). München, Wien: Profil.

Strätz, R.; Hermens, C.; Fuchs, R.; Kleinen, K.; Nordt, G. & Wiedemann, P. (2003). Qualität für Schulkinder in Tageseinrichtungen – ein nationaler Kriterienkatalog. Weinheim: Beltz.

Textor, A.M. (2002). Sag es treffender (43. Aufl.). Reinbek bei Hamburg: Rowohlt.

Thomae, H. (1971). Beobachtung und Beurteilung von Kindern und Jugendlichen (10. Aufl.). Basel: Karger.

Thorun, I. (1993). Sterne leuchten für alle – auf dem Weg zum Verständnis und Miteinander von Ausländern und Deutschen. In: KiTa aktuell NW 3, S. 45–47.

Timäus, E. & Lück, H.E. (1976). Sozialpsychologie der Erziehung. Neuwied: Luchterhand.

Verlinden, M. (1991). Mädchen und Jungen im Kindergarten. Köln, Sozialpädagogisches Institut des Landes NRW (SPI).

Verlinden, M. & Haucke, K. (1990). Einander annehmen – Soziale Beziehungen im Kindergarten (2. Aufl.). Köln: Kohlhammer.

Notizen